中公新書 2518

小笠原弘幸著

オスマン帝国

繁栄と衰亡の600年史

中央公論新社刊

はしがき

いまからおよそ一〇〇年前。

かつてアジア・アフリカ・ヨーロッパの三大陸にまたがる国土――彼ら自身は「神護の国土」と呼んだ――を誇り、六〇〇年というひとつの王朝としては史上例を見ない命脈を保ったオスマン帝国は、一九世紀より続く縮小を経て、一九一八年の第一次世界大戦の敗北により領土のほとんどを失っていた。帝都イスタンブルは、一四五三年の征服以来はじめて敵軍の手に落ち、帝国に最後に残されたアナトリアさえ分割の危機に晒されていた。多様な宗教の平等を、国教たるイスラムの教えに反してまで追求したにもかかわらず、キリスト教徒臣民のみならずムスリム（イスラム教徒）のアラブ人臣民すら、すでに帝国を離反していた。いまや帝国を支えるべく残ったのは、ムスリムのトルコ人とクルド人を中心とした人々であった。諸民族の統一と諸宗教の平等を掲げた帝国の、昔日の面影は、もうない。

そしてついに一九二二年、王朝の延命のみに汲々とする帝国政府を見限り、将校ムスタファ・ケマル――トルコ共和国建国の父アタテュルクその人である――を指導者とするアンカラ政府の手によって、帝国は歴史の舞台より姿を消した。

滅亡後、オスマン帝国の歴史は、いっときは闇のなかに消え去ったかにみえた。オスマン帝国のスルタンを廃して成立したトルコ共和国にとって、退廃と停滞の淵に淀んだ帝国は、乗り越えるべき象徴であったからである。また、かつてオスマン帝国の統治下にあった二〇ヵ国以上におよぶ国々にとっても、オスマン帝国時代の歴史は、民族の自立が圧政によって妨げられた「暗黒時代」として否定されるべきだったからである。

だがオスマン帝国の遺産は、滅亡一〇〇年を迎えようとするいま、かつてないほど存在感を増しているようだ。トルコ共和国においては、エルドアン大統領率いる親イスラムの公正発展党政権のもと、オスマン帝国は「偉大なる我々トルコ人の過去」と位置づけられ、政治的・文化的表象としてあらゆる舞台で用いられるようになっている。いまのトルコの人々は、オスマン帝国を恥辱の過去と見なさず、これを自らのルーツとして表明することを憚らない。トルコ共和国以外の旧オスマン帝国統治下の国々においても、近年、学界を中心にオスマン時代を客観的に捉え直そうという動きが顕著である。

この、史上類例を見ない大帝国の歴史的評価は、いま大きなうねりのなかにある。

本書は、そのオスマン帝国が歴史に姿を見せる一三世紀末ごろから、一九二二年の滅亡までを扱う通史である。

オスマン帝国が経験したおよそ六〇〇年の歴史を日本史にあてはめると、じつに鎌倉時代から大正時代までに相当する。ひとつの王朝が実権を保ったまま存続した例としては、ハプスブルク帝国と並んで、破格の長さである。たとえば、ビザンツ帝国（東ローマ帝国）はおよそ一〇〇〇年つづき、歴史時代においてもっとも長命な国家のひとつといえようが、王朝は幾度となく交代している。広大さではオスマン帝国をはるかにしのぎ、ユーラシア大陸の過半を支配したモンゴル帝国は、一五〇年ほどで後継国家も含めて世界史の表舞台から退場しており、いっときの儚《はかな》い夢のようである。

かように長く存続し、規模も群を抜くオスマン帝国を、ひとつの歴史の流れのなかで捉える試みは、歴史家に多大な困難を強いる。この帝国は、時代ごとにまったく異なる相貌を見せ、あたかもその時々に違う国家があったかのようだ。ふたたび日本史に置き換えるならば、たとえば鎌倉時代の専門家が江戸時代や大正時代の歴史も扱わねばならないのと同様であり、その難しさは容易に想像されよう。そのためであろうか、日本人研究者の手によるオスマン帝国全体をあつかった学述的な通史としては、いまから半世紀前の一九六六年に、日本におけるオスマン帝国史研究の先駆者である三橋冨治男によって『オスマン・トルコ史論』（吉川弘文館）が著されているのみである。本書は、日本語でオスマン帝国全史をあつかう、半世紀ぶりの試みとなる。

オスマン帝国についての歴史研究は、上述したトルコ共和国および周辺諸国におけるオスマン帝国評価の好転にも支えられ、急速な発展のさなかにある。優れた論文や研究書が立て続けに刊行されるという活況を呈し、帝国の歴史像は日々、修正されている。本書では、こうした最新の研究成果を可能な限り取り入れ、新しいオスマン帝国史像を提示するように努めた。

もちろん私は、オスマン帝国修史官の自称を借りれば「卑小な書き手」に過ぎない身ゆえに、長大なオスマン帝国史の一面をわずかに切り取りえたに過ぎない。それでも、この帝国の歴史を日本の読者に提示することに、なんらかの寄与ができれば幸いである。

目次——オスマン帝国

はしがき　i

序章　帝国の輪郭……1

1　「この国」の呼び方　2

2　王位継承、権力構造、統治理念　7

3　四つの時代　10

第一章　辺境の信仰戦士《ガーズィー》——封建的侯国の時代：一二九九年頃—一四五三年……15

1　北西アナトリアという舞台　18

2　オスマン集団の起源と始祖オスマン　25

3　一四世紀の拡大　35

4　稲妻王バヤズィト一世の栄光と没落　51

5　空位時代からの復興　61

第二章　君臨する「世界の王」――集権的帝国の時代：一四五三年―一五七四年……77

1　征服王メフメト二世とコンスタンティノポリス征服　80
2　聖者王バヤズィト二世　104
3　冷酷王セリム一世　114
4　壮麗なる時代――スレイマン一世の半世紀　121
5　セリム二世と大宰相ソコッルの時代　141

第三章　組織と党派のなかのスルタン――分権的帝国の時代：一五七四年―一八〇八年……153

1　新時代の幕開け――分権化の進展　156
2　王位継承と王権の変容　164
3　大宰相キョプリュリュの時代　184
4　一八世紀の繁栄　196

5　近代への助走——セリム三世とニザーム・ジェディード改革　211

第四章　専制と憲政下のスルタン＝カリフ——近代帝国の時代：一八〇八年―一九二二年……223
1　マフムト二世——「大王」、「異教徒の帝王」そして「イスラムの革新者」　226
2　タンズィマート改革　236
3　アブデュルハミト二世の専制時代　248
4　第二次立憲政　260
5　帝国の滅亡　274

終　章　帝国の遺産……287
1　オスマン帝国史の構造　288
2　オスマン帝国の残照　294

あとがき　300／参考文献　303／年表　311／索引　319

オスマン王家系図

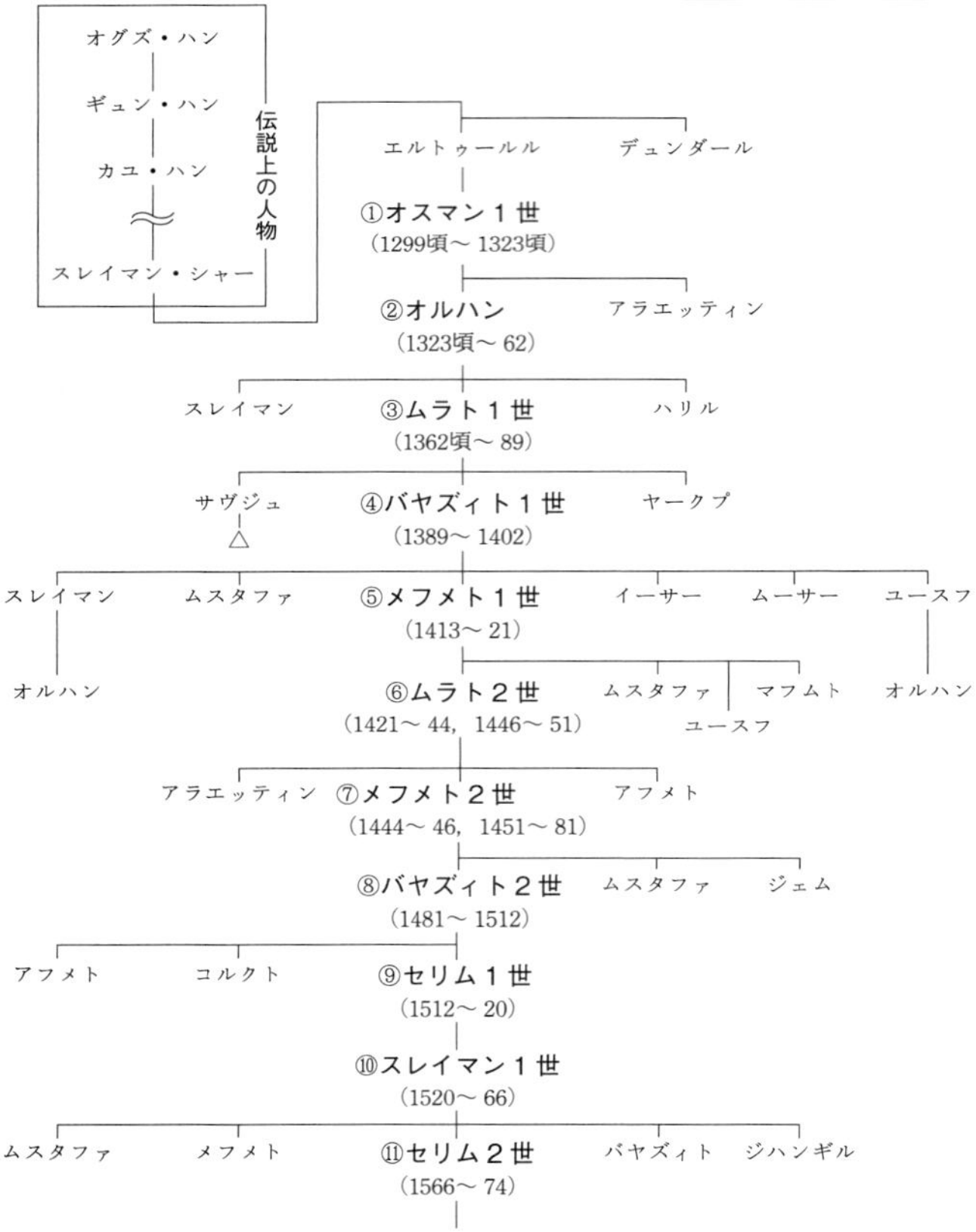

- 本書中に言及のある王族のみを示す
- 丸数字は即位の代数、括弧内は在位年
- △は男性、○は女性を意味する
- 1402年から13年にかけては空位時代（内訌時代）

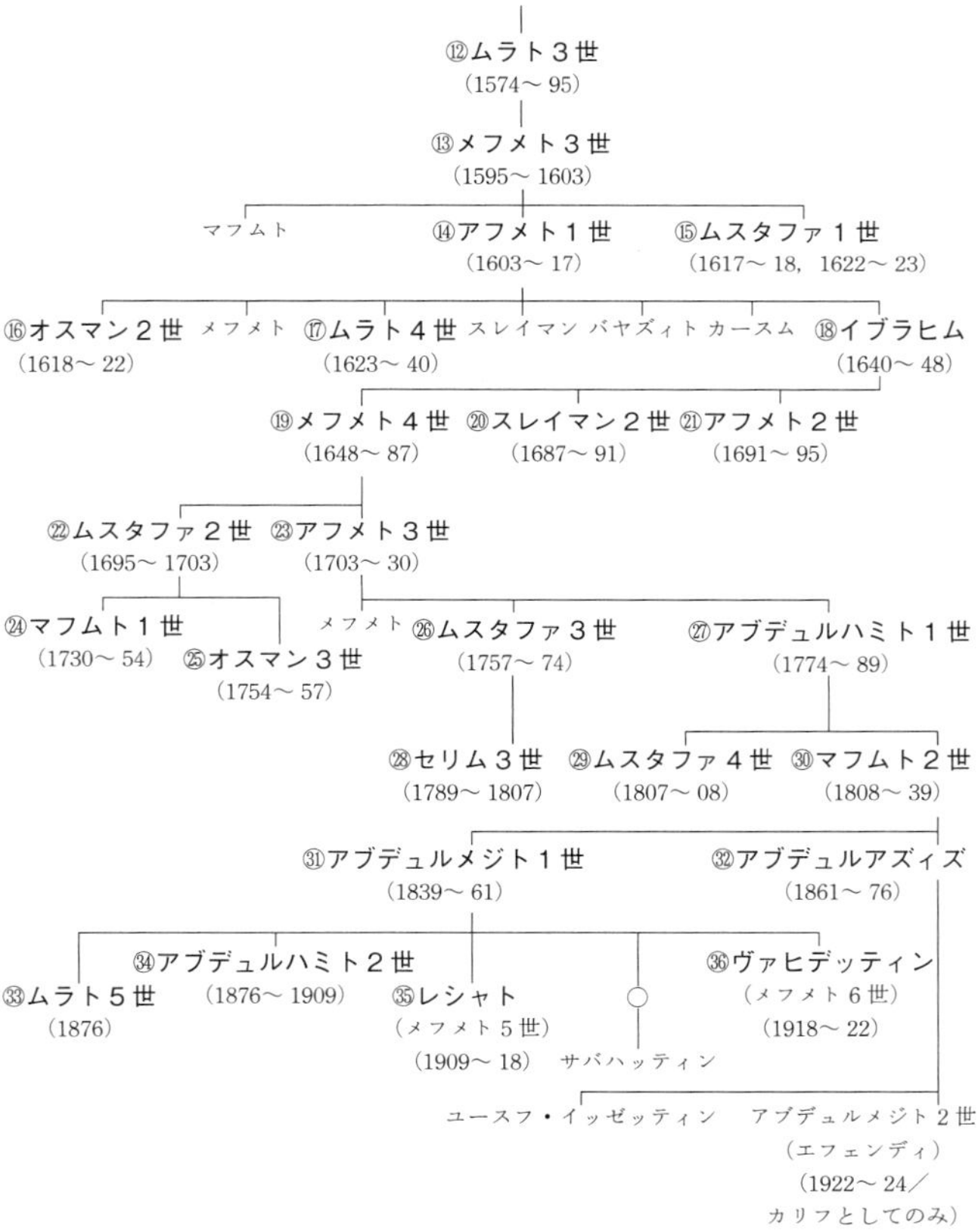
⑫ムラト３世
（1574～95）
⑬メフメト３世
（1595～1603）
マフムト
⑭アフメト１世
（1603～17）
⑮ムスタファ１世
（1617～18，1622～23）
⑯オスマン２世
（1618～22）
メフメト
⑰ムラト４世
（1623～40）
スレイマン
バヤズィト
カースム
⑱イブラヒム
（1640～48）
⑲メフメト４世
（1648～87）
⑳スレイマン２世
（1687～91）
㉑アフメト２世
（1691～95）
㉒ムスタファ２世
（1695～1703）
㉓アフメト３世
（1703～30）
㉔マフムト１世
（1730～54）
㉕オスマン３世
（1754～57）
メフメト
㉖ムスタファ３世
（1757～74）
㉗アブデュルハミト１世
（1774～89）
㉘セリム３世
（1789～1807）
㉙ムスタファ４世
（1807～08）
㉚マフムト２世
（1808～39）
㉛アブデュルメジト１世
（1839～61）
㉜アブデュルアズィズ
（1861～76）
㉝ムラト５世
（1876）
㉞アブデュルハミト２世
（1876～1909）
㉟レシャト
（メフメト５世）
（1909～18）
サバハッティン
㊱ヴァヒデッティン
（メフメト６世）
（1918～22）
ユースフ・イッゼッティン
アブデュルメジト２世
（エフェンディ）
（1922～24／
カリフとしてのみ）

凡　例

・地名については、原則として現在の地名を用いた。しかし、オスマン帝国統治が長く、当時の名称が学界において定着しているものに関しては旧称を採用した。別名がある場合は、必要に応じて括弧で付した。

・トルコ語のカナ表記については、林佳世子（他編）『トルコ新聞記事翻訳ハンドブック』（東京外国語大学、二〇一三年）に準拠した。しかし、オスマン・トルコ語の原綴に配慮した場合もある。また、専門用語として定着しているものについては、大塚和夫（他編）『岩波 イスラーム辞典』の表記を採用した。

・人物の年齢については、西暦に準拠した満年齢として計算した。このため、イスラム暦（一年が三五四日程度）準拠の計算よりも若干、年齢が若くなる場合がある。

・専門用語のルビについては、原則として各章の初出に付した。ただし、読みやすさを考慮して、初出以外に付したり、あえて付さなかった箇所もある。

序　章

帝国の輪郭

1 「この国」の呼び方

この国、すなわちオスマン帝国をどう呼ぶか。

一見、たやすいかに見えるこの問いは、この国の人々が持つアイデンティティと、そして呼ぶ側の歴史観と深くかかわるゆえに、存外に大きな問題を孕んでいる。迂遠であるとの誹《そし》りは免れえないだろうが、まず、そこから始めたい。

オスマン・トルコ

この国について、「トルコ」あるいは「オスマン・トルコ」という呼び方がある。おもに西方の隣人たるヨーロッパ人たちによるこの呼称は、日本でも受け入れられしばしば用いられており、もっとも人口に膾炙《かいしゃ》した呼び方といえるかもしれない。

トルコ人とは、モンゴル高原を故地とし、紀元前三世紀ごろにその姿を歴史上に現した遊牧の民である。彼らは九世紀ごろから軍事力としてイスラム世界に流入し、一〇世紀に初めてトルコ人を王とするムスリム王朝が登場する。そして次第に西進しアナトリアに入ったトルコ系部族の指導者であるオスマンという人物が、この国を建国したのであった。

実際、王家がトルコ系の名家出身であるという伝承は、オスマン帝国の人々の歴史意識に深く刻み込まれていた（本書67頁）。とくに、周囲にトルコ系の侯国が存在する一六世紀初頭までは、王家のトルコ的血筋の高貴さの主張は、その権威にとって重要であった。こうしたこの国の「トルコ性」は、一六世紀半ば以降は強調されなくなるが、一九世紀末よりトルコ民族主義の潮流が生まれてくるなかで掘り起こされ、再発見される。オスマン帝国における共通言語が一貫してトルコ語であったことも、強力な民族的核として見出され、人々をまとめる力として機能した。つまり、オスマン帝国の始まりと終わりにおいて、トルコという要素はかなりの重みをもっていたといえる。

そのため、「トルコ」もしくは「オスマン・トルコ」という呼び方は、一見して妥当なように見える。

しかし、これらの呼称は、研究者のあいだでは用いられない。なぜか。

この国が国号として「トルコ」という自称を用いることはなかったし、オスマン帝国の歴史上、トルコ系の人々がマジョリティであった時期はきわめて短く、多民族からなる帝国としてその歴史を紡いできたからである。帝国臣民を構成する主要な民族だけでも、アルバニア人、セルビア人、チェルケス人、ギリシャ人、アラブ人、クルド人そしてアルメニア人など、枚挙にいとまがない。

もちろん、ある民族が支配者として統治し、さまざまな他民族が被支配者の立場にあるという国家は他にもあったろう。しかしオスマン帝国の特異性は、支配エリート層をむしろ非トルコ系出身者が占めていたことにある。トルコの貴顕の血筋を誇った王家にしても、三六代におよぶ歴代君主のうち、トルコ系の生母を持った君主は初期の数例に過ぎない。こうした理由から、「トルコ」という民族名を付してこの国を呼ぶことは、ふさわしいとはいえない。

自称は何か

それでは、オスマン帝国の人々は、自らの国をどのように呼んでいたのだろうか。本人たちの呼び方を採用することができれば、それがもっともふさわしいはずである。

しかし、ことはそう簡単ではない。オスマン帝国の正式名称が公的に定められたのは、この国の歴史ももう終わりに近い一九世紀末、一八七六年に制定された憲法においてである。そこでは、この国の名は「オスマン国《デヴレティ・オスマニエ》」であると明記されている。それまで、この国には正式名称というものがなかったのである。もちろん、正式な国号の制定という観念自体が近代的なものであるから、このこと自体はさほど驚くにあたるまい。

正式名称はともかくとして、公文書のなかではどのような名称が用いられていたのだろうか。オスマン帝国の公文書では、自称として「至高の国家《デヴレティ・アリイエ》」と記されるのが常であった。また、オスマン帝国の国土を指すさいに、「神護の国土《メマーリキ・マフルーサ》」という表現もしばしば用いられた。しかし「至高の国家」や「神護の国土」では、現代の歴史研究者が採用する名称としては、いささか不適切であろう。

それでは、歴史書ではどうか。オスマン帝国の歴史を紡いだ歴史家、なかでも帝国の前半期に史筆を取った者たちは、「オスマン王家（朝）の歴史《ターリヒ・アーリー・イ・オスマン》」という題名を好んだ。すなわち、彼らにとってオスマン帝国とは「オスマン王家」あるいは「オスマン朝」のことだったのである。たしかに、その歴史の前半においてはオスマン王家とこの国はほとんど同義であったし、後半においても、王家はオスマン帝国の重要なアクターとして存在感を持ち続けた。ゆえに、「オスマン朝」という呼び方は、すくなくともこの国の歴史の前半をあつかうにあたっては、すわりの良い呼び方だと思われる。

しかし、六〇〇年すべての歴史についてこの国を「オスマン朝」と呼ぶことができるかといえば、やはり難しい。時代を経るにつれ国家組織が発展し、王家以外のアクターが台頭してくることで、国家が王家の延長だとは見なせなくなるからである。

オスマン帝国

以上、やや長々と検討してきたが、本書では、研究上の慣例に従って、この国をオスマン帝国と呼ぶことにしたい。

「帝国《エンパイア》」とは、ラテン語で支配権あるいは統治権などを意味する「インペリウム」に由来する語である。ローマ時代に淵源を持つこのインペリウムという概念は、古代末期より徐々にその意味を変容させてゆき、広範な領域を支配する国家という意味で用いられるようになった。これがすなわち「帝国」である。

もちろん、オスマン帝国は「インペリウム」ないしはそれに由来する国号を積極的に称したことはないから、この呼び方にも問題がないわけではない。とはいえ歴史的な「帝国」という用語の成り立ちはともかく、洋の東西を問わず、複数の地域を支配する広大な国家に対して歴史研究者が「帝国」という語をあてるのは、しばしばみられる用例である。その意味において、「オスマン帝国」という呼称は、おそらくもっとも適切な呼び方だと思われる。

なお、帝国というほどの体裁を整えていない時代、すなわち本書の第一章の時代については、オスマン集団、オスマン侯国、そしてオスマン朝という呼び方を使い分けることにしよう。

君主の呼び方

オスマン帝国の君主をどう呼ぶかも、難しい問題である。

現代の研究者は、オスマン帝国の君主をスルタンと呼ぶ。スルタンとは、イスラム世界における世俗の最高権力者に与えられた称号で、アッバース朝カリフが大セルジューク朝の君主に授与したのが端緒だといわれている（本書21頁）。

オスマン帝国の君主も、イスラム的な権威をまとった君主号として「スルタン」称号を用いていた（本書39頁）。しかし、帝国の文書行政の場で、一義的に君主を指すために用いられていたのは「帝王《パーディシャー》」という語であり、「スルタン」という語は、君主のみならず王族や貴顕にも用いられるのが常であった。そのため、オスマン帝国君主の正式な称号は「スルタン」ではなく「帝王」である、と主張する研究者もいる。その一方で、碑文や銘文での「帝王」の用例は少なく、「帝王」という語は格上の君主を示す一般名詞にすぎないという指摘もあり、いまだ定まった見解はないのが現状である。

国号以上にやっかいな君主号の問題であるが、本書では慣例に従って、オスマン帝国の君主をスルタンと呼ぶことにしたい。とはいえ、オスマン帝国の君主がさまざまな称号を使いわけ、重層的・複合的なアイデンティティをもった支配者として君臨していたことは間違いなく（本書93頁）、スルタンという呼び方はその一面のみを切り取った、便宜的なものである。

2　王位継承、権力構造、統治理念

オスマン帝国の歴史は、あまりにも長い。新書という媒体で、六〇〇年の歴史を語りつくすことは、もちろん不可能である。そこで本書は、基本となる政治的事件や対外関係のほかに、三つの軸をたてて、オスマン帝国の歴史を語ってゆくことにしたい。すなわち、王権の核たる王位の継承、王権を支える権力構造、そして統治の理念である。

王位継承

さきに、オスマン帝国の歴史家は、この国の歴史を「オスマン王家の歴史」として叙述したと述べた。このことは、オスマン帝国の歴史の理解にとっても、重要な示唆を与える。はからずも、オスマン帝国の歴史は、オスマン王家の歴史でもあった。広大かつ多様な要素からなる帝国という扇をまとめる要こそ、六〇〇年間玉座を譲ることのなかったオスマン王家であった。

そのオスマン王家の王位継承は、さまざまな慣行や制度によってコントロールされていた。たとえば、本書冒頭のオスマン王家の系図を見ていただきたい。一七世紀初頭のアフメト一世までは、王位が常に、父から子へ継承されていることがお分かりだろうか。

これは、君主が即位後に、同格の王族に挑戦されることを未然に防ぐべく、王位継承システムが父子相続を前提としてデザインされていたことの結果である。オスマン帝国における王位継承上の慣行としては、いわゆる「兄弟殺し」が有名である。しかしそれだけではなく、本書で言及されるように、さまざまな方法による工夫がなされていた。

本書は、王位継承のあり方と玉座をめぐる争いに焦点のひとつをあてる。

権力構造

王家のなかでの君主の立場がこうして確立されたとすれば、つぎに問われるのは、君主を支えるアクターたちとその関係である。

彼らの来歴はさまざまである。有力政治家はもちろん、イェニチェリ軍団や常備騎兵、高位ウラマー（イスラム知識人）や低位ウラマー、宮廷内の母后や宦官、さらには帝国内外の半独立勢力――辺境のアクンジュ豪族たち、属国であるバルカンのキリスト教諸国、チンギス・ハンの末裔クリミア・ハン国、一八世紀より勃興したアーヤーン（地方名望家）たち――もそのなかに入る（彼らについては、いずれも後述する）。長い帝国の歴史において、時代によってさまざまなアクターたちが登場し、退場していった。

オスマン帝国は中央集権国家である、とよくいわれるが、その在り方は一様ではない。君主をとりまく登場人物たちの編成や関係の変化、王権の拡大と制限という大きな潮流の移り変わりのなかで、集権化と分権化を反復し、そのたびに権力構造は洗練されていった。本書では、彼らの役割、王権との関係、そしてその変容に着目してゆく。

統治理念と正統性

帝国の「核」がオスマン王家であり、それを支え帝国を運営なさしめたのが権力構造であるとすれば、帝国を支配するための理念と正統性はどこに由来したのだろうか。

オスマン王家そしてオスマン帝国は、自らの支配の正統性を、さまざまな淵源に求めてきた。

ここでひとつ例を挙げるとすれば、イスラム世界においてムスリムの諸王朝が歴史的に培ってきた伝統である。雑多な出自を持つ戦士たちの寄り合い所帯から誕生したオスマン集団が、国家としての体制を整えたのは、ムスリム諸王朝がその長い歴史を経て蓄積して継承してきた統治技術と理念のパッケージ――支配組織、法、慣習や称号など――を利用したゆえであった。

ただしオスマン帝国は、その伝統を、自らに適用しやすいよう変容させて取り入れていたことには注意をはらいたい。また、オスマン王家やオスマン帝国は、イスラムとは異なる理念や正統性も、しばしばその身に帯びてきた。初期の時代ではトルコ的理念、近代では立憲制が例として挙げられるであろうか。その詳細については本論に譲るが、こうした理念や正統性の多様さと重層性も、本書の主題のひとつである。

3　四つの時代

時代の四区分

オスマン帝国六〇〇年の歴史をたどるにあたり、時代による特徴に配慮しながら叙述を進める必要があるだろう。オスマン帝国史の時代区分については、研究者のあいだで一定の合意がある。本書はそれに従って、帝国の歴史を四つの時代に分けることにしたい（ただし各時代の名称は、筆者による命名である）。各時代は、本書の各章に対応している。

封建的侯国の時代　オスマン侯国が成立したと考えられるのは、一三世紀と一四世紀の変わり目である。初期のオスマン侯国は、略奪を生業《なりわい》とする荒くれ者たちの集団のようなものであった。彼らは、ムスリム諸王朝の統治システムを調整しながら徐々に取り入れ、国家としての体裁を整えてゆく。

この時期、国家の中心はオスマン王家だったが、これを地方豪族や旧トルコ系侯国出身者など、半自立的な集団が支えるという形をとっていた。いわば、オスマン王家は、封建諸侯たちのなかの第一人者のような存在であった。

集権的帝国の時代　オスマン朝は、メフメト二世による一四五三年のコンスタンティノポリス征服を象徴的な境として、スルタンを国家の頂点とした中央集権化を進め、「帝国」と言われるにふさわしい威容を獲得してゆく。実際には、その変化は漸進的だったが、画期としてはやはりこの征服に求めたい。ここからおよそ百数十年の間が、オスマン帝国の「黄金時代」として回顧される時代である。アラブ地域への大征服を行ったセリム一世や、ウィーン包囲を敢行したスレイマン一世の治世が、これに含まれる。

この時代のスルタンは、イェニチェリ軍団という常備軍に代表される奴隷臣下集団を擁し、絶対的専制君主として君臨する。とはいえ、この時代も、スルタンが臣下のコントロールに苦慮していたことは本編で述べられるとおりである。

分権的帝国の時代　この時代がいつ始まるかについては諸説あるものの、本書では一五七四年のムラト三世の即位に求めた。かつての研究では、一六世紀末からの二〇〇年間を、停滞期あるいは衰退期と見なすのが一般的であった。無能なスルタンが支配した、混乱と領土縮小に見舞われた時代だったというのである。

しかし研究者のあいだでは、この時代は変革の時代ではあっても衰退ではなかった、という評価が定着して久しい。この時代の特徴を一言でいうならば、それまでスルタンに独占されていた権力が、帝都イスタンブルの有力者たちによって一定の掣肘《せいちゅう》を受け、彼らが作り上げる党派によって国政が運営されるようになったことであろう。この体制は、一七世紀には派閥対立の激化によって混乱した様相を見せるが、一八世紀に入ると安定し、帝国の歴史上、ぬきんでた繁栄をもたらすことになる。

近代帝国の時代　古典的な中東・イスラム史研究では、イスラム世界における近代を、一七九八年におけるナポレオンのエジプト遠征をもって始まるとしている。しかし、これはあまりに西洋視点の歴史観であるし、エジプトはオスマン帝国の重要な属州だったものの、この事件が帝国本国にとってなにがしかの大きな構造変化を、直接的にもたらしたわけではない。

オスマン帝国史研究では、近代の端緒を、帝国近代化の先鞭をつけたマフムト二世の治世、あるいは近代化が全面的に進展したタンズィマート改革の時代に求めることが一般的である。本書では、マフムト二世が改革に果たしたイニシアティヴを重視する立場から、マフムト二世が即位した一八〇八年を起点としたい。一方、この時代の終わりは一九二二年の帝国滅亡とし、いささかの後日談として一九二四年のカリフ制廃止にも触れる。

それでは、イスラム世界とキリスト教世界とがまじりあう辺境、一三世紀のアナトリアから、帝国の歴史を語ることとしよう。

第一章

辺境の信仰戦士《ガーズィー》

封建的侯国の時代：1299年頃—1453年

オスマン王家の由緒を記す『系譜書』の冒頭
アダムとイヴから始まり、伝説上のトルコの王オグズ・ハンを経て、オスマン帝国のスルタンたちへと連なる系譜が描かれている。『系譜書』は16世紀初頭より多数作成され、オスマン王家の正統性を喧伝する役割を担った（作者不明、ワクフ総局蔵）
Vakıflar Genel Müdürlüğü ve Vakıfbank. *Silsile-name*. Ankara, 2000.

アゾフ海
キプチャク平原
黒　海
グルジア王国
ジャンダル侯国
トレビゾンド
帝国
●アマスィヤ
エレトゥナ侯国
×アンカラの戦い
●スィヴァス
黒羊朝
●マラズギルト
●カイセリ
カラマン侯国
ヴァン湖
●コンヤ
ドゥルカドゥル侯国
白羊朝
ウルミエ湖
ラマザン侯国
●アレッポ
ティグリス川
キプロス島
マムルーク朝
ユーフラテス川

14世紀中葉のアナトリアと周辺世界

1　北西アナトリアという舞台

一三世紀末、北西アナトリア。イスラム世界の果てにして、キリスト教世界の果てでもある辺境の領域。のちオスマン帝国と呼ばれる国家を築くことになる集団の濫觴《らんしょう》は、ふたつの世界の果てが重なりあうこの境域にあった。

歴史的にイスラム世界は、アラブ地域を中核として発展してきた。一三世紀当時であれば、エジプトとシリアを治めるマムルーク朝がその盟主であろうか。彼らにとって、遠い辺境であるアナトリアの片隅で実践されているイスラムなぞ、異端すれすれとして、眉をひそめるべきものであったに違いない。オスマン朝という国家の性格を語るうえで、この辺境に成立したという事実は、大きな重みをもっている。このころの北西アナトリアは、辺境における日常的な戦闘活動とたえざる聖戦《ガザー》、一見それと矛盾するかのようなムスリムとキリスト教徒の混交と共闘が見られる、混沌のスープともいうべき雰囲気をもった世界であった。

それではこの特異な地域は、どのような歴史的過程をへて形成されたのだろうか。

イスラム世界

ユダヤ教・キリスト教と同じく一神教の系譜を継ぐイスラムと呼ばれる宗教が、預言者ムハンマドによって広められたのは、七世紀、アラビア半島の商業都市メッカにおいてである。唯一神への帰依を唱えたムハンマドは、メッカ有力者による迫害に遭いつつも、六二二年にメディナへの聖遷《ヒジュラ》によってムスリムの共同体をつくりあげ、幾度かの戦いを経てメッカを征服、アラビア半島を影響下におくことに成功する。そして彼のあとを継いだ正統カリフたちが率いるムスリム共同体は、アラブの大征服と呼ばれる急速な征服活動によって、じつに東はイラン北東部のホラーサーン地方、西はスペイン・モロッコに至るまで、イスラム世界を広げたのである。

この原動力となったのは、イスラム世界の拡大を目的とした聖戦への情熱と、略奪という経済的利益であった。当時の二大国のひとつイランのサーサーン朝は、勢い盛んなムスリム軍に敗れて、六五一年に滅亡する。もうひとつの大国、ローマ帝国の末裔たるビザンツ帝国も、ながらくローマ世界の一角をなしていたシリアやエジプトをまたたくまに奪われることとなった。正教を国教とするビザンツ帝国は、同じキリスト教徒であっても、これらの地域に広まっていた合性論派にたいして抑圧的な統治を行っていた。このため当地のキリスト教徒たち、そしてユダヤ教徒は、ムスリムによる支配を歓迎した。イスラムはキリスト教徒とユダヤ教徒に対し、同じ一神教を奉じる「啓典の民」として、一定の制限のもとに信仰の自由と自治を認めていたからである（本書97頁）。

当時のアナトリアは、そのビザンツ帝国の支配下にあった。六七四年、ムスリムたちは帝国の奥深くまで攻め込み、帝都コンスタンティノポリスを包囲するに至った。しかし、巨大な城壁と、「ギリシャ火」と呼ばれる兵器（詳細は伝存していないが、一種の火炎放射器だったという）にはばまれ、攻略することはかなわなかった。預言者ムハンマドの教友《きょうゆう》であるアイユーブはコンスタンティノポリスの城壁のもとで殉教し、ムスリム軍はアナトリアから撤退した。アナトリアはなおしばらく「ローマの地」――アナトリアは、アラビア語で「ルーム（「ローマ」の意）」と呼ばれる――でありつづける。

マラズギルトの戦いとアナトリアのトルコ化

アラブの大征服から、四〇〇年の時が流れる。

ときおり敢行される略奪を目的とした侵攻以外に、ふたたびムスリム軍が本格的にアナトリアに姿を現すのは、一一世紀である。ムスリムの共同体が一枚岩を誇った時代はとうに過ぎ去っていた。ムハンマド一族の血を引くカリフが支配するアッバース朝（七五〇～一二五八年）の権威は凋落し、かつてアッバース朝が統治の網を張り巡らせていた広大な領土では、いくつもの地方政権が割拠していた。

その数世紀前から、イスラム世界には新たなアクターが参入していた。トルコ人と呼ばれる人々である。もともと中央アジアで遊牧生活を送っていた彼らは、その精強さから当初は奴隷軍人（本書46頁）としてイスラム世界に流入し、しだいに自分たちの王朝を築くようになる。なかでも頭角を現したのは、トルコ系オグズ族のクヌク氏族を出自とする大セルジューク朝である。オグズ族とは、伝説上の英雄王オグズ・ハンを名祖とするトルコ系集団であり、イスラム世界で活動するトルコ系の人々の多くはオグズ族に属する。オグズ族はさらに多くの氏族にわかれ、イスラム世界で勃興したトルコ系王朝のほとんどは、オグズ族のいずれかの氏族に自分たちのルーツを求めた。

大セルジューク朝の初代君主トゥグリル・ベグ（位一〇三八～六三年）は、一〇五五年、実権を失っていたアッバース朝カリフの後見役となり、カリフよりイスラム世界の世俗の支配者の称号たる「スルタン」の位を与えられたという。以降、ムハンマドの理念的な後継者としての権威をカリフが、世俗の権力をスルタンが保持するという、ある種の二重統治がイスラム世界で常態化する。

一〇七一年、東アナトリアのマラズギルトの地で、ビザンツ皇帝ロマノス四世（位一〇六八～七一年）率いる六万の軍勢を、大セルジューク朝君主アルプ・アルスラン（位一〇六四～七二年）率いる一万数千の軍団が迎え討った。このマラズギルトの戦いでは、圧倒的少数の大セルジューク軍が勝利し、ビザンツ皇帝を捕らえるという結果に終わる。アナトリアのトルコ化が進む契機となったこの戦いは、アナトリアを主要な国土とするいまのトルコ共和国でも大々的に記念されている、歴史的事件であった。

マラズギルトの戦いののち、アナトリアに地歩を築いたのは、大セルジューク朝の分家である。一〇七五年に成立し、アナトリア中部のコンヤを都としたこの王朝は、ルーム・セルジューク朝と呼ばれる。「ローマの地のセルジューク朝」の謂《いい》である。アナトリアの過半を支配したこの王朝は、大セルジューク朝が内訌《ないこう》のすえ一二世紀後半に滅びたのちも長命を保った。

マラズギルトの戦いとルーム・セルジューク朝の成立によって、アナトリアにはトルコ系ムスリムの流入が進んだ。これ以前にも、アナトリアにトルコ人が移住していなかったわけではない。ビザンツ帝国軍には、傭兵としてトルコ系の部隊が加わってすらいた。しかしながら、政治権力としてイスラムを奉じる王朝がアナトリアに成立した影響は大きかった。アナトリアの多数派であったギリシャ系キリスト教徒は、これより徐々にトルコ系のムスリムにその席を譲ってゆく。いまや「ローマの地」の主はルーム・セルジューク朝の君主であった。一三世紀前半にその最盛期を迎える彼らは、「ローマのスルタン」にして「ふたつの海のスルタン」、すなわちアナトリアをかこむ黒海と地中海の主を称するに至ったのである。

しかし、ルーム・セルジューク朝の繁栄は、モンゴル帝国を建国したチンギス・ハン（位一二〇六～一二二七年）の後裔《こうえい》たちによって、唐突に断ち切られることになる。

モンゴルの侵入と侯国の時代

モンゴルの登場は、イスラム世界の君主たちにとって、まったく予期せざるものであった。イスラム世界だけではない。東アジアやヨーロッパにとっても、すなわち全ユーラシア世界にとって突然の衝撃であり、世界史的な事件であった。

大セルジューク朝亡きあと、イラン・イラク地方の覇権を握っていたのはホラズム・シャー朝である。一二〇六年にモンゴル高原を統一したチンギス・ハンは、一二二〇年、ホラズム・シャー朝に遠征し、これを打ち破って破壊と略奪を徹底的に行った。モンゴル征西軍の主力はイランにとどまっていたが、ついに一二四三年、モンゴルの一軍団がアナトリアに侵攻し、ルーム・セルジューク朝軍を破った。ルーム・セルジューク朝は直接支配を免れたものの、モンゴルの属国としての地位に置かれた。衰退著しい同朝は、混乱と内紛の果てに、一四世紀初頭には姿を消すことになる。

一方、ルーム・セルジューク朝のライバルであったビザンツ帝国も、一二〇四年の第四回十字軍によって帝都コンスタンティノポリスを奪われる事態に陥っていた。本来エルサレムを目的としたはずの十字軍は、経済的利権を狙うヴェネツィア商人に使嗾《しそう》され、ビザンツ王族の内紛に乗じコンスタンティノポリスを占領、そこにラテン帝国を建国したのだった。ビザンツ勢力は一二六一年には帝都を取り戻すものの、すでに昔日の影響力を失っていた。モンゴルがもたらしたアナトリアの混乱も、ビザンツ帝国の凋落に拍車をかけた。

こうして、アナトリアを治めるべき正統なる権威は、イスラム世界においてもキリスト教世界においても、いまや地に堕ちていた。これまでルーム・セルジューク朝に服属していたトルコ系のさまざまな部族集団が自立し、各地に独立勢力を打ち建てたのは当然の帰結であったろう。こうした部族集団の指導者たちが君侯《ベイ》を称したことから、これらの小国家は侯国《ベイリク》と呼ばれた。それらのうちいくつかを挙げるならば――

ルーム・セルジューク朝の王都コンヤを中心として支配を広げ、侯国のなかで最大の勢力を誇ったカラマン侯国。

エーゲ海岸を支配し、トルコ系らしからぬ海軍力をもったアイドゥン侯国。

黒海沿岸と重要な鉱山地域を支配したジャンダル侯国。

アナトリア南東部に長期政権を築いたドゥルカドゥル侯国にラマザン侯国。

ビザンツ帝国との境域に地歩を固めていた北西アナトリアのゲルミヤン侯国とカレスィ侯国。

いくつもの侯国が相争う、まさに群雄割拠の時代が、一三世紀から一四世紀にかけてのアナトリアに現出したのである。そのなかに、もっとも辺境に位置し、ほとんどの侯国と比べて勢力が小さく、そして高貴とはほど遠い血筋を持つ指導者が率いる集団があった。

その指導者の名を、オスマンという。

2　オスマン集団の起源と始祖オスマン

建国伝承

彼らはいったい何者で、どこから来たのだろうか。

オスマン王家の起源は伝説に包まれている。オスマン朝の人々が自分たちについて語り始めるのは遅い。伝存する最古の史書は、一五世紀初頭、オスマン朝がその姿を現して一世紀以上たってから書かれたものでしかない。

オスマン朝史家の手による伝承のうち、もっとも典型的なものを、要約して紹介しよう。

オスマンの祖父スレイマン・シャーは、イラン東部のとある町の支配者であった。しかし、モンゴルの侵入によってセルジューク朝とともに故地を追われ、一族を引き連れ西方へ落ち延び、東アナトリアにたどり着いた。スレイマンがユーフラテス川で事故死すると、一族の多くは故地へときびすを返した。

しかしオスマンの父エルトゥールルは、四〇〇戸の部族の者たちとともに、そのままアナトリアを西進する。そこでモンゴル軍と争うルーム・セルジューク朝軍と遭遇し、不利な後者の味方をしてこれを助けた。エルトゥールルはルーム・セルジューク朝スルタンと臣下の契りをむすび、キリスト教徒に対する聖戦に従事して頭角を現すようになる。エルトゥールルの死後、息子であるオスマンが集団の指導者となり、やはり聖戦で活躍する。そしてイスラム暦六九九（西暦一二九九）年、ルーム・セルジューク朝の断絶に伴い、オスマンはフトバのなかで自らの名を詠ませるに至った。

ムスリムは、金曜日にモスクにおいて集団で礼拝することが推奨されている。フトバとは、ムスリムにとって重要なこの金曜礼拝のさいに行われる説教であり、フトバには当地の支配者の名が詠み込まれた。すなわち、これはオスマンの独立を意味したのである。

この伝承が歴史的事実を直接に伝えていないことは、確実である。セルジューク朝はモンゴルに追われてアナトリアに来たわけではなかったし、ルーム・セルジューク朝の滅亡は一四世紀初頭である。オスマンの祖父の名がスレイマン・シャーであるというのも、創作であることが定説となっている。

さらに、初期年代記作者たちが伝える伝承はさまざまであり、異説には事欠かない。オスマン朝の祖先がアナトリアに向かったのは、イランを治める王に「ルームの地を支配せよ」と命じられ派遣されたためであるという説。エルトゥールルは聖戦に従事せず、キリスト教徒と平和に暮らしていたという説。果ては、オスマンの祖先はルーム・セルジューク朝スルタンに毒殺され、オスマンはルーム・セルジューク朝の権威を否定し、自身の家柄を誇って独立するという説……。

さきに要約した伝承とは、まったく逆ではないか。

ある研究者は、こうしたあまりに相矛盾した内容を伝える初期年代記について、オスマン朝草創期の事実を研究するにあたり益をなさないと断じ、無視すべきであると主張している。それはそれで、ひとつの見識であろう。それでも、いくつもの矛盾した伝承を慎重に比較しながら読み解いてゆくと、年代記作者の意図、作者自身もおそらくは気づいていなかったであろう意識の深層、そしてオスマン朝黎明期の姿を見出すための手がかりが、微かにではあるが読み取れる。

たとえば、前述の伝承には、モンゴルによる破壊と混乱によって、オスマン朝の祖先にもたらされたトラウマが色濃くにじんでいるように思われる。イランの王に派遣されたという説には、このトラウマを糊塗しようとする意図がいかにも透けてみえる。オスマンがセルジューク朝に忠誠を誓い、その後継者となったという主張が意図するところは、オスマン朝によるアナトリア支配の正当化であろう。だが異説の存在は、セルジューク朝とオスマン集団の関係が、こうした「麗《うるわ》しい」ものとは実際にはいえなかったことを示唆している。辺境の荒くれ者の集団であった彼らが、セルジューク朝の権威を恭《うやうや》しく認めはしなかった可能性は十分にある。

建国年がイスラム暦六九九年という特徴的な年に設定されている理由は、「世紀の変わり目に、イスラムの革新者が現れる」というハディース（預言者ムハンマドの言行）に求められるかもしれない。すなわち、六九九年に独立したという伝承自体、後代になって培われたであろうイスラム的な価値観の反映だといえる。

建国伝承は、史実そのままではないにせよ、オスマン朝黎明期の人々が抱いていたであろう歴史意識の深層を探る、貴重なよすがなのである。

信仰戦士たち

起源は伝説の靄のなかにかすんでいるとしても、一三世紀末ごろより、オスマン率いる集団が北西アナトリアの小邑《しょうゆう》ソユトを根城として活動を始めたのは確かである。ここを拠点に、彼らは周囲に略奪を繰り返して勢力を築いていった。

ビザンツ帝国の年代記作家は、一三〇二年、コンスタンティノポリスとは指呼《しこ》の間《かん》にあるマルマラ海付近のバフェウスにて、ビザンツ軍がオスマン率いる軍勢と衝突し、敗北を喫したことを伝えている。これが、オスマン集団が歴史に足跡を残した最初である。

それでは、オスマンの下に集ったのは、どのような人々だったのだろうか。これについては、同時代史料が不足しているために定まった説がなく、二〇世紀初頭以来論争が繰り広げられてきた。論争に決着がついたわけではないが、これまでの研究成果を踏まえると、おおむね次のような説明をしうるであろう——

オスマンとその最初期の同胞たちがトルコ系の出自を持っていたのは、おそらく間違いない。

そもそも彼らの用いる言語はトルコ語であったし、初期オスマン集団の登場人物の多くがトルコ系の名を持っているからである。しかし、遊牧部族としての結束力は、かなり早い時期から失われていたようだ。季節に応じた移住など、遊牧民的なふるまいがオスマン集団において確認できるのは、せいぜい始祖オスマン時代の初期にすぎない。

部族的紐帯の喪失は、一見、集団の力を弱めると思われるかもしれない。しかし、ほかの侯国が有さなかったこの性質は、オスマン侯国の発展に大きなプラスとして働いた。というのもオスマン集団においては、部族的な紐帯にかわって、人々を強固にまとめあげる論理が成長したからである。イスラムの聖戦《ガザー》にたずさわる「信仰戦士《ガーズィー》」としての共同体意識である。オスマンやオスマンを継いだオルハンは、その名に信仰戦士の称号を帯び、同輩の戦士たちを率いて聖戦に従事した。

聖戦とはいえ、むろんイスラム世界の最果てでのことである。聖戦をめぐる正しい神学的議論など、彼らが知る由もない。野盗による略奪と、やっていることはさほど変わりはあるまい。さらにいえばオスマン侯国は、周辺のトルコ系ムスリム侯国とも衝突を繰り返しているから、聖戦の内実はじつに曖昧なものであった。しかし少なくとも、略奪行為にとりあえずの大義名分と指向性を与えたことは、ルーム・セルジューク朝という権威が崩壊し、流動化した当時の北西アナトリアにおいて「食い詰め浪人」化したトルコ系戦士たちにとって、魅力的であったに違いない。

イスラム神秘主義と教団

それでは、彼らはどのようなイスラムを信仰していたのだろうか。セルジューク朝ではスンナ派が奉じられていたから、当時のアナトリアにいたムスリムたちは、あえて分類するとすればスンナ派に属していた。しかし、この時期の彼らが信奉するイスラムは、宗教学でいう習合主義（シンクレティズム。混合主義ともいう）的性格の強い、ムスリムもキリスト教徒もともに融通無碍に包括しうるような、神秘主義に深い影響を受けたイスラムであった。

イスラムという宗教の特徴のひとつは、後述するように（本書37頁）、厳密な法理論を発展させたところにある。しかし、人々の素朴な信仰心を満たすには、法学を中心としたイスラムはあまりに衒学的にすぎ、信仰の形骸化と見なされたのも確かであった。こうした形骸化の傾向にたいして、反感を持つ人々が八世紀ごろから現れ、徐々に大きな潮流となっていった。音楽や踊り（厳密にイスラム法を適用するならば、忌避される行為である）も取り入れた修行によって神へと近づこうとする彼らをスーフィー、彼らの宗教実践をイスラム神秘主義（タサウウフ、もしくはスーフィズム）と呼ぶ。

もともと天空信仰のようなシャーマニズムを信仰していたトルコ系遊牧民が、理論的な要素の強い法学的なイスラムよりも、こうした神秘主義的傾向を持つイスラムに親近感を抱いたのは自然であったろう。アナトリアにおけるイスラムの拡大には、スーフィーと神秘主義が果たした役割がきわめて大きかったのである。

スーフィーたちが実践する神秘主義の営為は、当初は未分化であったものの、一三世紀ごろから徐々に、さまざまな教団の形をとりはじめる。オスマン朝において存在感を持った教団を列挙するならば——

初期オスマン朝の征服活動に信仰戦士として参加し、大きな戦力を提供したカーザルーニー教団。

聖者ジェラーレッティン・ルーミーを名祖とし、旋舞《セマー》を修行の一環としたことで知られるメヴレヴィー教団。教団はキリスト教徒をも受け入れていたという。

聖者ハジ・ベクターシュを名祖とし、キリスト教的要素を色濃く持つベクターシー教団。この教団は、イェニチェリ軍団（本書45頁）と固く結びつくことで、オスマン帝国の歴史上大きな存在感を持った。

アゼルバイジャンで創設され、オスマン朝スルタンのバヤズィト二世が傾倒したハルヴェティー教団。

中央アジアを源流とするナクシュバンディー教団。スンナ派やイスラム法との協調と、過激さを排する修行法を特徴とする。その穏健さから国家権力の支援を受けやすく、イスラム世界でもっとも大きく発展した教団である。

これらの神秘主義教団は、黎明期だけではなく、それ以降のオスマン帝国の歴史においてもしばしば重要な役割を演ずることになる。

オスマンの樹

オスマン集団が、スーフィーや神秘主義と結んでいた紐帯を象徴するのが、聖者エデ・バリとの逸話である。さまざまな異説が伝わっているが、そのうちひとつの伝承を要約して記そう。

ある日、オスマンは、アナトリア北西部の町ビレジクで聖者として知られるエデ・バリの館に客人となっていた。夜半、オスマンは夢を見た――

聖者エデ・バリの胸から月が生まれ、その月がオスマンの胸中に入った。すると、彼の臍から樹が生え、その陰が世界を覆った。その陰のもとに山々があり、山麓から水が湧いた。この湧水を、ある者は飲み、ある者は庭水に用い、またある者は泉に注がせていたのであった。

オスマンは眠りから覚めると、エデ・バリにこの夢の内容を伝えた。それを聞いたエデ・バリは、娘をオスマンに娶《めあわ》せた。夢解釈によれば、両者が結婚することで、オスマンが世界を支配し、人々が平穏を得ると見なされたからである。

実際にオスマンがエデ・バリの娘と結婚したかは定かではない。また、オスマンのあとを継いだオルハンの母は、経歴不詳のオメル・ベイという人物の娘であり、エデ・バリの娘ではなかった。しかし、エデ・バリが地域の人々の敬意を集める名士にして聖者であり、彼が早い段階からオスマン集団に力を貸していたのは確かである。エデ・バリに代表される神秘主義的な宗教指導者は、神秘主義の修行僧《デルヴィシュ》や都市の同胞団《アヒー》と深いつながりを持っており、彼らを動員することでオスマン集団の初期の征服活動に大きな戦力を提供したと考えられる。

キリスト教戦士との友誼

オスマンが掲げた旌旗《せいき》のもとには、もともとビザンツ帝国で辺境守備にあたっていた、アクリタイと呼ばれるキリスト教戦士たちも集っていた。衰退著しいビザンツ帝国は、アナトリアの領土の守備をなかば放棄しており、アクリタイたちも「食い詰め浪人」化していたのである。

オスマン１世
在位1299頃〜1323頃

　彼らの代表格が、オスマンの盟友として年代記に記される、キョセ・ミハル（「髭なしミカエル」の意）と呼ばれるキリスト教徒の戦士であった。伝承によれば、ミハルは北西アナトリアの小村ハルマンカヤの領主であった。オスマンと友誼を結び、オスマンとともに幾多の「聖戦」に従事したミハルは、死の直前にようやくイスラムに改宗したという。ミハルの子孫はバルカン半島に渡り、オスマン朝に臣従しつつも半独立の豪族となった。彼らは隣接するキリスト教諸国への急襲と略奪《アクン》を日常的な生業としたためにアクンジュ（アクンを行う者）と呼ばれ、オスマン朝がキリスト教諸国へ遠征するときはその先陣を務めた。

キリスト教戦士集団を出自とするアクンジュ豪族は、ミハル家だけではない。同様にバルカン半島でアクンジュとなった豪族としては、エヴレノス家、マルコチュ家、そしてトゥラハン家があるが、エヴレノス家は北西アナトリアに居住していたキリスト教徒、マルコチュ家はセルビア系キリスト教徒の出自であるといわれている。彼らは帝国の中央集権化の進展に伴って徐々にその力を失ってゆくものの、一六世紀初頭まではオスマン家の王子たちによる継承争いに介入し、キャスティング・ボートを握るほどの存在であった。

聖戦の名のもとに、ムスリムとキリスト教徒が集いともに戦うという集団が、初期のオスマン朝であった。これは、現在の目からみると奇異なことに映るかもしれない。しかし、イスラムとキリスト教を明確に分かつ認識は、当時の彼らには乏しかったようだ。当時のアナトリアに充溢していた神秘主義的雰囲気は、ムスリムもキリスト教徒も、ともに一神教を奉ずる信仰戦士としてまとめ上げる機能を果たしたであろう。

史料上の制約を承知のうえであえて述べるならば、オスマン集団とは、習合主義かつ融通無碍な包括力を持つ神秘主義的イスラムが触媒となり、聖戦の大義名分のもと、ムスリム・トルコ系戦士集団とキリスト教戦士集団が、オスマンというカリスマ性のある個人のもとに結び付いた人々であった。

こうした紐帯を原動力として、「オスマンの樹」の幹は高くそびえ、その枝は大きく広がってゆくのである。

3　一四世紀の拡大

第二代君主オルハンの即位

オスマンは北西アナトリアの小規模な町々を征服してその勢力を徐々に広げたあと、一三二三年ごろに死去した。伝承では、オスマンにはふたりの息子がいた。オルハンとアラエッティンである。オルハンはアラエッティンに、父のあとを継いで即位するよう勧めるが、彼はこれを固辞した。アラエッティンは、小村の領主として静かに過ごせればそれでよい、と身を引いたという。

麗しい兄弟愛である。しかし、オスマンの死後すぐに作成された公文書には、オスマンの息子たちの名前が列挙されているにもかかわらず、アラエッティンの名はない。一方、ビザンツ帝国側のある年代記は、オスマンの死に伴い、王子たちの間で争いがあったことを仄めかしている。事実を確定するのは史料不足のゆえ難しいが、オルハンとアラエッティンの即位をめぐ

オルハン
在位1323頃〜62

る兄弟愛あふれる逸話は、オスマン没後の王子たちの争いを糊塗するために創作された可能性がある。

実はオスマンについても、彼の即位に不満を持った叔父デュンダールを、機を見て弓で射殺したという伝承がある。オスマン朝の王位継承をめぐる血塗られた歴史は、その最初期からすでに始まっていたことが窺えるのである。

オルハンの治世——チャンダルル家の台頭

オルハンがビザンツ帝国の要衝ブルサを征服したのは、一三二六年のことである。まとまった規模の都市をオスマン侯国が攻略したのは、これがはじめてのことである。オスマンの遺骸はブルサに移され、埋葬された。以降ブルサは、オスマン侯国の最初の首都として栄えることになる。

オルハンは、ブルサを征服したのちも、北西アナトリア一帯を勢力下におくべく活動を続けた。一三三一年にイズニク（ニケーア）、そして一三三七年にコンスタンティノポリスにほど近いイズミト（ニコメディア）を征服したとき、北西アナトリア一帯はほぼオスマン侯国の支配下にはいっていた。

領土が広がると、軍事だけでは国を治められないことを、オルハンは十分理解していた。オルハンは、ウラマーであるチャンダルル家の一門をまねき、宰相として国事に携わらせることで、国制の整備を進めた。チャンダルル家は、ルーム・セルジューク朝の中心地であったカラマン地方出身の名家であり、オスマンの義父エデ・バリの係累であったという説もある。オスマン家が宗教家ネットワークを駆使していた姿が、ここに浮かび上がる。

ウラマーとは、イスラム学院《マドラサ》で学び、イスラム諸学を修めた知識人のことである。イスラムにかんする諸学というと、神学や聖典クルアーンにかかわる学問を思い浮かべる読者が多いかもしれない。ウラマーは、そうした形而上学的な学問も、もちろん学ぶ。しかし、ウラマーがもっとも得意とするのは法学である。

イスラム世界では、イスラム法《シャリーア》という、クルアーンや預言者の言行たるハディースに厳密にもとづいた法体系が発展した。イスラム学院で学んだウラマーたちによって、高度に理論化・体系化されたイスラム法は、円滑な国家の運営や社会活動にとって必要不可欠であった。イスラム法は、民法、商法、刑法などの規定をふくみ、ムスリムの社会生活はイスラム法の規定にのっとって営まれていた。

こうしたイスラム法の知識を有し地方の民政を任じられたウラマーを、イスラム法官《カーディー》と呼ぶ。彼らは、イスラム法にもとづき運用されるシャリーア法廷で裁判官を務めるのみならず、地方行政官の役割も果たした。社会に秩序を与え、統治を確かなものとするためには、ウラマーの助力が必要不可欠だったのである。

チャンダルル家が、長いオルハンの治世のいつごろ招かれたかは定かではないが、同家は以降一世紀にわたって宰相・大宰相を輩出し、オスマン朝の統治制度の発展に大きく寄与した。

ムスリム諸王朝の統治技術の導入

オルハンの時代、アッバース朝やセルジューク朝などのムスリム諸王朝によって培われてきた統治技術が、オスマン朝に次々に導入されていった。スルタンを補佐する宰相制度(当初は宰相ひとりだったがのちに複数体制となり、筆頭が大宰相と呼ばれるようになる)の創設、モスクの建築、イスラム学院の開校、そしてワクフ制度による都市の整備は、もっとも目にみえる変化であろう。

ワクフ制度とは、イスラム世界に独特の、イスラム法によって規定された宗教寄進制度である。寄進者は、店舗などの収入の一部を、イスラムの名のもとに公的な目的(水場や浴場の建設、モスクの管理など)のために割り当てる。これにより寄進者は、善行を積むのみならず、ワクフとなった財源を遺産分割や権力者による財産没収から守ることができた。イスラム世界の都市では、このワクフ制度によってインフラが自生的に整備されていったのである。また、君主などの有力者が大規模なワクフを設定することにより、都市機能の大幅な発展が促されることもあった。

オスマン侯国で初めて貨幣が打刻されたのもこの時代だといわれている。貨幣には、支配者たるオルハンの名が刻まれた。貨幣に名を刻むことは、フトバに名を詠み込むこととならんで、イスラム世界の王権にとって重要であった。人から人へと流通する貨幣の性質から、そこに刻まれる支配者の名前は、その支配の正統性を人々に知らしめるのに大いに役立った。オスマン侯国に先立ついくつかの侯国ではギリシャ文字を、ルーム・セルジューク朝では人物像や獅子像を、それぞれ貨幣に刻んでいた――明らかにビザンツ帝国の影響である。これに対し、オスマン朝の貨幣は、その最初期から、アラビア文字のみが刻印されていた。イスラムは偶像崇拝を固く禁じているから、少なくともこの点にかんしては、オスマン朝はイスラムの教義に従っていたといえる。

そしてオルハンが建築させたモスクには、「スルタン」という称号が刻まれた銘板が掲げられた。もちろん、大セルジューク朝の君主が持つような、カリフによって任命された由緒正しきスルタンの位ではない。ルーム・セルジューク朝やホラズム・シャー朝の君主も、カリフの認可なしにスルタンを名乗ったが、彼らには地方大国の主としての存在感と実績があった。カリフによる任命もなく実績も不十分なままスルタンを名乗るオルハンを、誰もが夜郎自大だと思ったはずである。しかし、かつて「ローマのスルタン」を名乗ったルーム・セルジューク朝が滅亡して久しいこの時期、国制を整えたムスリム王朝の支配者としての自負が、オルハンにこの称号を使わしめたのであろう。

バルカン半島への進出

一三四六年、オスマン侯国とオルハンにとって、大きな転機が訪れる。ビザンツ帝国で王位継承争いが起こり、皇族のひとりヨハネス（六世、位一三四七〜五四年）がオスマン侯国の力を借りるべく、オルハンに皇女テオドラを降嫁させたのである。長い歴史のなかで外敵の侵略に幾度も晒されてきたビザンツ帝国にとって、こうした戦略は珍しくなかった。海千山千の彼らは、貢納や婚姻を通じて異教徒や異民族を操り、危機を切り抜けてきたのである。オスマン側にとっても、キリスト教徒との交流は日常的にあったし、イスラム法的にも、キリスト教徒の妻を持つことは問題とならなかった。オスマン朝のみならずルーム・セルジューク朝も、ビザンツ帝国の貴顕の女性との通婚を行ってきた歴史があった。

ヨハネスの期待に応え、オルハンはダーダネルス海峡を越えてバルカンに渡り、戦果を挙げた。オルハンの活躍によってヨハネスは皇帝として即位する。その後もオルハンはバルカン遠征を繰り返し、のちにダーダネルス海峡周辺の支配を既成事実化する。オスマン朝のバルカン支配の橋頭保《きょうとうほ》が、ここに築かれたのであった。

ふたりの王子——ハリルとムラト

オルハンの継嗣《けいし》は、年長のスレイマン王子と目されていた。オスマン朝には、正式な王太子を冊立《さくりつ》する制度や、現君主が後継者を指名する慣習は存在しなかった。しかし、スレイマンは老境にあるオルハンに代わり幾度も遠征を指揮しており、指導者としての有能さは衆目の一致するところであったため、実質的に王太子としての立場を得ていたのである。だが、そのスレイマンは、狩りのさいに落馬して不慮の死を遂げる。将来有望であった息子を亡くしたオルハンは、失意の果てに病死したという。一三六二年のことである。

残された王子は、ふたりであった。

ひとりはハリル。一説には、ビザンツ皇女テオドラの子であるという。テオドラは息子であるハリルを王位継承者とするために、オルハンに圧力をかけていたともいわれる。ハリルは任地であるエーゲ海岸の都市イズミルにいたとき、キリスト教徒の海賊に拉致され、ビザンツ皇帝のとりなしによって釈放されたという経験を持つ。そのさい皇帝は、皇女イレーネをハリルに与えた。将来のスルタンとのよしみを深めようとしたのである。

もうひとりの王子は、ムラトという。母は、ニルフェルという女性である。イスラム世界を代表する名高き旅行家イブン・バットゥータが一三三二年にアナトリアを周遊し、オスマン侯国を訪問したさい、あいにくオルハンは留守だった。オルハンに代わって、この大旅行家を饗応したのは、女主人然としてふるまっていたニルフェルであった。ニルフェルとは「睡蓮」の意味である。花や宝石など美しいものの名前を女奴隷に与えるのは、イスラム世界でよく見られた慣習であった。そのため、ニルフェルはキリスト教徒の奴隷出身ともいわれている。

ふたりの王子は、どちらも仮説ではあるものの、かたやビザンツ皇女を母とし、かたや奴隷を母とする。もし、オスマン王家の王位継承に、生母の「格」がものをいうのであれば、勝負はついたも同然であろう。たとえば、同じトルコ・モンゴル系の王朝であるモンゴル帝国では、母親の身分が王子に与える権威はきわめて高い。

しかしオスマン朝では、生母の貴賤が問われることはなかった。これは、イスラム法にもとづいている。すなわちイスラム法では、母親の身分にかかわらず、認知さえされていれば、子が持つ権利は同等なのである。たとえば三七代続いたアッバース朝のカリフたちは、三人を除く全員が奴隷を母としていた。母が奴隷であることは、カリフたちの権威をなんら貶《おとし》めなかったのである。オスマン朝においても、ほとんどの君主の母は奴隷であった――さらにいえば、彼女たちは非トルコ系の（元）キリスト教徒であった。こうしたことは、当時すでにオスマン朝がトルコ・モンゴル的な家族制度を脱ぎ捨て、アッバース朝のような王家のあり方を取り入れていたことの証左である。

ハリルとムラトの王位継承争いが、どのような経過をたどったかは、じつはほとんど知られていない。わかっているのは、争いは少なくとも数年は続いたこと、最終的にムラトが勝利したことだけである。

ある古年代記を読み進めると、王子スレイマンの不慮の死のあと、オルハンの死が語られることなくムラト即位後の記述が始まっており、読者は混乱を禁じ得ない。この不自然な叙述は、王子たちの争いをあつかった箇所を、年代記編纂者が削除したために生じたのだと考えられる。後述するアンカラの戦い（一四〇二年）後の「空位時代」ほどではないにせよ、オルハンの死に伴い、王位継承争いに由来する大きな内訌があったのは間違いあるまい。

第三代君主ムラト一世の外征

内訌を制して即位したムラト一世は、有能な君主であることを実践によって示した。まず、一三六〇年代には、バルカンの重要都市エディルネ（ハドリアノポリス）を征服した。征服の年代は史料によってさまざまであるが、最新の研究によれば、史料における年代の混乱は、エディルネ征服と放棄が数度繰り返されたゆえだという。オルハン没後の混乱を考えれば、十分にありうる仮説である。

ムラト１世
在位1362 頃～89

エディルネは、スルタン累代《るいだい》の墓所がおかれた旧都ブルサに代わって、オスマン朝第二の首都となった。ただし、エディルネへの遷都がすぐに行われたわけではなく、宮廷が完全に移動したのは一五世紀前半のことである。このころのオスマン朝は、アナトリアとバルカンにまたがる領土を支配していたが、その蝶番《ちょうつがい》の位置にあるコンスタンティノポリスはいまだビザンツ帝国の帝都であった。そのため、アナトリア方面の拠点をブルサとし、バルカン方面の拠点をエディルネとして、柔軟にふたつの都市を使い分けたのである。ムラト一世治世末期の一三八七年には、バルカンの拠点都市のひとつサロニカ（テッサロニキ）を獲得し、エーゲ海の北岸はすべてオスマン朝の支配下にはいった。

また、ムラトは一三七一年にブルガリア王イヴァン・シシュマン（位一三七一～九三年）を臣従させ、一三七八年にはシシュマンの姉妹タマラと結婚している。

一方、アナトリアにおける支配領域の拡大は、武力を伴わない緩やかなものだった。すでにオルハンの時代には、隣国であるカレスィ侯国を内紛に乗じて併合していた。これに加えてムラト一世は、王子バヤズィトとゲルミヤン侯国の王女デヴレト・シャーとの婚姻を通じて、同侯国を影響下におくことに成功した。アイドゥン侯国やハミト侯国もオスマン侯国の優位を認め、ムラトによるヨーロッパ遠征に軍団を提供している。

またムラトは、王女メレクをカラマン侯国の君主アラエッティン・アリに娶せ、同盟を結んでいる。ルーム・セルジューク朝の継承者を自任するカラマン侯国は、アナトリアの侯国のなかでもっとも強大であり、この同盟によってムラト一世はバルカン攻略に専念することができた。

イェニチェリ軍団の創設

こうしたムラト一世の外征を支えた軍事力は、どのようなものだったのだろうか。

このころのオスマン軍の主体は、自由身分のトルコ系ムスリムから構成される騎兵部隊からなっていた。これは強力な軍団であったものの、攻城戦などで有効な歩兵の必要性も、早くから認識されていた。そこでムラト一世の時代には、常備歩兵であるイェニチェリ軍団が創設された。イェニチェリとは、「新しい軍」の意味である。すでにオルハンの時代にはヤヤ（「徒《か》歩《ち》」の意味）と呼ばれる歩兵隊が試験的に導入されていた。イェニチェリ軍団は、このヤヤを発展させた部隊といえる。軍事のみならず、のちの時代には政治や社会にも深いかかわりを持つようになるイェニチェリ軍団の盛衰は、ある意味でオスマン帝国の歴史そのものといってもよいほどである。

このイェニチェリ軍団は、ムスリム自由人ではなく、元キリスト教徒の奴隷によって構成されている。ムラト一世の時代は、戦争捕虜として獲得された奴隷によって供給されていたが、次代のバヤズィト一世の治世からは、後述するデヴシルメと呼ばれる徴用制度による人材供給が開始された（本書68頁）。

奴隷、と聞いていぶかしく感じた読者も多いだろう。ふつう、奴隷といえば、アメリカの黒人奴隷のように、権利を大きく制限されて重労働に従事する虐げられた人々、というイメージを抱くのではないだろうか。

これに対してイスラム法のもとでは、奴隷には一定の権利が保障されており、かつ奴隷の解放は宗教的な善行として推奨された。たとえば預言者ムハンマドによって解放された黒人奴隷ビラールは、美声であったために最初のムアッズィン（イスラムは日に五回の礼拝を信者に課しているが、各礼拝の時刻を朗誦でもって知らせる者をこう呼ぶ）として名を残している。

さらにアッバース朝期からは、軍隊に奴隷出身者が活用されてきた。イラン北東部のホラーサーン地方や、中央アジア西部のキプチャク平原に居住する精強なトルコ人を奴隷商人から購入し、君主直属の奴隷部隊として編成したのである。奴隷部隊は精強であるのみならず、君主以外には地縁・血縁による後ろ盾を持たないことから、謀反の可能性が低かった。こうして奴隷軍人――グラーム、もしくはマムルークと呼ばれる――の利用はイスラム世界で一般的となり、マムルーク朝という、奴隷出身の軍人たちが互選で君主を選ぶ王朝すら存在したのである。マムルークたちは、当初は奴隷として購入されたが、訓練をほどこされたのちに奴隷身分から解放され、王朝のエリート層を構成した。

オスマン朝は、イェニチェリのみならず、ハレムの女奴隷や、後述するカプクル（本書70頁）など、国家の中枢にかかわる形で奴隷を用いた国家であった。奴隷の活用は、先行するムスリム諸王朝からオスマン朝が引き継いだ、最大の遺産のひとつだといえる。ただし、オスマン朝のカプクルたちは原則として解放されることはなく、法的な身分は奴隷のままであり続け、そこが旧来の伝統とは異なる点となった。

「ハン」となるオスマン君主

ムラト一世の即位に先んじて、イスラム世界の東方では大きな変動があった。イル・ハン朝の滅亡である。

チンギス・ハンの孫フラグは、一二五八年にアッバース朝を滅ぼし、その後イランを中心としてイル・ハン朝を建国する。イル・ハン朝は、当初はモンゴルの伝統に従って、仏教を信仰していた。当時イランには、仏教寺院がいくつもあったという。しかしガザン・ハン（位一二九五～一三〇四年）は、圧倒的多数の被支配者であるムスリムの支持を得るため即位前からムスリムに改宗しており、即位後はイスラムを国教と定めるに至る。ガザンに仕えた政治家にして歴史家、ラシードゥッディーンは、ガザンを「イスラムの帝王《パーディシャー》」と称賛している。ガザンを継承したオルジェイト・ハン（位一三〇四～一六年）もまた、ムスリムの庇護者となり、イラン・イスラム文化は隆盛を極めた。ラシードゥッディーンが高名な歴史書『集史』を編纂したのはこの時代である。

オスマン朝もオルハンの時代まで、イル・ハン朝に貢納していた記録が残っている。当時のイスラム世界で最大の勢力を誇ったイル・ハン朝の権威は、遠く北西アナトリアに位置するオスマン朝にとってすら、無視しえないものであったのだ。

だが、遊牧王朝の凋落は早い。

一三一六年、オルジェイトの死後に即位したアブー・サイード（位一三一六～三五年）が、イル・ハン朝最後の君主となった。彼が死去したのち、王族や有力者間の内訌は激しさを増し、イル・ハン朝は衰退のすえ滅亡の道をたどることになった。

イル・ハン朝があっけない幕切れを迎えたのち、ムラト一世時代に建てられたモスクの碑文において、ムラトを称える称号のなかに、「スルタン」だけではなく「ハン」も見られることは、おそらく偶然ではない。

そもそも、「ハン」とは、トルコ系遊牧民の君主の称号である。古くは、一〇世紀に中央アジアで栄えたカラ・ハン朝の君主がハンを称した。その後、モンゴル帝国の創始者チンギスがハンを名乗ったことは、中央アジアにおける王権の正統性に大きな影響を与えた。チンギス・ハンの子孫のみがハンを名乗りうるという、いまの研究者が「チンギス統原理」と呼ぶ慣習が、モンゴル以降の中央アジアでは長く続いたのである。

もちろん、このチンギス統原理は、中央アジアに成立したトルコ・モンゴル系諸王朝のみを縛るローカル・ルールにすぎない。オスマン王家にとって、「ハン」の称号はチンギスではなく、自らの祖先たるトルコ族の伝説の王オグズ・ハンに由来するものであり、自分たちがこのチンギス統原理に従ういわれはないのであった。

すなわち、ムラトによる「ハン」称号の名乗りは、オグズ・ハンの末裔であるオスマン王家が、「ハン」位をチンギスの末裔から奪い返したのだともいえよう。オグズ・ハンの正統なる後継者であるという自意識は、一五世紀前半のムラト二世時代に整理され、オスマン王家の歴史認識のなかに組み込まれることになる（本書67頁）。

王子の反乱と目潰し刑

さて、兄弟ハリルを制して玉座に就いたムラト一世であったが、思わぬところから親族間の争いが再燃することとなった。一三七三年、ムラト一世の王子サヴジュが、ビザンツ帝国の王子アンドロニコスと手を結び、お互いの父王を弑《しい》して王位を得るべく反乱を起こしたのである。しかし両王の反応は素早く、王子たちの率いる軍を打ち破ってこれを捕らえた。ふたりの王子はともに目を潰され、王位継承候補から脱落することとなった。

王位継承争いに敗れたライバルの目を潰す行為は、ビザンツ帝国において頻繁に見られた慣行であった。これによって、王権の遂行能力を奪い、将来の禍根の芽を摘むのである。ときには目を潰すのではなく、手を切り落とす、鼻を削ぐあるいは去勢するという例もあった。

また、イスラム世界においても、カリフに就任しうるのは身体的に欠損のない人物であるべきだという観念があった。一〇～一一世紀に活躍した中世アラブのウラマーであるマーワルディーが著した『統治の諸規則』には、身体のどの部分のどの程度の欠損までカリフとして許されるか、といった規定が細かく記されている。カリフの就任規定との関連性はわからないが、大塚修によれば、大セルジューク朝でも王族にたいして目潰し刑が執行された例があるという。

息子の目を潰したムラトの行為が、ビザンツの慣習を踏襲したものか、あるいはムスリム諸王朝のそれに準じたものなのかについては意見が分かれよう。ともあれ、オスマン王家における目潰し刑の執行は、このサヴジュを皮切りに一五世紀前半まで何例か確認できる。後で触れる「兄弟殺し」（本書80頁）導入前における、王位継承にかかわる重要な慣習といえるだろう。

ところでサヴジュは目を潰され王位継承候補から脱落したが、彼の係累が完全に断たれたわけではなかった。のちの空位時代には、一時的にサヴジュの遺児がブルサを支配している。

ムラト一世の暗殺と稲妻王の即位

兄弟を倒して即位し、反乱した王子の目をえぐって支配を固め、スルタンにしてハンを称したムラト一世は、東西に領土を広げた。オスマン朝の年代記作家は、彼のことを「ヒュダーヴェンディギャール（神の如き者、転じて「統治者、王」の意）」と呼ぶ。オスマン朝の国家としての体裁を大きく整えた彼への尊称である。またこの称号は、イスラム神秘主義の文脈において、優れた指導者に与えられるものでもあった。

ムラトは一三八九年、バルカンでただひとり頑強に抵抗を続けるセルビア王と、コソヴォ平原で対決した。中央軍をムラト自身が、両翼をふたりの王子、バヤズィトとヤークプが率いた。戦いはオスマン軍優位に進み、その勝利が動かしがたくなった終盤に、ひとりのセルビア貴族が投降を口実にムラトに近寄った。ムラトの側近たちはセルビア貴族を止めようとしたが、それを制して彼と相対したムラトは、このセルビア貴族に刺殺されることになる。外国の使節は両腕をつかまれたままスルタンに拝謁せねばならない、というオスマン宮廷の慣習は、このときの教訓をもとにしている。

この凶事をうけて、ムラトの側に仕えていた高官たちは、「父王が呼んでいる」という偽の知らせを王子ヤークプに送る。疑わずに本陣に赴いたヤークプは、その場で捕らえられ処刑された。オルハン死後におけるムラトとハリルの内訌の記憶が、高官たちに忖度を促し、片方の王子の排除に駆り立てたのであろうか。

異説もある。ビザンツ帝国の年代記が伝えるところでは、バヤズィトの兄弟は殺害されておらず、目を潰されたという。いずれにせよ、バヤズィトにとって王位継承の敵手であったヤークプが、何らかの形で排除されたのは確かである。

こうして、残された王子バヤズィトが、ムラト一世のあとを継いで第四代のオスマン朝君主として即位する。その軍事的才能から「稲妻王《ユルドゥルム》」の異名をとるバヤズィト一世の治世は、兄弟の血の流れた戦場から始まった。

4　稲妻王バヤズィト一世の栄光と没落

母としての奴隷

バヤズィト一世の母ギュルチチェキが奴隷であったのは、その名（「薔薇の花」）からほぼ確実である。

自由人のムスリムを奴隷とするのはイスラム法によって禁じられていたから、彼女はキリスト教徒（のちに改宗したかは不明）で、民族的にはおそらくギリシャ系であった。すでに触れたように、奴隷の子であることは、イスラム法的には何の障害にもならない。むしろ、奴隷を王子の母とすることには、王朝にとってふたつの大きな利点があった。

そのひとつは、外戚の排除である。一五世紀までは、オスマン朝君主が近隣諸国の王女と正式に結婚することもあった。しかしこれは純粋な政略結婚であり、これら名家出身の王妃と子を生《な》すことは、いくつかの例外を除くと、慎重に避けられていた。王妃の一族が外戚として影響力を振るうことを、防ぐためだといわれる。それにたいして、スルタンは奴隷とは憂いなく子を生すことができた。奴隷は基本的に親族から切り離された存在であり、その外戚が国政につけ入る隙がないためである。

もうひとつは、男児の確保である。イスラム法では四人までの妻帯が認められているが、女奴隷の数に制限はない。そのため、奴隷を用いることで、世継ぎを得る可能性を高めることができた。

歴代のオスマン帝国君主の母で、自由人であることが確実視されるのは、オルハンの母のみである。ムラト一世、ムラト二世そしてセリム一世の母は奴隷ではない可能性があるが、それ以外の君主の母はすべてが奴隷である。オスマン王家が長命を保った理由のひとつは、奴隷が王の母として選ばれたことにあった。

アナトリア統一

即位後のバヤズィトがまず目を向けたのは、東方である。
アナトリアは、トルコ系ムスリムが建てたいくつもの侯国が群雄割拠する地であった。トルコ系遊牧集団を基盤とするこれら侯国の軍隊は精強であり、勃興期のオスマン朝にとって容易ならぬ相手であった。

その意味で、オルハンやムラト一世の時代に、まずバルカン半島で勢力を拡大できたのは、オスマン朝にとって僥倖だった。アナトリアの侯国よりも、バルカンのキリスト教諸国のほうが、軍事的にもイスラムの理念的にも、はるかに戦いやすい相手だったからである。

バヤズィト１世
在位1389～1402

ムラト一世は、バルカンでの戦いに注力するために、カラマン侯国に対して宥和政策をとっていた。だが、バヤズィト一世の即位時、アナトリアの侯国に対して懐柔的な政策をとる必要は、もうなくなっていた。コソヴォの戦いの勝利によって、オスマン朝のバルカン支配が固まったからである。バヤズィト一世は、満を持してアナトリア政策に乗り出した。

即位直後の一三八九年から始まったバヤズィトのアナトリア遠征には、属国となっていたセルビアやブルガリア、さらにはビザンツ帝国も、臣従のあかしとして一軍を提供していた。まずバヤズィトは西アナトリアの比較的小規模な侯国、すなわちアイドゥン侯国、サルハン侯国、メンテシェ侯国、ハミト侯国、ゲルミヤン侯国を次々と打ち破り、オスマン支配に編入してゆく。

稲妻王の異名通り、破竹の勢いで進攻したバヤズィトに立ちふさがったのは、カラマン侯国の君主、アラエッティン・アリであった。カラマン侯国への本格的な遠征は、アイドゥン侯国などを併合したのち、一三九〇年に行われた。オスマン朝の圧倒的有利で進んだこの戦いは、バヤズィトの姉妹にしてアラエッティンの妻であるメレクのとりなしによって和平が結ばれ、ひとまずの区切りをみた。

しかし、アラエッティンによる反オスマン活動はやまなかった。業を煮やしたバヤズィトは、一三九七年に再びカラマン侯国へ遠征し、戦場でアラエッティンを捕らえ処刑した。夫の死を知ったメレクは首都コンヤの門をひらき、ここにカラマン侯国は併合されることとなった。メレクはその後、娘たちとともにブルサに隠遁している。

こうしてバヤズィトは、アナトリア南東部に位置するドゥルカドゥル侯国とラマザン侯国を除いて、アナトリア統一を成し遂げたのである。全盛期のルーム・セルジューク朝すらなしえなかった壮挙であった。

バヤズィトの妻たち――「悪女」デスピナ

バヤズィトには、三人の正妻がいた。正式の婚姻関係を結んだ妻は三人、という意味である。バヤズィトがもうけた六人の王子たちの母はみな、奴隷であったと伝えられる。

バヤズィトが王子時代に結婚したデヴレト・シャーはゲルミヤン侯国の王女であり、即位後の一三九〇年に結婚したハフサは、征服したばかりのアイドゥン侯国の王女であった。ここからは、まだ征服間もないアナトリアの支配を固めるために、旧支配者層との政略結婚を利用したことが窺い知れる。

バヤズィト一世はまた、一三九〇年に、セルビア王ラザルの王女オリヴェラ・デスピナとも結婚している。オルハンの妻テオドラやムラト一世の妻タマラのように、キリスト教諸国の王族との婚姻は、オスマン王家にとっては珍しくない。この婚姻は、オスマン朝とセルビア、双方にとって利益があった。すなわち、オスマン朝の側はセルビア軍を利用することができるようになり、かつ持参金としてセルビアにある銀鉱を得ることになった。この銀鉱は、のちのちまでオスマン朝の重要な財源であり続ける。一方のセルビアも、隣国ハンガリーからの圧力に抗するためにオスマン朝の力に頼った。セルビアとハンガリーは同じキリスト教国だったが、前者は正教、後者はカトリックを信仰しており、利害は一致していなかったのである。

デスピナは――おそらくはテオドラやタマラも――イスラムに改宗せず、キリスト教徒のままで、自身の従者の一団を引き連れバヤズィト一世の宮廷に入った。そのため、当時のオスマン宮廷は、ビザンツ的、キリスト教的な雰囲気に満ちていたともいわれる。

あるオスマン朝の年代記作者は、デスピナがバヤズィトを悪徳に導いたと、口をきわめて罵っている。いわく、酒宴を催すことなどなかったバヤズィトが、デスピナとの結婚後に酒をたしなむようになった。いわく、バヤズィトはかつてはウラマーの言葉に謙虚に従っていたが、デスピナと結婚してから耳を貸さなくなった、と。

ただし、こうした「悪女」伝説について、現代のわれわれは慎重に評価する必要がある。バヤズィトの失策(後述するアンカラの戦いにおける敗戦は、その最たるものである)の原因を、バヤズィトの不信心さ、ひいてはこれをもたらしたデスピナの悪徳に帰そうとする傾向が、年代記作家のなかに見られるからである。

コンスタンティノポリスの攻囲とニコポリス十字軍

アナトリアで破竹の進撃を続けるバヤズィトは、一三九四年、コンスタンティノポリスの包囲を敢行する。コンスタンティノポリスは、東側に突き出た犀の角のような半島に位置しており、三方を海に囲まれている。唯一、陸と接している西方には、五世紀にローマ皇帝テオドシウス二世(位四〇八~五〇年)によって築かれた三重の大城壁が屹立していた。内城壁の高さは一二メートル、幅は五メートルを超える。おそらくこの時代、世界で最も堅固な城壁のひとつであっただろう。衰退著しいビザンツ帝国は、いまやオスマンという海に浮かぶ小島のごとき存在となっていたが、かつてアラブの大征服を退け、教友アイユーブを殉教させた帝都の守りはいまだ健在であった。直接の攻略は難しいとみてとったバヤズィトは、コンスタンティノポリスの陸側を封鎖することで長期戦の構えを取った。

一三九六年、二年にわたってオスマン朝の包囲下にあるコンスタンティノポリスを救うべく、ハンガリー王が中心となった十字軍が結成された。ドナウ川沿岸の地ニコポリスで決戦が行われたため、これをニコポリス十字軍と呼ぶ。バヤズィト率いるオスマン軍はこれに完勝し、オスマン朝のバルカン支配は盤石なものとなった。

「ローマのスルタン」ふたたび

十字軍に対する勝利は、イスラム世界に大きく喧伝された。一説によれば、マムルーク朝に庇護されていたアッバース朝カリフがこの戦勝を喜び、バヤズィト一世に「ローマのスルタン」の称号とともに下賜品を授けたという。かつてルーム・セルジューク朝の君主が用いていた称号である。オスマン朝では、すでにオルハンの時代からスルタンを称していたが、これは権威の裏付けを持たない、いわば自称であった。それがここに至って、アッバース朝カリフの認可のもと、自他ともに認めるスルタンの位を得たというのである。

ただし、アッバース朝カリフがバヤズィト一世を「ローマのスルタン」と呼んだことは確からしいが、これがニコポリスにおける戦勝ゆえに授与されたのかどうかは、判然としない。また、すでに先代ムラト一世が、マムルーク朝のスルタンに「ローマのスルタン」と呼ばれていたという説もある。こうしたことに鑑みると、「ローマのスルタン」はたんに「ルーム地域（アナトリア）の王」を意味するにすぎず、正式に授与されたスルタン称号ではないとも考えられる。事実がどうだったにせよ、自らの剣をふるって覇を唱えたスルタン・バヤズィトにとって、アッバース朝カリフによる「お墨付き」は、些細な象徴以上のものではなかったであろう。

コンスタンティノポリスの包囲は、断続的に一四〇二年まで続く。陸側はオスマン軍に封鎖されたものの、海からの支援によってビザンツ帝国はなんとか包囲を耐え抜いていた。しかし本格的な援軍がないままでは、ビザンツ帝国がこの時点で滅亡する可能性もあったろう。

この包囲からビザンツ帝国を救ったのは、キリスト教徒の十字軍ではなく、東方の遊牧王朝であった。

ティムールの影

アナトリアの東方。

イル・ハン朝が滅亡して以来、イランを中心とするイル・ハン朝の旧支配地域では、ハザーラスプ朝をはじめとする小政権が乱立していた。大塚修によれば、イル・ハン朝治下におけるイスラム文芸の保護は、これら小政権においても受け継がれ、多くの優れた文芸作品が著されたという。政治的な混乱とは裏腹に、文化は発展した時代であったようだ。

こうした群雄割拠のイランと中央アジアをまたたくまに席巻し、かつてのモンゴル帝国を彷彿とさせる大帝国を築き上げたのが、ティムールであった。モンゴル帝国の分国のひとつ、チャガタイ・ハン国の将軍であったティムールは、その軍事的才能によって頭角を現わし、一三七〇年、チャガタイ・ハン国の実権を握った。ティムールは、チンギスの子孫のみがハンを名乗りうるという慣習、いわゆる「チンギス統原理」を尊重したため、チンギスの子孫を傀儡《かいらい》として王に据え、自らはハンを名乗らなかった。しかし実質的には彼以降、彼の子孫を君主とするティムール朝が成立することになる。モンゴル帝国の再興を目指すティムールは、一三九〇年代にはイランを平定したのちインド遠征を敢行、一四〇〇年にはマムルーク朝の支配下にあったイラクとシリアを劫略《ごうりゃく》する。

ティムールは当初、オスマン朝と事を構えるつもりはなかったという。しかし最終的に、両雄は東アナトリアの支配をめぐって対立することとなった。

アンカラの戦い

軍事的才能に富む両雄は、一四〇二年、アナトリア中央部のアンカラ近郊で激突する。アンカラの戦いと呼ばれるこの会戦に勝利したのは、ティムールであった。

戦いの帰趨を決めた最大の原因は、当時のオスマン軍の構造にあった。バヤズィト時代に急速に拡大したオスマン朝の軍隊は、オスマン朝に古くから従っている軍団のほかに、セルビアなどキリスト教諸国が派遣した軍団や、アナトリアのトルコ系旧侯国出身者からなる部隊を丸抱えしていた。すなわちバヤズィトという強力な個性によって束ねられてはいたものの、寄せ集めの軍隊だったのである。いうなれば、バヤズィトはまだ支配地域を集権的に統合しきれていない、封建領主のような存在であった。

ティムールは、巧みな離間工作によって、オスマン軍のなかの旧侯国出身者からなる部隊を裏切らせることに成功した。遊牧的な自主独立の気風を色濃く残す旧侯国の戦士たちにとって、キリスト教諸国から派遣された軍団と行軍を共にし、元キリスト教徒からなる常備軍を備え、セルビア王女を妻とするバヤズィトよりも、トルコ・モンゴル王朝の伝統を継ぐティムールのほうを盟主と仰いだのは当然であったろう。

旧侯国軍が離反し、キリスト教諸国軍が撤退して総崩れとなるなか、君主直属の常備歩兵であるイェニチェリ軍団はしぶとく抵抗する。王家の藩屛《はんぺい》たる、ムスリム王朝伝統の奴隷軍人の面目躍如といったところであろうか。だが敗北が決定的とみると、イェニチェリ軍団も王子スレイマンを連れて戦場を離脱した。バヤズィトは王子ムスタファとともに捕虜となった。栄光のスルタンの位から転落して虜囚となった稲妻王は、ティムールによって丁重な扱いを受けたとも、檻に入れられて侮辱されたともいわれるが、程なくして囚われの身のまま死去している。

5　空位時代からの復興

アナトリアの戦後処理

ティムール軍はそのままブルサまで進軍し、バヤズィトの寵姫デスピナとふたりの娘を捕らえた。彼女たちは酌人として扱われるという屈辱的な待遇を受け、そのまま中央アジアに連れ去られたという。

戦勝後、ティムールはアナトリアを直接支配はせず、カラマン侯国やゲルミヤン侯国をはじめ、バヤズィトによって併合されたばかりの侯国を復活させることで対処した。旧侯国の復活が可能であったという事実が、バヤズィトによるアナトリア征服があまりに性急であり、バヤズィトによる支配が、旧来の侯国の人的構成や制度をそのまま維持するものだった証左であろう。イェニチェリ軍団に守られバルカンに逃れた王子スレイマンも、ティムールの権威に服従し、ティムールもこれを認めた。ティムールは、スレイマン以外の王子たち、メフメトとイーサーにも、それぞれアマスィヤとブルサを支配する許可を与えている。ティムールの眼には、オスマン王家の残存勢力は、ほかの侯国と大差ない存在に映っていたに違いない。

しかし、復活したいずれの侯国も、旧来以上の発展を結局のところ遂げることがなかったのと違い、オスマン朝は三〇年ほどでかつての威容を取り戻す。これは、オスマン朝が建国後一〇〇年にわたって培ってきた統治技術の蓄積が、国家運営と拡大にいかに有用であったかを示している。

すでにオスマン朝は、ほかの侯国とはまったく異質な存在になっていたのである。

空位時代――四人の王子の争い

アンカラの戦いでの敗戦につづく一〇年間を、オスマン朝史では、空位時代もしくは内訌時代と呼ぶ。バヤズィトの息子たちが唯一の王座をめぐって争い、分裂していたゆえである。バヤズィトの六人の息子のうち、空位時代に王位継承のプレーヤーとして争ったのは、スレイマン、メフメト、イーサー、ムーサーの四人であった。残るふたり、ムスタファはティムールの囚われのもとにあり、ユースフはビザンツ帝国に庇護を求め、コンスタンティノポリスでキリスト教に改宗している。のちのメフメト二世によるコンスタンティノポリス征服のさい、ビザンツ側の守備についたオルハンは、ユースフの遺児だともいわれる。

王位を争った四人のうちでもっとも玉座に近かったのは、バルカンを拠点としたスレイマンである。彼は、大宰相チャンダルルとイェニチェリ軍団を従え、バルカンで強い影響力を持つアクンジュ豪族であるエヴレノス家の支持をとりつけていた。

一方アナトリアには、やはりアンカラの戦いから辛くも離脱していたメフメトとイーサーが領土を確保していた。メフメトはティムールに恭順を示しつつ、アナトリアの侯国の支援をうけ、アマスィヤを中心に徐々に勢力を広げていた。ついには、イーサーが勢力を築いていたブルサを攻撃し、これを征服する。ビザンツ帝国に亡命したイーサーは、その後もメフメトと対峙しつづけたが、一四〇三年に敗死した。こうして、ブルサからスィヴァスにかけてのアナトリアは、メフメトの治めるところとなった。

王子たちの戦いは、バルカンのスレイマンと、アナトリアのメフメトとが争う局面へと移った。戦局はスレイマン有利に進んだ。ダーダネルス海峡を渡ってアナトリアに進軍したスレイマンはブルサを占領し、メフメトはスィヴァスまでの撤退を余儀なくされる。その後両者は、五年以上にわたって膠着状態となった。

一四〇九年、戦局の打開を狙って、メフメトは奇策に打って出た。彼は、ティムールに捕らえられ、のちに釈放された弟ムーサーを保護していた。そのムーサーを、スレイマンが支配するバルカン半島の北方に送り込んで、スレイマン軍を攪乱させようと試みたのである。メフメトの手はずにより、ムーサーは黒海を渡ってキリスト教国であるワラキア公国に赴き、ワラキア公の支持を得ることに成功した。周辺諸国にとって、強力なスレイマンがオスマン朝の再統一を成し遂げることは好ましくなかった。ワラキア公もスレイマンの独り勝ちを望んでいなかったため、ムーサーに力を貸した。彼は、ムーサーに公女を娶せすらしている。

ムーサーは北方からスレイマンに攻撃を仕掛けたが撃退され、スレイマンの勢力は依然盤石に見えた。しかし一四一一年、スレイマンは油断していたところをムーサーに奇襲され、頓死

メフメト1世
在位1413～21

する。ここに、スレイマンの政権は終わりを告げた。なお一部の研究者は、このスレイマンを正式な君主と見なし、彼を「スレイマン一世」と呼んでいるが、本書ではより一般的な説をとることとし、彼を一世とはしない。

こうして、ムーサーがバルカンの勝者となった。彼はもともとメフメトに庇護され、メフメトによってヨーロッパ側に派遣されたのであったが、素直にバルカンを譲り渡すつもりは、毛頭なかった。スレイマンの地盤を受け継いだムーサーは、ビザンツ帝国に亡命したスレイマンの息子オルハンの引き渡しを求めてコンスタンティノポリスを攻撃するほどの力を持った。そのオルハンはビザンツ軍の援助を受けてムーサーに挑むが敗れ、処刑あるいは目を潰されたと伝えられる。

こうしてムーサーの勢力は拡大したが、メフメトは一四一三年の会戦でムーサーを破り、同年、メフメト一世として即位することになる。ここに、一〇年以上に及んだ空位時代は終わった。

ムラト二世の即位と兄弟たち

メフメト一世の治世は、アンカラの戦い以前の旧領を回復し、支配を確固とすることに費やされた。この時代、オスマン朝はカラマン侯国が支配する一帯を除いて、旧領をほぼ取り戻している。

メフメト一世の治世末期の一四一六年、大きな騒乱が勃発する。「偽ムスタファ」の乱である。バヤズィト一世の息子で、バヤズィトとともにティムールに捕らえられて行方不明となった王子ムスタファが、突如として現れ、オスマン朝の王位を要求した反乱であった。オスマン朝年代記では「偽」と呼ばれているが、本物の王子であったとする史料もある。予期せぬ復活を遂げたオスマン朝を混乱に陥れるため、虜囚としていたムスタファを、ティムール朝が解き放った可能性は十分にあるだろう。偽ムスタファは幾度かメフメト一世と干戈《かんか》を交えたものの、形勢不利と見るやビザンツ帝国が支配を回復していたサロニカに逃げ込んだ。メフメト一世はこの反乱を鎮圧することができないまま没する。

第六代スルタンの座に即位したのは、ムラト二世である。メフメト一世には、長子ムラト以下、ムスタファ、ユースフ、マフムトという四名の王子がいた。ムラトはこのとき弱冠一七歳だったが、有能な宰相バヤズィトの補佐のもとで王子時代より遠征を指揮し、豊富な経験を積んでいた。このため、ムラトは実質的な王太子と目されていたのである。

しかしメフメト一世は、死の間際、息子たちが相争うのを恐れ、ムラトがアナトリア、ムスタファがバルカンを治めるよう、そしてまだ幼いユースフとマフムトをビザンツ皇帝のもとへ送って保護させるよう、言い残した。アンカラの戦いののち、熾烈な兄弟同士の争いを勝ち残ったメフメト一世であったが、自身の息子たちが争うのは耐えられなかったのだろうか。ムラト二世は当然この遺言の執行を拒否したが、ビザンツ皇帝は兵を送って弟ムスタファを保護し、ビザンツ帝国公認のスルタンとした。

すなわちムラト二世は即位直後から、偽ムスタファそして弟ムスタファとの、王位を争う三つ巴の状況に投げ込まれたのである。メフメト一世時代にオスマン朝に再統合されていたアナトリアの旧侯国も再独立の動きを見せており、ムラト二世は危機的な状況に追い込まれていた。

ムラト2世
在位1421～44，46～51

相次ぐ内乱

こうした状況に対し、ムラト二世は非凡な手腕でもって臨んだ。まず、懐柔や派兵など硬軟両方の戦略によって旧侯国の動きを収めることに成功すると、偽ムスタファの反乱に対処する。ミハル家がムラトを支援したのみならず、ムラトに利ありと見たジェノヴァも力を貸した。イタリアの都市国家ジェノヴァは、このころエーゲ海から黒海にかけての海上商業によって勢力を築いており、その海軍力はムラトにとって大きな援助となった。最終的に偽ムスタファは一四二二年に捕らえられ、エディルネで処刑される。先王メフメト一世の時代より足掛け七年も続いた反乱は、ここに幕を閉じた。

次いでムラト二世は同年、コンスタンティノポリスを攻撃する。オスマン朝君主を僭称《せんしょう》する弟ムスタファと、その庇護者であるビザンツ帝国皇帝を膺懲《ようちょう》するためであった。それに続くワラキア公国や弟ムスタファとの幾度もの戦いのすえ、弟ムスタファを捕らえ、処刑した。一四二三年のことである。いまだ強い勢力を誇っていたカラマン侯国が、内紛でオスマン朝に干渉できなかったことも、ムラトに幸いしたであろう。ムラトは、残ったふたりの幼い弟、ユースフとマフムトの目を潰し、後顧の憂いを絶った。

ムラト二世の正統化政策――オグズ族の貴種という主張

王族間の争いを制したムラトは、つぎに、アンカラの戦いで打ち砕かれたオスマン王家の権威の再確立に取り掛かった。なかでも、オスマン王家の血統を、オグズ族のなかのカユ氏族に結びつけたのは重要である。先述したように、イスラム世界で活躍したトルコ系の王朝のほとんどはオグズ族に属するとされ、オグズ族の伝説上の名祖がオグズ・ハンであった。ムラト時代の歴史家は、オグズ・ハンの長孫《ちょうそん》（長子の長子）であるカユがオグズ族の王たるべき正統性を持つとしたうえで、オスマン王家をカユ氏族の出身だと位置づけたのである。

これは、チンギス・ハンの権威をまとうティムール朝に対して、オスマン朝は理念的にはより古いオグズ・ハンの後継者であると主張することで、チンギスとは異なる系統の正統性を作り上げる試みであった。

オスマン王家をカユ氏族出身とする主張は、異説もあったものの、一六世紀初頭までにはほぼ受け入れられ、オスマン王家の「正統イデオロギー」のひとつとなった。先述したようにオスマン朝は、社会や組織の面では遊牧民的性格をはやくから失っていた。しかしその一方で、王家の正統性を主張するにあたっては、トルコ系名家の持つ権威を利用したのである。

オグズ族の王であるという自意識は、アラブ地域を征服しイスラム帝国として本格的に発展する一六世紀初頭まで、オスマン王家の正統性にとって大きな比重を占めることになる。

デヴシルメ制度と「カプクル（王の奴隷）」

支配エリート層とイェニチェリ軍団への人材供給手段として、デヴシルメが本格的に導入され始めたのは、メフメト一世とムラト二世の時代である。デヴシルメとは、キリスト教徒臣民の少年を徴用する人材登用制度のことを指す。古くはバヤズィト一世時代に実施された記録が残っているが、キリスト教諸国との戦争が激減したメフメト一世の時代に大々的に施行されるようになった。以降、一七世紀なかばに廃止されるまで、デヴシルメはオスマン朝の屋台骨を支える人材を供給し続けるのである。

デヴシルメは次のような手順で行われた。

まず、キリスト教徒の農村から眉目秀麗・身体頑健な少年たちが選ばれ、奴隷として徴用される。少年たちは、ムスリムに改宗させられたうえでトルコ人の農村に住み、トルコ語を学ぶ。その過程で行われる選別において、とくに優秀な者は宮廷に入り、それに次ぐ水準のものは常備騎兵軍団に、残りの者はイェニチェリ軍団に編入された。

宮廷に入った少年奴隷たちは、「太刀持ち《スィラーフタール》」や「鐙持ち《リキャーブダール》」など、スルタンの傍らに仕える小姓を務めた。彼らは長じると宮廷を出て、州総督《ベイレルベイ》などの要職につき、最終的には宰相や大宰相にまで出世することができた。もっとも身近な近習であることから、スルタンの寵愛を受けることもあった彼らは、一五世紀後半から一六世紀にかけて、政治エリートの中枢を占めるようになる。

ただし一五世紀のあいだは、デヴシルメではなく、セルビアなど近隣キリスト教国の王侯貴族から人質としてオスマン宮廷に献呈された子弟が、スルタンの小姓を務めることも少なくなかった。彼らはやはり奴隷と見なされ、ムスリムに改宗したのちスルタンの側近として仕えた。

なおイスラム法では、異教徒の戦争捕虜を奴隷とするか、イスラム世界の外から奴隷を購入することは許可されているが、支配領内のキリスト教徒臣民を奴隷にすることは、本来は認められていない。たとえば、解放された奴隷軍人が支配エリート層を構成するマムルーク朝は、キプチャク平原出身の奴隷を、奴隷商人を通じて律義にも購入しつづけていた。イスラム法を順守していたマムルーク朝に比べると、オスマン朝のデヴシルメは、いうなれば脱法行為なのであった。

もうひとつ重要なのは、デヴシルメで徴用された奴隷たちは、栄達したのちも奴隷身分から解放されなかったことである。それゆえに、彼らは「カプクル（王の奴隷——語義は「門の奴隷」）」と総称された。支配エリートを形成するカプクルたちの法的身分が奴隷であるということは、スルタンの中央集権化に大きな意味を持った。

たとえばイスラム法の規定では、いかなる権力者も、ムスリム自由人を裁判なしで処刑することはできない。しかしカプクルは奴隷であるがゆえに、スルタンは恣意的に彼らを処刑する、あるいは彼らの財産を没収することが可能であった。そのためスルタンは、臣下たるカプクルが過度に力を持たぬように制御し、常にスルタン自身に権力を集中しえたのである。ただし第三章で見るように、一七世紀に入ると、カプクルは君主を掣肘しうるほどに成長することになる。

ティマール制

デヴシルメとそれを供給源とするイェニチェリと並んで、オスマン朝の屋台骨を支えるもうひとつの制度にも、ここで触れておこう。軍事と地方統治の制度を兼ねるティマール制である。自由人のムスリム戦士に、町や村の徴税権を与える代わりに、当地の治安維持をゆだねる。その見返りに、彼らはいざ戦争というさいには、武器を持ち軍馬にまたがり、従者を伴って駆けつける義務を負うのである。徴税権が与えられた土地をティマール地といい、彼らはティマー

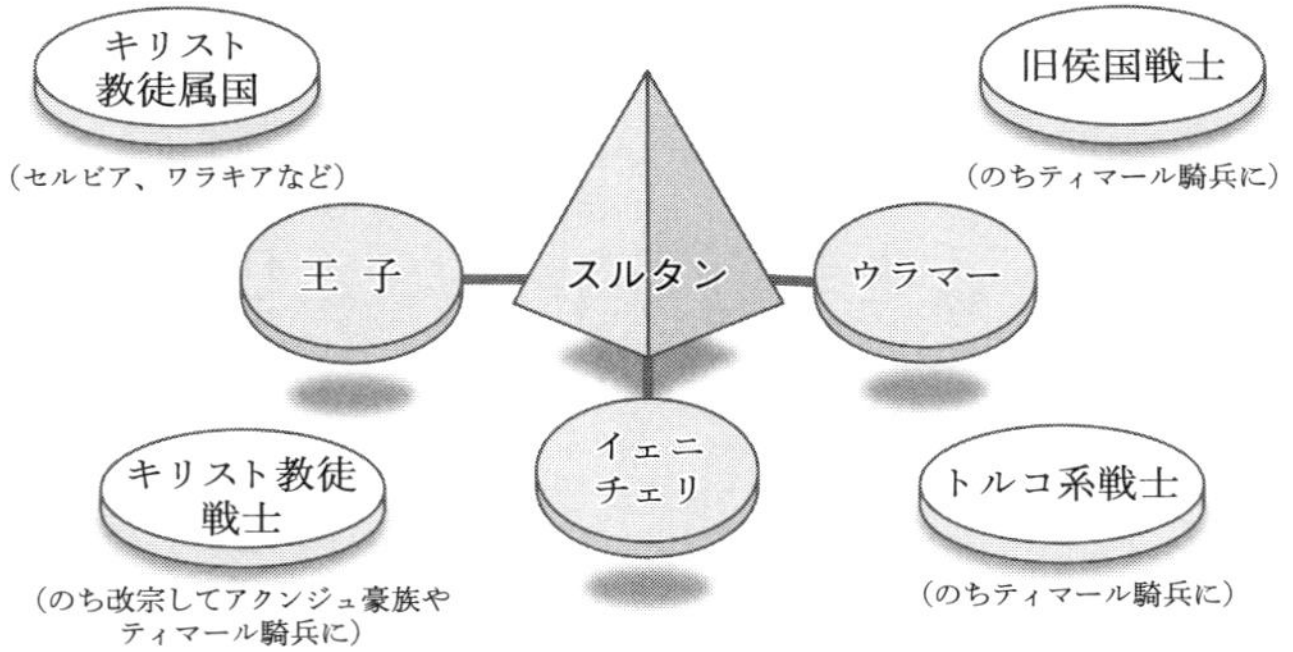

封建的侯国の時代におけるアクターたち（概念図）　この時代のスルタンは、有力諸侯たちの第一人者という位置にある。ウラマーを支配の中枢に登用し、君主直属のイェニチェリ軍団を創設することで権力強化を図るが、それでも有力諸侯たちより絶対的な高みにいるわけではない

ル騎兵と呼ばれる。

　鎌倉武士や西洋中世の騎士と似た制度であるが、異なるのは、ティマール騎兵に与えられるのはあくまで徴税権であり、ティマール騎兵は、その土地の全権を持つ領主ではないという点である。当地の民政や裁判は、中央から任命されたイスラム法官が担当した。ティマールの権利も、原則として世襲されずに一代限りのものだった。すなわち、武士や騎士が「先祖代々」の領地を得て在地勢力化しやすいのに対し、ティマール制では巧妙に権力の分散が図られているのである。そのため、もしティマール騎兵が権力を濫用している場合は、民衆はイスラム法官にこれを訴えることもできた。いわば、小邑レベルで権力分立が成り立っているという、完成度の高い制度であった。

　もちろん、こうした制度を、オスマン朝が独自に作り出したわけではない。ティマール制には、ムスリム諸王朝が採用してきたイクター制や、ビザンツ帝国のプロノイア制の影響があるといわれている。こうした先行する諸制度を、オスマン朝が受け継いで発展させたのである。

ムラト一世のころよりはじまったティマール制は、帝国の心臓部たるバルカンとアナトリアを中心に施行され、帝国軍の主力を供給した。ティマール地は、より大きな行政区である県に属しており、県は太守《サンジャクベイ》が治めた。また、さらに大きくは州があり、これは総督の管轄にあった。

政治的にいえば、ティマール制は、旧侯国出身者などの在地勢力を解体し、オスマン朝君主に改めて紐づけ直す手段であった。その施行は、在地勢力の抵抗に配慮して慎重に段階を踏んで進められたが、最終的には、旧侯国出身者は故地とは離れたティマール地を与えられた。バヤズィト一世時代には、旧侯国出身者はまだ大きく改編されないままオスマン軍に参加しており、それがアンカラの戦いの敗戦を招いたのは先に見たとおりである。しかし、メフメト一世以降、こうした旧侯国勢力は、ティマール制を通じて徐々に解体されてゆき、オスマン支配に組み込まれてゆく。

ムラト二世の退位

順調にみえたムラトの治世は、しかし、怪事件によって揺るがされる。実質的な王太子と目されていた、王子アラエッティンの怪死である。

彼がなぜ死去したかは、明らかではない点が多い。一説によれば、彼の任地アマスィヤを訪れたヒュスレヴ・パシャなる人物が、ある夜、アラエッティンとその息子を絞殺したという。王子アラエッティンの悲報を受け取ったムラト二世は、残された唯一の王子メフメトに王位を譲り、隠遁することを宣言した。オスマン王家六〇〇年の歴史上他に例を見ない、自発的な生前退位である。

なぜムラトは生前退位を決断したのか。ある説では、期待をかけていた王子アラエッティンの死に衝撃を受けたムラトは、隠遁を是とする神秘主義思想に傾倒していたこともあり、枯淡の境地に至って退位を決意したという。ムラトがアラエッティンを深く悼んでいたのは確かである――ムラトは遺言状で、アラエッティンの墓の傍らに自分を埋葬するようにと言い残している。また別の説では、ムラトは王子メフメトの即位を安定させるために、あえて退位しメフメトを即位させたという。

ムラトは、偽ムスタファと弟ムスタファの反乱を鎮圧し、両者を処刑した。また、潜在的に王位を脅かす可能性を持つふたりの幼い弟の目をえぐらせている。このように、苛烈な王位継承争いを乗り越えたムラトが、王子の死にショックを受けて退位するというのは、いかにも考えにくい。そのため、後者の説のほうが説得力を持つように思われる。あるいは、双方の説それぞれが真実を含んでいるのかもしれない。

譲位前にムラトは、セルビアそしてハンガリーと一〇年間の和平条約を結んでいた。また、譲位後に彼は西アナトリアの要地マニサに移住するが、単に隠遁していたわけではなく、南のカラマン侯国へにらみを利かせていた。そのため、周到な準備をしたうえでの退位だったのは間違いない。

メフメト二世最初の治世

一四四四年、弱冠一二歳で即位したメフメト二世を迎えたのは、大宰相を務める老臣チャンダルル・ハリル・パシャであった。一方、王子時代からのメフメト二世の寵臣たちは、ほとんどが元キリスト教徒のカプクルたちである。いわばオスマン朝の支配エリート層における旧世代と新世代の対立が、ここに凝縮されていた。

ムラトの退位は、とくに対外関係に大きな影響を及ぼした。ヨーロッパでは、結んだばかりの和平条約を破棄したハンガリーとワラキアが、アナトリアではカラマン侯国が、さっそくオスマン朝に対する侵攻を試みる。また、亡命した王族の遺児で、ビザンツ帝国の庇護を受けていたオルハンが、オスマン王位を要求し、ビザンツ帝国の後ろ盾を得て攻撃を仕掛けてもいる。オルハンの勢力は大きいものではなかったが、ハンガリーとワラキアによる十字軍はより深刻な脅威であった。

チャンダルルは、ムラトの復位によってしかこの危機は乗り越えられないと考えた。大宰相の要請によって隠棲先のマニサよりエディルネに赴いたムラトは、軍を率いて、ブルガリアのヴァルナにおいて十字軍を打ち破った。ムラトは、チャンダルルによる復位の要請にもかかわらず、再びマニサに戻る。

しかし間をおかずして、エディルネにてイェニチェリ軍団による騒擾《そうじょう》が勃発する。彼らの一部は、オルハンの即位を求めていたという。騒乱は給金の増額によって静まったが、若王メフメトに国を治める力が十分に備わっていないことが、衆目のもとに晒された。

結局、チャンダルル——騒擾の発生に、彼が裏で手を回していたという説もある——が秘密裏にムラトを呼び寄せ、一四四六年の夏にムラトは復位、メフメトは再びマニサ太守に任ぜられた。オスマン帝国の歴史において、イェニチェリ軍団が王位継承に影響を与えた、最初の事例である。

ムラト二世の死

退位したとはいえ、メフメトは当時ただひとりの王子であり、実質的な王太子であることは、誰の目にも明らかであった。

メフメトと、アナトリア南東部を支配するドゥルカドゥル侯国の王女との婚姻が執り行われたのは、このころである。ドゥルカドゥル侯国は、シリアとエジプトを支配する大国マムルーク朝との緩衝国として、重要な地政学的位置を占めていた。その王女スィッティとメフメトの婚儀は贅が尽くされ、周辺各国から祝いの使者が訪れている。

マニサのメフメトに、父王ムラト二世の死去を伝える密使が訪れたのは一四五一年であった。訃報を受けてから一〇日でエディルネにたどり着いたメフメトは、二度目の即位をすることになる。このとき一八歳であった。

「征服王」と呼ばれるメフメト二世の治世をもって、オスマン朝は新しい時代を迎える。

第二章

君臨する「世界の王」

集権的帝国の時代：1453年—1574年

メフメト二世のイスタンブル征服
アブデュルハミト二世時代の宮廷画家ファウスト・ゾナーロによる四連作の一枚。メフメト二世が白馬にまたがり入城したという伝承は人口に膾炙し、さまざまな画家によって描かれるモチーフとなった（ファウスト・ゾナーロ作、国民宮殿絵画コレクション蔵）

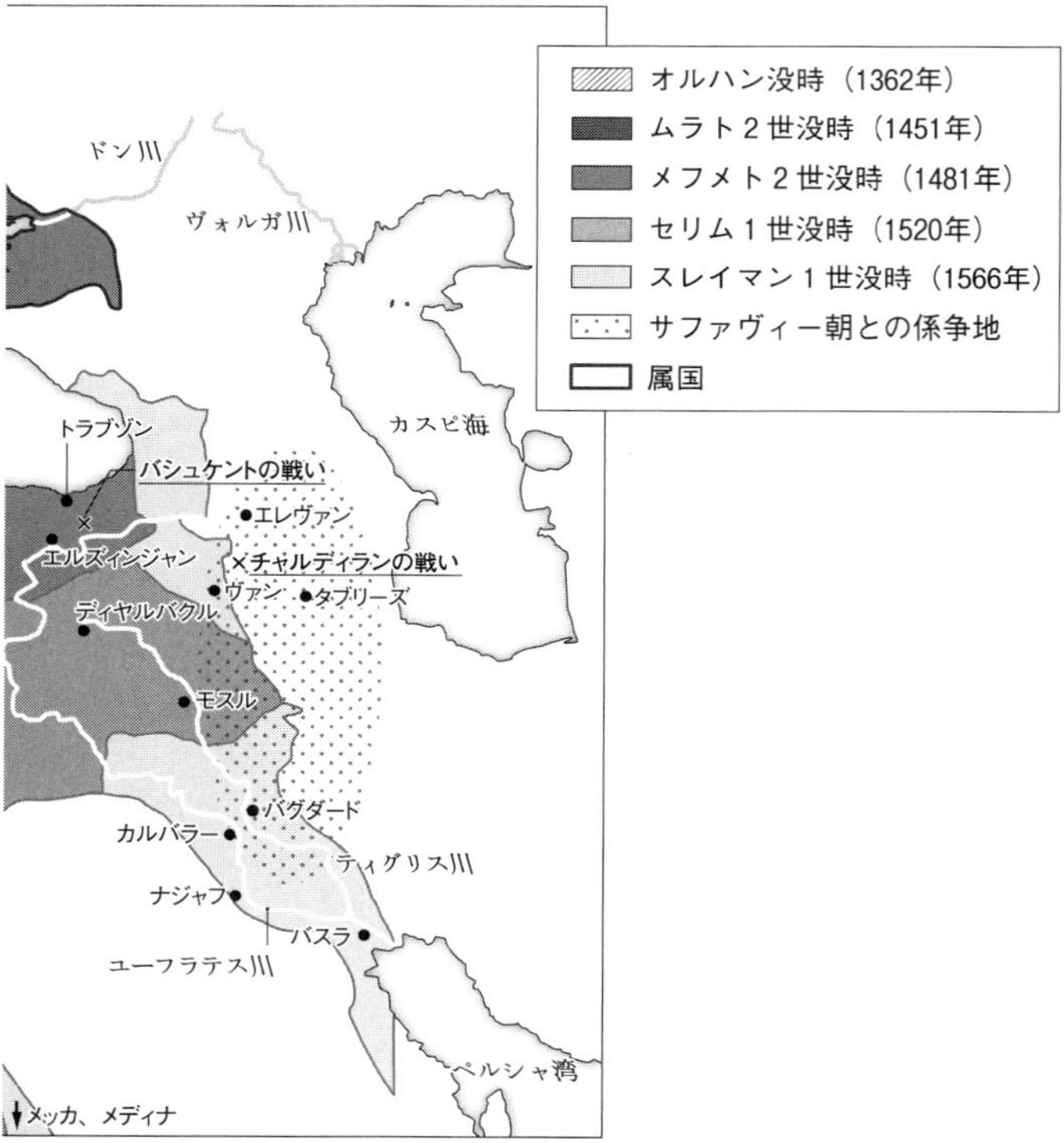
オルハン没時（1362年）
ムラト2世没時（1451年）
メフメト2世没時（1481年）
セリム1世没時（1520年）
スレイマン1世没時（1566年）
サファヴィー朝との係争地
属国
ドン川
ヴォルガ川
カスピ海
トラブゾン
バシュケントの戦い
エレヴァン
エルズィンジャン
×チャルディランの戦い
ヴァン
タブリーズ
ディヤルバクル
モスル
バグダード
カルバラー
ティグリス川
ナジャフ
バスラ
ユーフラテス川
ペルシャ湾
メッカ、メディナ

スレイマン1世時代までのオスマン帝国

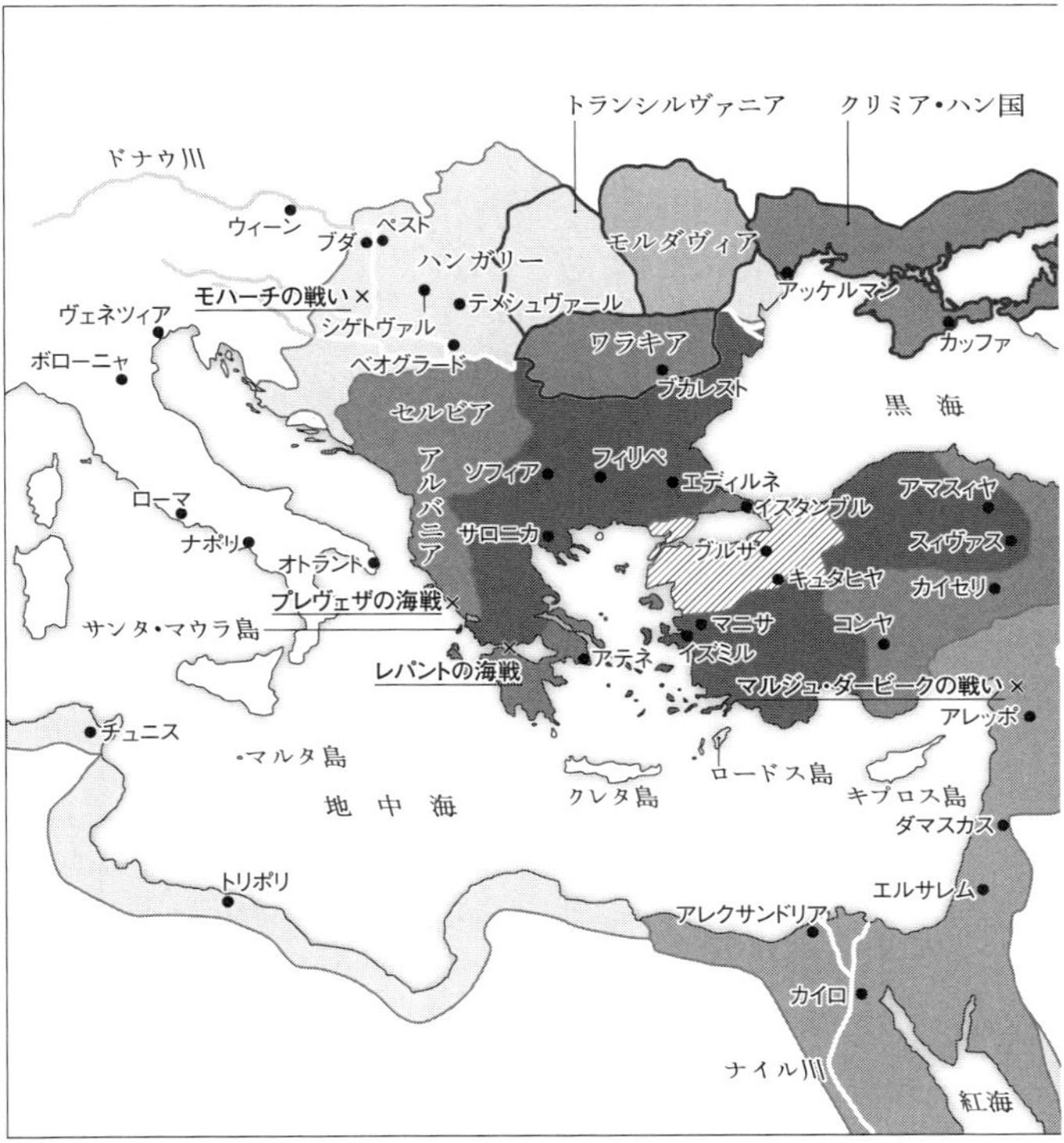

大塚和夫（他編）『岩波 イスラーム辞典』岩波書店、2002年、1110-11頁所収の地図をもとに作成。ただし、大幅な加筆修正を加えている

1　征服王メフメト二世とコンスタンティノポリス征服

兄弟殺し

一四五一年、二度目の即位をはたしたメフメト二世がまず行ったのは、弟アフメトを処刑させることであった。アフメトは、父ムラト二世がジャンダル侯国の王女ハティージェとのあいだに儲けた王子で、まだ生まれて間もない乳児だった。これが、悪名高いオスマン帝国の「兄弟殺し」――スルタン即位時にその兄弟を処刑する慣習――の創始である。

トルコ・モンゴル系の王朝は、カリスマ的指導者の存命中は強力なまとまりを発揮し、急速に拡大するが、指導者が死去した後は後継者争いで分裂し、短期間で崩壊するのが常であった。たとえば、あれほどの強大さを誇ったイル・ハン朝は約八〇年、ティムール朝はもう少し長いが一三〇年ほど、存続したに過ぎない。トルコ系の出自を持つにもかかわらず、オスマン帝国が国土の分割を基本的には経験せず、長きにわたる命脈を保ちえた理由のひとつは、この兄弟殺しによって、君主と同年代の王位継承候補者を制限した点に求められる。

ただし、王位継承のライバルを無力化させるという意味では、すでに先王ムラト二世の時代にも行われていたことに注意する必要があるだろう。前章で見たようにムラト二世は、偽（伯父）ムスタファと弟ムスタファの反乱を鎮圧して処刑し、まだ幼いふたりの弟の目を潰して自らの権力を確立した君主である。ここから兄弟殺しの実施までは、一歩の差に過ぎまい。

また、アフメトの存在がふたつの意味で慣行に反していたことも、メフメト二世に兄弟殺しを決意させたと思われる。

第一に、アフメトの母が、ジャンダル侯国の王女という名家出身であったことである。母系の外戚の存在は、オスマン王家の権威を脅かす。王子の母として奴隷が選ばれることが常だったのは、外戚の介入機会を制限するという目的もあった。

第二に、王子が子を生すと現君主はもはや子を生さず、若すぎる王位継承者をつくらないというのも、これまでのオスマン王家で続いてきた慣習であった。これにより、幼く無力なスルタンが即位することはなく、ゆえに臣下の専横を防ぎえたのである。名家出身の母を持ち、かつ乳児に過ぎないアフメトの存在は二重に慣行破りであり、排除されてしかるべき対象だったといえる。

アフメトの存在とその殺害は慣行から外れて起こ

メフメト2世
在位1444～46，51～81
（ジェンティーレ・ベッリーニ作）

った偶発事だったかもしれないが、この先例が持つ意義は大きかった。メフメト二世の晩年に編纂された『法令集』では、「世界の秩序のために、兄弟を処刑することは許される」という規定が定められ、兄弟殺しが明文化された。先にも触れたように（本書70頁）、イスラム法《シャリーア》は、自由人のムスリムを裁判なしに処刑することを禁じている。しかしオスマン帝国においては、本来のイスラム法に反して、スルタンの兄弟の殺害が是とされたのである。いわば脱法行為ともいえる兄弟殺しは、一六世紀末のメフメト三世の即位時まで続くことになる。

コンスタンティノポリスへの道

弟を処刑したのち、カラマン侯国に一撃を加えてアナトリアにおける憂患を絶ったメフメト二世は、ビザンツ帝国の帝都、コンスタンティノポリスを征服する意志を固める。

メフメトがこの都の征服を思い立ったのは、いつだっただろうか。

父ムラト二世の遺言である、あるいはメフメトの宗教的導師アクシェムセッティンの勧めであるなど、さまざまな伝承が伝わっている。そのうちとくに有名なのは、義母マラが幼きメフメトに見せたコンスタンティノポリスの地図が、彼をこの町の征服へと駆り立てたという逸話である。父ムラト二世と政略結婚をしたセルビア王家のこの女性を、メフメトは後々まで敬慕していたという。メフメトが即位してからも、セルビアやヴェネツィアとの外交に手腕を発揮し、メフメトの政策を助けた才女であった。

コンスタンティノポリス攻略には、強い反対勢力がいた。その中心は、大宰相チャンダルルである。ビザンツ帝国やヴェネツィアとの交易から利益を得ていたチャンダルルにとって、コンスタンティノポリス攻略など、彼自身の利益を損なうばかりか、オスマン朝を危険にさらす無謀な軍事的冒険に見えていただろう。ビザンツ帝国の有力者が、戦争を避けるべく、賄賂として腹に金貨を詰めた魚をチャンダルルに贈り、チャンダルルもそれを受け取り承諾したという逸話も伝わっている。

チャンダルルにしてみれば、まだ二〇歳そこそこである若輩のメフメトなど容易《たやす》く手玉に取り、操り人形にできるという目算があったかもしれない。しかしメフメトには、この老臣の提言を肯《がえ》んじる気はなかった。メフメトは即位するとすぐに、王子時代からの腹心の部下たち——その多くは、自由人ではなくカプクルであった——を昇進させ、政府の要職を固めた。

事態は、チャンダルルの思惑を大きく超えて進んでいた。

意外な理由からの非戦論者たちもいた。預言者ムハンマドのハディースに、「コンスタンティノポリスの陥落は最後の審判の予兆である」というものがある。このハディースを真剣に受け止めた、最後の審判の到来を忌避する一群の人々が、コンスタンティノポリス攻略に反対したのである。現在の我々からみれば、因果が逆転している奇妙な論理に思えるかもしれない。だが当時の人々にとって、征服が世界の終わりのトリガーを引いてしまうのではという畏怖を抱くことは、正当なものだったのだ。しかしこうした風説に対しては、導師アクシェムセッティンが、終末はまだ遠い先であると論陣を張り、遠征の実現を支援した。

攻略の開始

メフメト二世は、コンスタンティノポリス征服にむけた初手として、ボスフォラス海峡がもっとも狭まるところのヨーロッパ側の岸に、「海峡を断つ者《ボアズ・ケセン》」と呼ばれる砦を建築させた。その対岸には、かつてバヤズィト一世時代に建てられたアナトリア砦があった。以降、このふたつの砦によって、オスマン軍は海峡を行き来する船舶をコントロールできるようになる。またこれに先立ってメフメトは、チャンダルルの息のかかったイェニチェリ軍団長官を更迭することで、軍団の掌握に成功している。

ハンガリー人技術者ウルバンに巨大な大砲――同時代のギリシャ人史家ドゥーカスが、「バビロンの城壁すら打ち破る」と評した――を造らせるなど、攻略準備を整えたメフメトは、一四五三年、総勢一〇万の軍団を率い、コンスタンティノポリスを包囲した。

これを迎え撃ったのは、ビザンツ皇帝コンスタンティノス一一世（位一四四九～五三年）であった。皇帝テオドシウス二世が築いた城壁は巍然《ぎぜん》として聳《そび》え立っていたものの、守るビザンツ軍は、ヴェネツィアやジェノヴァからの傭兵・義勇兵をあわせても一万人弱に過ぎなかった。

先代の皇帝ヨハネス八世（位一四二五～四八年）がイタリアを訪れ、正教とカトリックの合同を受け入れていたにもかかわらず、西欧からのまとまった援軍は来なかった。長年にわたって角逐《かくちく》を繰り返してきた両教会の相互不信は、たやすく解消されなかったからである。

それでも、ジェノヴァ人ジョヴァンニ・ジュスティニアーニが指揮を執り、また城壁の海岸付近では亡命したオスマン王族であるオルハンが陣取り、オスマン軍の猛攻をよく防いだ。

攻略のための宗教的支援

包囲は五四日間続いた。ビザンツ側の防御は強固であり、オスマン側の士気が落ちる場面もあった。苦しい包囲戦のなか、オスマン軍の精神的な支えとなったのは、ここでも導師アクシェムセッティンであった。

アクシェムセッティンは、コンスタンティノポリス攻略中、大城壁外の北側にあたる金角湾付近で、預言者ムハンマドの教友アイユーブの墓を「発見」した。アイユーブは、イスラム勃興まもない七世紀の「アラブの大征服」の折、コンスタンティノポリス攻略を敢行し、殉教した人物である（本書20頁）。教友アイユーブの墓の「発見」は、強固な反撃に遭って苦境に陥り、厭戦気分すらただよっていたオスマン軍の士気を大いに高めた。なお、このアイユーブ（トルコ語の発音では「エユプ」）の墓廟は、いまではトルコの人々にイスラム第四の聖地と見なされ、多くの参詣者が訪れ賑わいを見せている。

また彼は、コンスタンティノポリスの陥落がクルアーンに予言されているとして、士気を鼓舞した。「数秘学」――アラビア文字それぞれに割り振られている固有の音価を計算すること

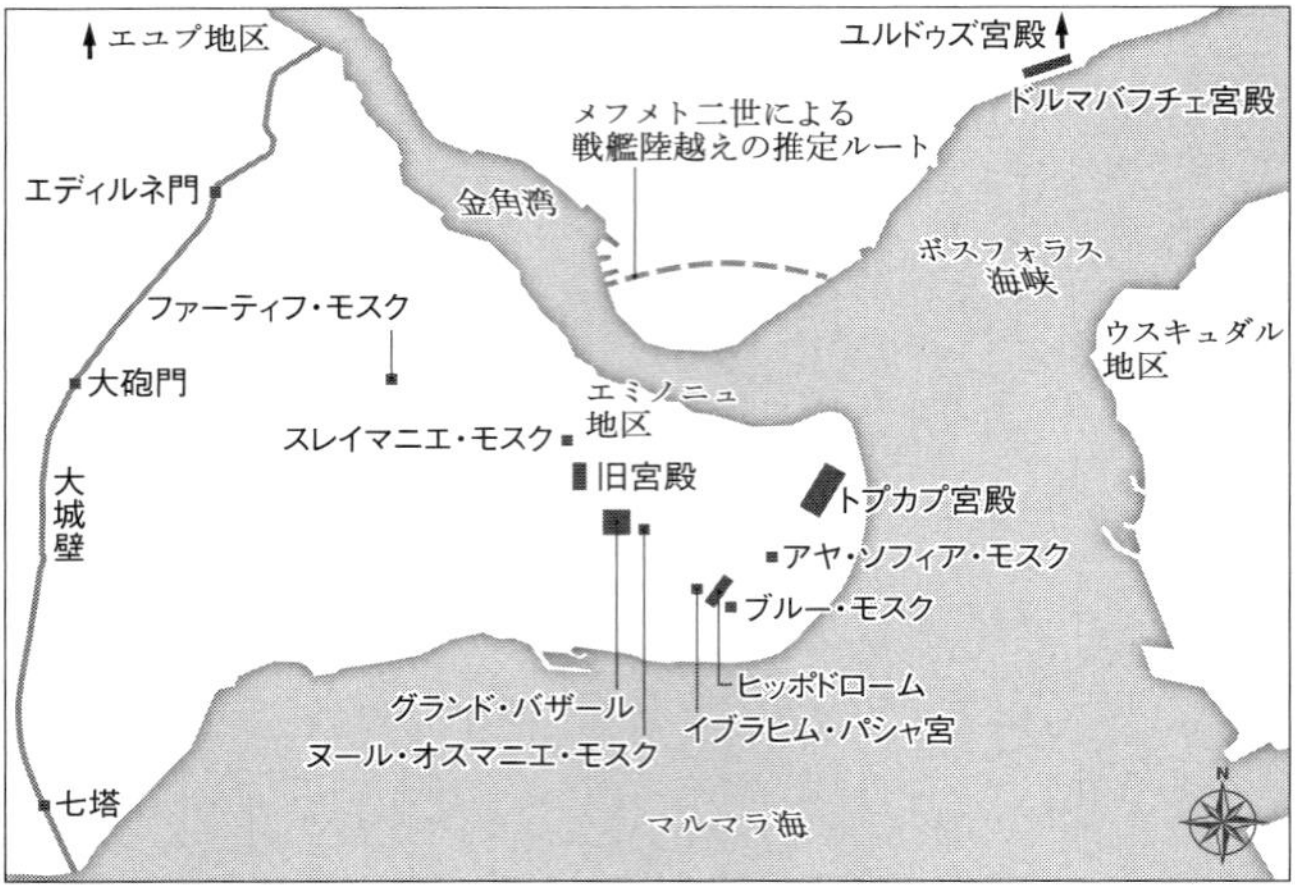

イスタンブル地図

で特定の数字を導き出す術——によって、クルアーンに記されている「よき都市」（サバァ章一五節）という語が、まさにイスラム暦で八五七年（西暦では一四五三年にあたる）を示していることを見出したのである。コンスタンティノポリスの攻略は、こうした宗教的・精神的な面からも支援されたのであった。

征服

膠着した戦局を打開するため、メフメト二世は奇策も用いた。艦隊をボスフォラス海峡側から陸越えさせ、鎖で封鎖された金角湾に送り込んだのである。ただし、これについては、金角湾奥の陸地で建造した船を湾に運び込んだという異説も伝わっている。

オスマン側に勝機がみえたのは、ビザンツ守備兵の隊長ジュスティニアーニが負傷したときである。前線から彼が撤退したのと相前後して、オスマン軍は大城壁の北側にある現在のエディルネ門付近を破ることに成功した。ついで大城壁のなかほどにある現在の大砲門《トプカプ》付近の城壁を突破し、オスマン軍はコンスタンティノポリス市内になだれ込んだ。

ビザンツの人々のなかには、聖ソフィア教会に逃げ込んだ者も多かった。聖ソフィア教会は、六世紀、ときのビザンツ皇帝ユスティニアヌス一世（位五二七～六五年）によって造営された、コンスタンティノポリスの象徴ともいえる大聖堂である。人々がここを避難所に選んだのは、聖ソフィア教会に降臨した天使が、キリスト教徒を助けるという伝説があったからである。しかし天使が現れることはなく、最後のビザンツ皇帝は戦乱のなかで行方知れずとなり、オルハンも逃走中に墜死した。

ここに、コンスタンティノポリス征服は成った。

メフメト二世はこの偉業によって、預言者ムハンマドも用いた「征服の父《エブールフェトフ》」という美称で呼ばれることになる。ただし、この美称は彼以前のスルタンたちも用いていたから、彼独自の称号というわけではない。彼は、のちに「征服王《ファーティフ》」とも呼ばれ、こちらのほうが現在では人口に膾炙している。

帝都イスタンブル

征服されたコンスタンティノポリスは、徐々に「イスタンブル」と呼び慣らわされるようになる。ギリシャ語の「イス・ティン・ポリン（街へ）」に由来し、一〇世紀のアラブの歴史家マスウーディーの著作にも現れる由緒ある名である。その一方で、コンスタンティノポリスのアラビア語名に由来する「コスタンティニエ」という旧称も、オスマン帝国で発行された貨幣に刻まれるなど、長い間使われ続けた。これ以外にも、イスタンブルをもじった「イスラムボル（イスラムの豊穣）」、あるいは美称である「デル・サアデト（至福の門）」という表現もよく使われた。このようにさまざまな名称を持つこの町について、本書では以降、便宜的に「イスタンブル」と呼ぶことにしたい。

意外なことに、イスタンブルをオスマン帝国の拠点とすることに対しては、古くからオスマン朝の聖戦に付き従っていた信仰戦士《ガーズィー》たちの反発がみられた。いわく、イスタンブルは古来より破壊と再生を繰り返してきた呪われた都市である。聖戦の申し子である我らがオスマン王家にとって、イスタンブルではなく、異教徒と戦いの前線に近いエディルネこそが本拠地にふさわしい、と。

しかし、イスタンブルを帝都にせんとするメフメトの意志は固かった。アナトリアとバルカン、すなわちアジアとヨーロッパの双方をまたにかける唯一の都市であるイスタンブルを帝国の拠点とする利点は、象徴としても、地政学上も明らかであった。

帝都の復興

「全てのイスタンブルを、スルタン・メフメトが作り上げた」とは、メフメト二世よりやや後代の年代記作家ネシュリーの言である。

メフメトは、荒廃していたイスタンブルの復興政策を矢継ぎ早に打ち出す。ビザンツ末期にすでに過疎化が進み、住人はせいぜい五万人だったといわれるが、周辺の都市より商人や職人をイスタンブルに強制移住させる政策をはじめとした復興策によって、メフメトの治世末期には人口一〇万人にまで達した。イスタンブルは急速に帝都としての姿を整えてゆく。

コンスタンティノポリスを象徴する聖ソフィア教会は、モスクへと作り替えられた――アヤ・ソフィア・モスクである。征服してすぐ、この教会において導師アクシェムセッティンが金曜礼拝を執り行っている。

このときメフメトは、アヤ・ソフィア・モスク内壁を覆いつくす、聖人や皇帝たちが描かれたモザイク画群を、漆喰で塗り込めさせたという。イスラムの偶像崇拝禁止の禁忌に抵触するゆえだとされる。しかしこれは、俗説である。メフメトによる征服後も、モザイク画は人物の顔の部分のみ覆われただけで、イスラムの礼拝の妨げになるとは考えられていなかった。モザイク画の全面が覆われるのは一八世紀に入ってからであり、一九世紀なかばには、修復のためスイス人美術家が招聘されている。

イスタンブル市内の北西にある丘には、アヤ・ソフィアが持つ大ドームを模した征服王《ファーティフ》モスクも造営された。こうした大規模モスクの周辺には、病院や救貧施設などの関連施設も寄進によって設置され、当該地域の復興と発展の基盤となった。「八広場《サフニ・セマン》」と呼ばれるイスラム学院も征服王モスクの傍らに作られ、帝国の地方民政を担うイスラム法官《カーディー》などの人材を輩出した。

イスタンブル奪還を目的とした十字軍が西欧より到来する可能性に鑑み、城壁の修復もいそぎ進められた。城壁南端には「七塔《イェディクレ》」と呼ばれる堅固な城砦が建設されている。しかし予想された十字軍は到来せず、オスマン帝国の帝都を脅かそうという外敵は、四〇〇年以上現れることはなかった。以降、城壁は時の流れによって風化するに任され、七塔は牢獄として用いられるようになる。メフメト二世に次ぐイスタンブルの「征服者」の登場は、帝国滅亡の直前、第一次世界大戦後の連合軍を待たねばならない。

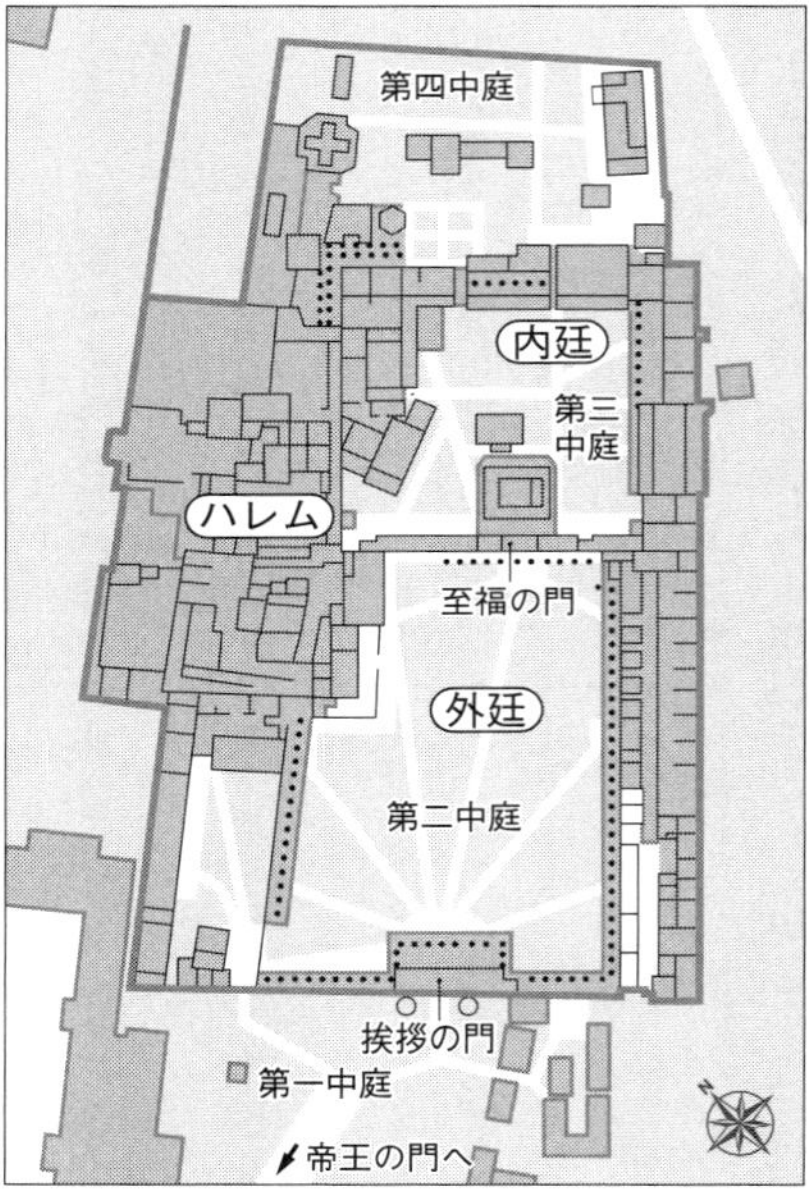

トプカプ宮殿　部屋の仕切りは適宜省略した

帝国の中枢——トプカプ宮殿

メフメト二世は征服当初、イスタンブル市街の中心部、グランド・バザールにほど近い地区に旧宮殿《エスキ・サライ》を建て、当面の居城とした。しかるのちにメフメトは、オスマン帝国の政治と宮廷の中枢となる、のちにトプカプ宮殿と呼ばれる新宮殿《イェニ・サライ》を、半島の突端の丘に建築させた。古代ギリシャ時代にはアクロポリスとして、ギリシャ神話の神々が祭られていた場所である。

トプカプ宮殿は、おもに三つの区域に分かれている。外廷、内廷、そしてハレムである。外廷は、政治の場であった。外廷の一角に位置する、小さいが豪奢な部屋では、帝国の最高意思決定機関ともいえる御前会議が開催された。

御前会議の構成員は、「スルタンの絶対的代理人」たる大宰相を筆頭に、宰相たち、勅令を認可する国璽尚書《ニシャンジュ》、国庫をつかさどる二名の財務長官《デフテルダル》、そしてバルカンの州総督である。またウラマーからは、高位のイスラム法官である二名の軍法官《カザスケル》が参加した。御前会議は、当初はつねにスルタン臨席のもとで開催されていたが、次第に大宰相が主催するようになり、スルタンは会議の部屋と格子で隔てられた特別の部屋で会議の進捗を窺うようになった。スルタンが臨席しているかどうかは、会議の参加者にはわからず、議事進行の緊張感が保たれる工夫である。君主と臣下のあいだの身体的な隔離は、それまで「有力者たちの第一人者」にすぎなかったスルタンを、他者と隔絶した地位たる「帝王《パーディシャー》」へと高める効果を担った。

また、外廷の大部分を占める広大な中庭は、外国の使節を迎える儀礼の場ともなった。イェニチェリ軍団の隊列が屹立するなかでの謁見は、使節たちに大きな畏怖を与えた。
内廷は、スルタンの生活の場である。デヴシルメで徴用された少年たちのうち、とくに将来有望と見なされた小姓が、ここでスルタンに仕えた。彼らはスルタンの小姓を務めながらエリート教育を受け、一定の年齢に達すると宮廷を出て、中央や地方の高官に任命されスルタンの家父長的支配を支えた。

スルタンの私的な空間にして、妃と幼少の王子・王女、そしてこれらの人々を世話する宦官が住まう世界が、ハレムである。「禁じられた」という語義が示す通り、宦官を除くスルタン以外の男性は、基本的に立ち入ることがゆるされなかった。

こうしてトプカプ宮殿は、一七世紀なかばに大宰相府《バーブ・アーリー》が宮殿から分離するまでは行政の中心として、そしてそれ以降も一九世紀中葉に西洋風の宮殿であるドルマバフチェ宮殿が建てられるまでは宮廷の中心として、長きにわたって君臨したのである。

建築の視点からトプカプ宮殿をみると、もっとも特徴的なのはその中庭である。広大な朝《ちょう》廷《てい》を内部に擁する建築様式は、川本智史によると、ティムールが現在のウズベキスタンに位置する都市ケシュ（シャフリサブス）に建設させた「白い宮殿《アク・サライ》」を範に取った可能性があるという。トプカプ宮殿とほぼ同時期、トプカプ宮殿の敷地内に建てられた「陶壁の東屋《チニリ・キョシュク》」もあきらかにイラン・中央アジア文化圏の建築を模している。当時、文化的にはオスマン帝国より先進地域であったイラン・中央アジア建築の影響力は大きかったといえよう。

ハンにしてスルタン――統治者のアイデンティティ

このトプカプ宮殿のもっとも外側に位置する「帝王の門」の上部には、豪奢な銘文が掲げられている。この銘文において、メフメト二世は、自らを「ふたつの陸のスルタン、ふたつの海のハーカーン」と称している。トプカプ宮殿を訪れる者は必ずや目にするであろう場所に掲げられたこの称号は、稀代の君主の自負と自意識を、よく示している。

「ふたつの陸」とはアナトリアとバルカン、「ふたつの海」とは黒海と地中海の謂である。そして「ハーカーン」とは、トルコ・モンゴル系君主の称号「ハン」に由来する語であり、「スルタン」は、もちろんムスリム諸王朝の君主たちが用いた号であった。「海と陸のスルタン」という称号は先代ムラト二世によってすでに用いられていたが、その指し示す領域をさらに広げることで、メフメト二世は自らが四海を支配する帝王たることを表明したのであった。この称号は、一四七〇年に特別に発行され、通常の銀貨の一〇倍の価値を持つ大アクチェ貨（別名スルタン銀貨）にも刻印されている。ここからも、メフメト二世が

帝王の門

この称号にこだわりを持っていたことが理解されよう。

トルコ系王朝とムスリム王朝の正統を継ぐというオスマン王家の意識は、オスマン帝国で著された多数の歴史書――そこでオスマン朝は、オグズ・ハンの血統が強調されるとともに、ムスリム諸王朝の掉尾に位置づけられた――からも窺える。オスマン王家が併用していたさまざまな称号のなかでも、ハンとスルタン、このふたつの称号の持つ意味は特別であった。

アレクサンドロスとカエサル

「ハン」と「スルタン」だけではない。

称号としての用例は少ないものの、アレクサンドロス大王の後継者としての意識を、メフメト二世が強く持っていたのは確かなようである。アレクサンドロス大王は、イスラム世界では「双角王《ズルカルナイン》」と呼ばれ、彼の伝説は文学の一分野を形成するほど豊かな伝統を誇る。オスマン帝国でも、『アレクサンドロスの書』と題された作品はよく読まれた。メフメト二世の王子時代のものとされる画帳には、つたない筆でアレクサンドロス大王と思しき人物が描かれているし、メフメト二世を称える歴史書では、彼をアレクサンドロスになぞらえている。アレクサンドロス大王は、「天運の主《サーヒブ・キラーン》」（本書130頁）の称号を持つ世界を統べる征服者として、メフメト二世やオスマン帝国のスルタンたちにとって自らをなぞらえるべき存在であった。

また、メフメト二世以降のスルタンはローマ皇帝としての自意識を持っていたともいわれる。

コンスタンティノポリス征服以降、「ローマのカエサル《カイセリ・ルーム》」という称号——いうまでもなく、ローマの英雄ユリウス・カエサルに由来する——が用いられるようになるのが、その証左だといえよう。

しかし、実際に銘文等で確認できる「カエサル」の用例は少ない。また「カエサル」は古代イランの王を指す「キスラー」としばしば対で用いられたが、これは、オスマン帝国君主は洋の東西の王を兼ねるほど偉大であることを示す、修辞的な用法と見なすべきである。オスマン帝国をローマ帝国の後継者として積極的に位置づけた歴史叙述も、管見の限り存在しない。

オスマン帝国の支配エリートや文人にとってオスマン帝国は、アッバース朝を始めとしたムスリム諸王朝を、そしてオグズ・ハンを始祖とするトルコ系諸王朝を継承する存在であり、そこにローマ帝国が入り込む余地はなかった。オスマン帝国の君主が、カエサルという称号を用いることがあったのは確かだが、ハンやスルタンよりはるかに重要性の低いものだったといえる。

中央集権化と新しいアクターの台頭——元キリスト教徒の臣下たち

建国初期からオスマン朝に仕えていたチャンダルル家のハリル・パシャは、コンスタンティノポリス征服後まもなくして解任され、ビザンツ帝国側との内通の咎で処刑される。チャンダルル家はこの後もしばらく高位の政治家やウラマーを輩出するが、往時の勢いを完全に失うことになる。オスマン朝を支え続けたチャンダルル家の失墜は、たんに老齢のハリルと若いメフメトとの個人的な確執の結果ではなく、オスマン政府の人的構成の構造的変容を反映していた。すなわち、これまでは自由人のムスリム出身者がオスマン政府の中枢を占めていた。イスラム法学を収めたウラマー一族のチャンダルル家も、もちろん自由人のムスリムである。これに対し、メフメト二世の時代は、前述したカプクルたち——元キリスト教徒の改宗者にして奴隷が側近を占めるようになるのである。

すでに先代ムラト二世の時代には、カプクルが宰相に任命され活躍するようになっていたが、メフメト二世の時代にその傾向は顕著となった。メフメト二世時代の大宰相八名のうち、先代からの老臣チャンダルル以外で自由人のムスリムは、治世末期の大宰相カラマーニー・メフメト・パシャだけである。

こうして、君主直属の奴隷、すなわちカプクルを政権運営の主体に据えることで、旧来の有力者の力を削ぎ、君主権力の絶対化を図る中央集権化政策が、メフメト二世のもとで進展した。オスマン帝国では、ほかの社会に見られるような貴族・名士層が、ほとんど台頭しなかったことで知られている。自分の一族の利害ではなく、原則として君主と国家にのみ仕えるカプクルは、オスマン帝国発展の大きな原動力となった。

これ以外にもメフメトは、ワクフ財を接収して国家の財源とするなど、中央集権化政策を断行した。ワクフ制度を利用して寄進された財源はイスラム法によって守られ、原則的には世俗の権力者は手出しできないはずであったから、この接収は大きな反発を招いた。

メフメト二世が断行した中央集権化は、当然ながら、古くからオスマン朝に付き従ってきたトルコ系戦士たちには不評であった。その数々の偉業にもかかわらず、同時代もしくは近い時代に史筆を取ったオスマン史家たちの多くが、仄めかしや当てこすりともとれる表現で彼の政策を批判しているのは不思議ではない。

非ムスリムとの共存

制度面でもうひとつ、メフメト二世の非ムスリム政策についても触れておこう。

イスラム法は、ユダヤ教徒やキリスト教徒を、ムスリムと同じ一神教を信じる「啓典の民」とし、彼らを庇護民《ズィンミー》として位置づけている。彼ら庇護民は、ムスリムには課されない人頭税《ジズヤ》を支払い、一定の制限を受け入れれば、生命や信仰を保障された。その制限とは、支配者層への参入制限、教会の新築の禁止、非ムスリムを示す徴《しるし》を身に着けること、などである。オスマン帝国においても、非ムスリムの扱いは、基本的にイスラム法にのっとったものだった。メフメト二世は、イスタンブル征服後に勅令を発し、ギリシャ正教会総主教やアルメニア教会総主教に、彼らの宗教共同体の自治と信仰を保障している。

オスマン朝黎明期の、宗教的習合主義に基づく「混沌たる共存」は、メフメト二世のころより徐々に、正しくイスラム法にもとづいた共存へと秩序化されてゆく。メフメト二世の孫にあたるセリム一世によるアラブ地域征服や、さらにその息子スレイマン一世の治世から進んだイスラム法の整備（本書147頁）は、こうした宗派化の傾向を決定的とするだろう。

ただし、公的にはイスラムの支配者としてふるまっていたとはいえ、メフメト二世自身は、厳格に正しい戒律を守るムスリムではなかった。それを示す好例として、イスラムが偶像崇拝の禁忌を規定しているにもかかわらず、彼がイタリアの画家たちを招聘したエピソードが挙げられよう。彼はヴェネツィアのルネサンス画家、ジェンティーレ・ベッリーニに、自らの肖像画を描かせた（本書81頁。この絵は現在、ロンドンのナショナル・ギャラリーの所蔵）。オスマン宮廷におけるルネサンス文化への興味関心は、スレイマン一世時代の前半にあたる大宰相イブラヒムの時代まで続くことになる。

なお、現存するメフメト二世像は、ターバン以外は原形をとどめないほど修正されていると評されたこともあった。しかし最近の研究によれば、修復の跡はあるものの、この絵は十分に本来の像を保っている。

征服王の名のもとに

歴史の流れに叙述をもどそう。メフメト二世は、征服王の名にふさわしく、東西にオスマン帝国を拡大させる。

コンスタンティノポリスを征服した翌年の一四五四年から、メフメトは行動を起こす。まず、バルカンの小領主たちを服属させたメフメトは、一四五六年、要衝ベオグラードの攻略を試みる。ハンガリーの英雄フニャディ・ヤーノシュの献身的な抵抗もあってこの都市の攻略には失敗するが、ベオグラード以東の地域は、ほぼオスマン帝国の支配下に入ることになる。

アルバニアのアレクサンドロス

バルカン半島のほとんどがオスマン領へと塗り替わってゆくなかにあって、抵抗を続けたのがスカンデル・ベグ（トルコ語ではイスケンデル・ベイ）である。彼は、アルバニアの地方領主の息子であったが、ムラト二世の時代に人質となり、幼くしてオスマン朝の宮廷に入った。バルカンの有力キリスト教貴族の子弟がオスマン宮廷で育ち、長じてのち帝国の支配エリートとしてスルタンに仕えるという経歴は、この時期一般的に見られたものであった。

その例にもれず、経験を積んで有能な将軍として帝国に仕えた彼は、その勇猛さから「アレクサンドロス」を意味する「イスケンデル」の名が与えられている。スカンデルには、オスマン宮廷のなかで栄達を極める道もあったはずだが、一四四三年、オスマン軍より逃亡して、アルバニア北部に支配権を確立した。スカンデルはローマ教皇に援助を求め、以降二五年にわたり、オスマン帝国に抵抗を続けた。

スカンデルは、多数の都市国家が乱立するイタリアの複雑な勢力争いのなかで、イタリア遠征も行っている。また、ヴェネツィア商人のある者はスカンデルに物資を援助し、またある者はオスマン軍相手に商売をしていたという。ここに、たんにイスラム対キリスト教という図式では割り切れない複雑さが垣間みえる。

一四六八年にスカンデルが病没すると、もはやオスマン軍を遮るものはなく、アルバニアはオスマン帝国領として併合された。スカンデルにとっては不本意だったろうが、アルバニアは、このあとデヴシルメによってオスマン帝国中枢に人材を供給し続ける。一七世紀なかば、危機と混乱のなかにあったオスマン帝国を立て直した名宰相キョプリュリュ・メフメト・パシャも、アルバニア出身である。

「串刺し公」との戦い

メフメトは、ドナウ河の北岸にも征服の手を伸ばした。

現在では、東西に流れるドナウ河をはさみ、南側がブルガリア、北側がルーマニアである。一五世紀当時、ルーマニア南部はワラキア公国と呼ばれており、ワラキア公ヴラド・ドラクルはムラト二世と幾度も干戈を交えていた。ドラクルの息子ヴラド三世――のちに「串刺し公《ツェペシュ》」(トルコ語で「カズクル・ヴォイヴォダ」)と呼ばれる――は、スカンデルと同じく一時はオスマン宮廷で人質となっていたが、一四五六年にワラキア公の地位に就くと、オスマン帝国に激しく抵抗した。ヴラド三世は奇襲によってオスマン軍を悩ませ、また捕虜を槍に突き刺して見せしめとし、オスマン軍の士気を削いだといわれる。

しかし、メフメトはたんに武力のみにたけた王ではなく、外交と権謀術数にかけては、ヴラドの上手をいっていた。一四六二年、メフメト二世は反ヴラド派のワラキア貴族を糾合し、ヴラドの弟ラドゥを傀儡の公に据えることに成功する。ヴラドはワラキア公の地位を追われ、ハンガリー王の手によって長く幽閉された。以降、ワラキア公国は、オスマン帝国の属国として存続することになる。

ただしワラキアは、貢納の義務は負うものの、ブルガリアやセルビアのようにオスマン帝国に直轄支配されることはなかった。これは、ヴラドによる果敢な抵抗が影響していたとも、オスマン帝国にとってワラキアが経済の大動脈から逸れていたために放置されたのだともいわれている。

白羊朝との死闘

東欧における戦いと並行して、メフメト二世は、ビザンツ皇族の末裔がアナトリア東北岸に建国したトレビゾンド帝国を征服している。トレビゾンド帝国は、白羊朝《アク・コユンル》の王に皇女を差し出し、その助力をあてにオスマン帝国への貢納の支払いを拒否したのだった。白羊朝とは、一四世紀後半にトルコ系遊牧民によって建国され、同時期に台頭していたやはりトルコ系遊牧民の政権である黒羊朝《カラ・コユンル》を破り、ティムール朝衰退後のイラン西部と東アナトリアを制した王朝である。しかし、白羊朝が援軍を送ることはなく、ここにトレビゾンド帝国は滅亡した。

一四六一年のことである。またこのとき、ジャンダル侯国もオスマン帝国に併合されている。

当時の白羊朝の王は英傑ウズン・ハサン（位一四五三〜七八年）であり、メフメトの最大の強敵であった。ウズン・ハサンは、武勇に秀でていたのみならず、あまたのウラマーや文人を保護し、教養を備えていた名君である。ウズン・ハサンの祖父は、ティムールのもとアンカラの戦いに参加し、戦後、ティムールからディヤルバクル地方を与えられていた。そのためウズン・ハサンは、ティムールの後継者を自任していた。彼の目には、かつてティムールに打ちのめされたオスマン帝国を、ふたたび膺懲すべき時がきたと映っていたかもしれない。

ウズン・ハサンには数多くの助力者がいた。そのひとつは、ヴェネツィアである。メフメト二世の西方への進撃に不安をいだいていたヴェネツィアは、ウズン・ハサンに使者を送り、オスマン帝国への攻撃を依頼した。見返りは、火器の提供である。さらにウズン・ハサンのもとには、ゲルミヤン侯国などオスマン帝国に編入された旧トルコ系侯国の旧臣たちが集まっていた。これは、かつてアンカラの戦いにおいて、トルコ系侯国出身の軍団がバヤズィト一世を裏切ったことを思い起こさせる。一方、オスマン帝国にとってみれば、白羊朝との戦いは、東方の遊牧国家への雪辱戦であったともいえよう。

白羊朝との緊張関係が頂点に達したこの時期を、ある研究者は「征服王の治世において、もっとも危機的な時代」と評している。一四七三年、バシュケントの戦いにおいてメフメト二世とウズン・ハサンは激突した。きわどい接戦を制したのはメフメト二世であった。ウズン・ハサンはかろうじて逃げ延びたものの、その勢力を大きく削がれ、以降オスマン帝国への抵抗を放棄する。勢威の衰えた白羊朝は、一六世紀初頭、新興のサファヴィー朝によって滅ぼされるのである。

征服王の死

遠征に次ぐ遠征により、メフメト二世はバルカンとアナトリアの統一を果たした。領土は曽祖父バヤズィト一世の時代より一回り拡大していた。一四七四年に内紛によって衰えていたカラマン侯国を完全併合し、さらに一四七五年には、黒海北岸のクリミア・ハン国を服属させている。チンギス・ハンの末裔である彼らは、以降、オスマン帝国の弟分として、オスマン帝国の遠征に強力な騎兵部隊を提供することになる。

メフメト二世は、一四八一年、目的地を告げずにイスタンブルから東方に出陣し、まもなく陣没することになる。四九歳であった。出兵直前には、イタリア半島のかかと、オトラントに一軍を派遣して占領していたために、ローマ征服を意図していたともいわれる。

彼の死については、毒殺ともささやかれた。メフメト二世の治世を通じて、ヴェネツィアは、少なくとも一四を超える暗殺計画を用意していたという。そのひとつが成功したのかもしれないが、現在の研究では自然死という説が有力である。

2　聖者王バヤズィト二世

ふたりの王子――バヤズィトとジェム

メフメト二世がもっとも目をかけていた王子ムスタファは、一四七三年に病におかされ、メフメトが自らの侍医を送ったものの、六カ月間の闘病の末に亡くなっている。メフメトは最愛の王子の死を深く嘆いたという。メフメト二世が死去したさい、残された王子はふたりであった。

ひとりは、このとき三三歳であったバヤズィト。白羊朝との戦いで優れた能力を示し、帝国の東方を押さえる要衝アマスィヤで太守を務めていた。彼の支持者は、元大宰相イスハク・パシャをはじめとした政治家たちである。

もうひとりは、二一歳のジェム。こちらは、かつてオスマン朝を苦しめたカラマン侯国の中心都市、コンヤの太守である。ウラマー出身の大宰相カラマーニー・メフメト・パシャは、彼を支持していた。

「メフメト二世崩御」の知らせは、密使によって、両王子に送られた。しかし、ジェムのもとに派遣された密使は、途上で捕らえられた。密使の通り道に当たるアナトリア北西部を、バヤズィトの女婿である総督が押さえていたためである。さらに、ジェムを支持する大宰相カラマーニーは、メフメト二世の死による混乱のなか、イェニチェリの支持を取り付けることができず殺害される。いそぎ帝都イスタンブルに駆け付けたバヤズィトはイェニチェリ軍団を掌握し、バヤズィト二世として即位することに成功した。

出遅れたジェムは、アナトリアにおける旧侯国の諸勢力を糾合し、旧都ブルサで即位を宣言、自らの名前による貨幣の発行とフトバの読誦を行った。ジェムは、自分がアナトリアを、兄がバルカンを支配する分割統治を提案したという。空位時代には約一〇年間、アナトリアとバルカンで実質的な分割統治が行われていたという前例があるし、その空位時代を制したメフメト一世は、息子たちがアナトリアとバルカンで領土を分けることを提案していた。分割統治あるいは共同統治の理念そのものは、初期のオスマン朝には存在していたと見なしうる。

バヤズィトは弟の提案を、「帝王は並び立たず」と述べて拒絶した。このバヤズィトによる拒絶は、唯一不可分の帝国を支配する、他の凡百の諸王より上位にあるオスマン君主という考えが、この時代に成立しつつあったことを示している。「大海などで遠く隔てられている場合を除き、同格の帝王を認めない」という理念は、のちのオスマン帝国においてしばしば主張されるようになる（それを認めた数少ない例として、インドを支配したムスリム王朝であるムガール帝国の例が挙げられる。ムガール帝国君主も帝王を名乗ったが、オスマン帝国は上述の理念を適用してこれを容認している）。

またこの時代には、メフメト二世の治世に進められた中央集権化によって、イスタンブルを中心として有機的に地方を支配するネットワークが広がりつつあった。支配組織という観点から見ても、帝国の分割統治が実現する可能性はなかったであろう。

ジェムの運命

バヤズィトは、オトラントを占領していた名将ゲディク・アフメト・パシャを呼び戻し、ジェムの軍を撃破した。ジェムは、エジプトのマムルーク朝のもとへといったん落ち延びる。その後ジェムは、兄への対抗策を求めて、かつてメフメト二世の攻撃を退けたヨハネ騎士団が巣くうロードス島に渡ったが、騎士団や西欧諸国にオスマン帝国と事を構える意図はなかった。ジェムは軟禁状態のまま、フランス、そしてヴァチカンへと身柄を移される。ローマ教皇は、対オスマン帝国の共同作戦についてマムルーク朝に打診したが、結果は芳しくなかった。結局、ローマ教皇はオスマン帝国と争わず、ジェムを留め置くための補償金、年にドゥカート金貨四万枚をバヤズィト二世から受け取ることを選んだ。長い軟禁生活に疲れたジェムは、兄王に和解を求める手紙を送ったともいう。

一四九四年、フランス王シャルル八世（位一四八三〜九八年）がイタリアに侵入してジェムを保護すると、シャルルがジェムを押し立ててオスマン帝国を攻撃するという噂が流れた。バヤズィト二世も侵攻に備え軍備を増強したが、一四九五年、ジェムはナポリで突然の死を迎える。三五歳であった。ジェムがヨーロッパにいるあいだ、オスマン帝国と西洋諸国の間に目立った戦端が開かれなかったのは、ジェムの存在が抑止力として働いていたゆえといわれる。劇的なジェムの生涯は、文学や戯曲の題材とされ、いまでも彼の人気は高い。

なお、「オスマン帝国には、スルタン死去後にいち早く帝都に入った王子が王位に就く慣習があった。そのため、王子は帝都により近い任地を好んだ」と述べる研究者もいる。しかし実際には、上洛の先後《せんご》よりもイェニチェリや有力者の支持が重要であったし、王子たちが任地の遠近を気にした例は、バヤズィト二世時代とスレイマン一世時代に限られる。これを、あたかもオスマン帝国史上長く続いていた慣習のように見なすべきではない。

外征と内政

ジェムを制し王座に就いたバヤズィト二世は、三〇年におよぶその治世において大きな遠征を行わなかった。バヤズィト時代の数少ない対外的な成果としては、黒海北西岸のアッケルマンの征服が挙げられる。これによって、黒海沿岸はほぼオスマン帝国の影響下に入り、黒海はオスマン帝国の内海となった。また、アナトリア南東部ではマムルーク朝と六年間にわたって小競り合いを続けたが、こちらに目立った戦果はなかった。

バヤズィト時代の対外政策が不調だったのは、亡命したジェムの存在が牽制となっていたことに加えて、メフメト二世時代の相次ぐ遠征と急速な拡大によって、国力が疲弊していたからでもある。メフメト二世によって強引に推し進められた中央集権化政策にたいしては、自由人

バヤズィト2世
在位1481～1512

のトルコ系戦士層を中心に、反発も大きかった。そのためバヤズィト二世は、メフメト二世が接収したワクフ財を返却するなど、批判勢力に譲歩せねばならなかった。彼の治世では、中央集権化が停滞したとの評価もある。

ただし、バヤズィト二世時代においても、大宰相を含む要職は、ほとんどカプクルに占められていたことには注目する必要がある。彼の治世に大宰相を務めた七名のうち、ムスリム自由人であることが確実なのは一名に過ぎない。むしろ、支配エリートへの奴隷の流入は、メフメト二世時代より進展していた。さらに特筆すべきは、バヤズィト二世は、王女と奴隷たる臣下との婚姻を本格的に利用したことである。王族の女性と結婚した者は女婿《ダーマト》と呼ばれ、スルタンとの強い紐帯を持つ臣下となった。なお、オスマン王位は男系による継承を慣行としていたから、嫁いだ王女の男児は継承候補者とは見なされなかった。

バヤズィトは、イスタンブルのみならず、エディルネやフィリベ（プロヴディフ）などバルカンの主要諸都市にハレムを持っていた。知られているだけで八名の愛妃を抱え、同時代の歴史家によれば、彼の子と孫を総計すると三〇〇名を超えていたともいう。これは大袈裟だとしても、バヤズィトは、多くの血縁者を政治資源としてふんだんに活用することができた。王子時代より、カプクル出身の有力政治家との間に張り巡らされていた女婿ネットワークは、先に見たように、彼がジェムを制して即位するのに大きく寄与した。バヤズィト二世が三〇年にわたって安定した治世を実現しえた理由のひとつは、カプクルという新たな支配エリートに王女を娶せることによって、自らの支配を確立させるという工夫に求められるだろう。

文化政策

バヤズィト二世を名君たらしめるのは、その文化政策である。

オスマン朝において、歴史叙述の黎明が遅かったことは先に触れた（本書25頁）。オスマン朝で歴史書が著されるのはようやく一五世紀に入ってからであり、ムラト二世やメフメト二世の時代ですら、数えるほどの歴史書が著されたに過ぎない。たいしてバヤズィト二世の時代には、さまざまな種類の本格的なオスマン史書が多数編纂された。たとえば、民衆的な伝承を素朴なトルコ語で書き綴ったアーシュクパシャザーデ著『オスマン王家の歴史』と、流麗な美文のペルシア語で書かれ、文学的に高い評価を得たビトリスィー著『八天国』は、互いに異なるタイプの歴史書のそれぞれ代表作である。彼の治世は、オスマン帝国の人々が、自分たちがどこからきたのか、どのような権威と伝統を受け継いでいるのかを改めて見直し、それを自覚的に整理しなおした時代であった。

イスラム的な文芸に深い理解を示したバヤズィトは、その一方で、父王メフメト二世が収集した西洋の芸術家の手による作品を売り払ったともいわれている。ただし、レオナルド・ダ・

ヴィンチに金角湾への架橋を打診するなど、決して西洋文化への興味を持っていなかったわけではない。この橋の建設は実際には行われなかったが、ダ・ヴィンチの手稿に橋の素描が残っていることから、実現の可能性はあったといえよう。

地中海の西方、スペイン情勢も、オスマン帝国に影響を与えた。スペインからムスリムを排除することを目的としたキリスト教徒による国土回復運動《レコンキスタ》は、このころ終盤を迎えていた。スペイン南部にわずかに残されたグラナダのムスリムがオスマン帝国に援助を求めると、バヤズィトは、オスマン艦隊によるスペイン沿岸の襲撃と、ムスリムの一部を北アフリカおよびオスマン国内へ移送することを命じたが、海軍力の不足とジェム問題によって十分な対応ができなかった。グラナダは一四九二年に陥落、ムスリム勢力が八世紀にイベリア半島に侵攻して以来、スペインに存続していたムスリム政権はここに姿を消した。

国土回復運動の完遂は、オスマン帝国におけるユダヤ教徒の活動に大きな影響を及ぼした。スペインを追放された多くのユダヤ教徒がオスマン帝国に庇護を求めたのである。すでに帝国には在来のユダヤ教徒たちが居住していたが、このスペインから移住したスファラディムと呼ばれるユダヤ教徒たちは、その能力を生かしてオスマン帝国に仕え、繁栄することになる。

サファヴィー朝の勃興

三〇年の長きにわたり安定した政権を築き、オスマン帝国の内政を整えたバヤズィト二世にとって命取りとなったのが、治世末期における東方関係であった。一五世紀末、以後二〇〇年にわたってオスマン帝国の敵手となる勢力が、イランの地で勃興していた。シーア派を信仰するサファヴィー教団を母体としたサファヴィー朝である。

シーア派とは、預言者ムハンマドのあとを継いだ歴代カリフの権威を否定し、預言者ムハンマドの女婿アリーとその子孫のみがムスリム共同体の指導者となるべきだと考える人々である。アリーとその息子フセインは非業の死を遂げ、アリーを支持する人々も弾圧と苦難の歴史を経験するなか、彼らはシーア派として、ムスリム多数派（いわゆるスンナ派）とは異なる教義を形成していった。現在、イランといえばシーア派のイメージがあるかもしれないが、サファヴィー朝が登場するまで、シーア派の中心地はイラクにあった。イランがシーア派化するのは、サファヴィー朝による二〇〇年の統治を経てのことである。その意味で、サファヴィー朝の建国は現代イラン形成の源流のひとつだといえる。

サファヴィー家はクルド系もしくはトルコ系で、また預言者ムハンマドの血を受け継いでいたともいわれる。サファヴィー朝の母胎となったサファヴィー教団は当初は穏健であったが、次第にシーア派の分派である十二イマーム派を奉じ、過激かつ戦闘的な性格を帯びるようになった。サファヴィー教団はトルコ系諸部族――彼らはクズルバシュ（紅い頭）と称した――の支持をあつめて拡大、一五〇一年には白羊朝からタブリーズを奪い、王朝を建てるに至る。

サファヴィー朝初代君主シャー・イスマーイール（位一五〇一～二四年。「シャー」はサファヴィー朝君主の称号）は、このとき弱冠一四歳に過ぎなかったが、そのカリスマ性によって、中央集権的なオスマン支配になじまない、イランからアナトリア東部にかけてのトルコ系遊牧部族たちをひきつけた。その影響力は強く、アナトリア西部においても、サファヴィー朝にシンパシーを持つ者たちが、オスマン帝国に対して反乱を起こす。なかでも、南西アナトリアで勃発したシャー・クル（「シャーの奴隷」の意味）に率いられた反乱（一五一一年）は大規模であった。まず、バヤズィト二世の王子コルクトが鎮圧に赴いたが、敗退の憂き目に遭った。次いで王子アフメトが大宰相ハードゥム・アリ・パシャとともに攻撃し、大宰相が戦死するという苦戦のすえに鎮圧した。イスタンブルに五〇〇〇人のクズルバシュが潜伏しているとの噂も流れ、バヤズィト二世はその対応に振り回された。

バヤズィト二世の対策が後手に回ったのは、バヤズィト二世自身、晩年に神秘主義に傾倒し、サファヴィー教団との関係が深いハルヴェティー教団の導師に師事していたからだともいわれる。青年時代の放蕩を改悛し、長じてのちは信仰心厚い「聖者王《ヴェリー》」とも呼ばれたバヤズィト二世であったが、対サファヴィー朝政策にあたっては、その性格が裏目に出たといえよう。

王子たちの戦いとセリム一世の即位

バヤズィト二世には、いずれも奴隷を母とする八名の息子がいた。このうち成人して王位継承候補となったのは三名、上からアフメト、コルクト、そしてセリム（セリムの母については、ドゥルカドゥル侯国の王女だという説もある）である。

サファヴィー朝に対し煮え切らない対応に終始する父王に対し、強硬策を唱えたのが、アナトリアの黒海沿岸東方に位置するトラブゾンの太守を務めていた王子セリムであった。トラブゾンはサファヴィー朝の勢力範囲に近く、その圧力を肌に感じていた王子セリムは、侵入したサファヴィー軍を撃退し、また逆にサファヴィー領に襲撃を加えてもいる。しかし、戦果を挙げた王子を待っていたのは、事を荒立てたことに対する父王の譴責《けんせき》であった。セリムは父への不満から、任地を無断で離れるという強硬手段に訴え、息子スレイマン一世――のちのスレイマン一世――が太守として赴任していた黒海の対岸、クリミア半島のカッファに渡った。さらにセリムは、そこからバルカン半島に移動し、イスタンブル入城を試みる暴挙にでた。ただしこの時はバヤズィト二世が兵を差し向け、セリムをカッファに追い返している。

バヤズィト二世がもっとも寵愛していた王子アフメトは、セリムがイスタンブルに迫ったことを知り、押っ取り刀でイスタンブルへと向かった。しかし、ウスキュダル（イスタンブルのアジア側の地区）からボスフォラス海峡を渡らんとするアフメトを、海軍提督ボスタンジュバシュ・イスケンデル・パシャが遮った。彼は王子セリムの娘を娶っており、セリムの支持者だったのである。アフメトは結局、海峡を渡ることを断念し、任地へ引き返さざるをえなかった。このあと、アフメトとセリムが牽制し合う間隙を縫い、王子コルクトがイスタンブル入りを果たすも、彼はイェニチェリの支持を得ることができなかった。イェニチェリの最終的な支持は、武断派のセリムにあった。

もはやバヤズィトが玉座を維持できないことは、衆目の一致するところとなった。セリムは満を持してイスタンブルに入城して父王を退位させ、一五一二年、セリム一世として即位した。彼の生年には諸説あるが、即位時は四十代なかばだったと考えられる。セリムの勝利を決定づけたのは、イェニチェリの支持に加え、クリミア・ハン国やワラキア公国などの有力諸侯や、婚姻関係を結んだ有力政治家からの支援であった。

セリム即位後、先王バヤズィトは隠遁先へ赴くさいに急死している。おそらく毒殺であったと噂される。スルタンとなったセリムは、アフメトとコルクトを征討し、彼らとその男子をみな処刑して、のちの王位継承の禍根を断った。

3　冷酷王セリム一世

チャルディランの戦い

セリム一世は、八年というその短い治世のほとんどを戦場で過ごした。まずセリムは、王子時代からの仇敵、サファヴィー朝への遠征を企図した。

侵攻したオスマン軍に対して、シャー・イスマーイール一世は正面衝突を避ける戦略を採用した。砲兵を擁するため機動力に劣るオスマン軍を引き回し、消耗を誘ったのである。オスマン軍には厭戦気分が広がり、異教徒ではなく同じムスリムと戦うことについて、不平の声すら上がった。しかしついに、現在のトルコ・イラン国境付近に位置するヴァン湖近郊のチャルディランにおいて、両軍は激突した。一五一四年八月二三日のことである。

サファヴィー軍は弓騎兵八万からなっていた。それに対しオスマン軍は、鉄砲を持つイェニチェリ軍団約二万をふくむ一〇万からなり、それに加えて五〇〇門の大砲を擁していた。

戦いは、銃砲を巧みに用いたオスマン軍の勝利に終わった。サファヴィー朝を撃破したオスマン軍は、その勢いを駆り、イラン西部の中心都市タブリーズを占領するに至る。しかし厳しい寒さによって、オスマン軍は越冬のためにアマスィヤまで撤退せざるをえなかった。セリムは、このとき軍の不満をかわす目的で、大宰相に責任を課して処刑している。翌年、セリムはアナトリア南東部のクルド部族を懐柔して味方にしつつ、エルズィンジャンからディヤルバクルまでを支配下におさめることによって、サファヴィー朝の影響力をアナトリアから排除することに成功した。

自らを無謬《むびゅう》であると自負していたイスマーイールと、彼を熱狂的に支持していたクズルバシュたちにとって、この敗戦は衝撃であった。手痛い敗北を喫したイスマーイールは、対オスマン同盟を結ぶべく、ヴェネツィアやロードス島のヨハネ騎士団、ハンガリー、スペイン、ローマ教皇、あるいはインドに進出していたポルトガル提督アルブケルケと多方面に接触したが、どこからも色よい返事はなかった。イラン東方のウズベク族が、サファヴィー朝領土への侵攻を虎視眈々と窺っていることも、イスマーイールにとって不利な国際状況であった。チャルディランの敗北によってカリスマ性を失った彼は、以降、積極的な軍事的行動を控えるようになる。

オスマン版「タタールのくびき」の終焉

オスマン朝の最初の二〇〇年は、ある意味で、遊牧政権との戦いの歴史であった。オスマン朝は、自分たちもトルコ系遊牧集団の出身でありながら、早い段階で遊牧的性格を脱し、王権と軍事力を長期的に維持しうるシステムをつくりあげた。オスマン軍はヨーロッパにおいては無類の強さを誇ったが、遊牧政権に対しては、長きにわたって苦戦を強いられた。

モンゴル支配によってうけた抑圧を、ロシアでは「タタールのくびき」と呼ぶ。程度の差こそあれ、オスマン朝においてもモンゴルをはじめとした遊牧王朝の圧力は長く続いた。そのオスマン版「くびき」の歴史を振り返ってみると、直接対決こそなかったが、ルーム・セルジューク朝を支配下に置いていたイル・ハン朝の圧力はアナトリアの侯国にもおよび、オスマン侯国もイル・ハン朝に貢納していた。一四〇二年のアンカラの戦いにおける敗北はオスマン朝を滅亡させかねないものであり、それに続くティムールへの服属は、かつてのモンゴルに対するトラウマをえぐるものであった。ティムールの後継者ともいえる白羊朝のウズン・ハサンとの戦いに至って、ようやくオスマン帝国は遊牧王朝に勝利することができた。しかしウズン・ハサンは難敵であり、白羊朝との決戦は辛勝であった。

そして一五一四年のチャルディランの戦いにおいて、オスマン帝国は遊牧政権に対して圧倒的な勝利を収めたのであった。サファヴィー朝は、およそ一〇〇年後のアッバース一世（位一五八七～一六二九年）の改革――オスマン帝国のイェニチェリ軍団を模したグラーム軍団の創設――まで、オスマン軍との直接対決を避け続けるのである。

ここに、オスマン版「タタールのくびき」は終わった。

「イスラム世界の中心」への進撃

チャルディランの戦いに引き続き、セリム一世は、アナトリア南東部に最後に残された、二つの侯国に手を付けた。まずラマザン侯国を臣従させ、次いでドゥルカドゥル侯国を征服する。これにより、オスマン帝国はマムルーク朝と直接、国境を接することになった。

マムルーク朝は、アイユーブ朝に仕えるトルコ系軍人奴隷が主君に謀反し、一二五〇年にカイロを都として建国した国家である。面白いことに、オスマン帝国の史料では、この国家を「トルコ人の王朝」と呼ぶ。おなじくトルコ系の出自を持つオスマン帝国がトルコ人を自称しないのと対照的である。

マムルーク朝は、アッバース朝を滅ぼして勢いに乗るモンゴル軍を一二六〇年に撃退、亡命したアッバース朝カリフの子孫を保護した。イスラムの聖地メッカとメディナの庇護者ともなったマムルーク朝は、名実ともに、スンナ派イスラム世界の盟主といえる存在になったのである。一五世紀には黒死病の流行などで国力を大きく落としたが、一六世紀初頭のこの時代にあっても、イスラム世界でもっとも権勢を誇る王朝のひとつとして、なおも君臨していた。

セリム一世の次の敵は、このマムルーク朝であった。

セリムは、異端のサファヴィー朝に助力するマムルーク朝の征討は聖戦である、という法意見書《ファトワー》を――かなりの強弁といえたが――ムフティー（本書145頁）から得ることで、この遠征を正当化した。一五一六年、オスマン軍はふたたび東方へと出発し、シリア北部の中心都市アレッポに近いマルジュ・ダービークにおいて、マムルーク朝スルタンのカーンスーフ・ガウリー（位一五〇一～一六年）率いるマムルーク軍を打ち破り、ガウリーを敗死させた。マムルーク軍は数に勝っていたものの銃砲を配備していなかったため、戦いはオスマン軍の一方的な勝利に終わった。アレッポとダマスカスを征服したセリムは、引き続き南下し、このままエジプトを攻略することを決断する。

進撃するオスマン軍を、カイロ近郊のラダーニーヤにおいて迎え討ったのは、ガウリーに代わりスルタン位に就いたトゥーマンバーイ（位一五一六～一七年）であった。しかし、やはり銃砲を擁するオスマン軍には抗しえず、戦いはオスマン軍が制した。残存勢力の抵抗は激しかったが、セリムは二カ月をかけてこれを鎮圧し、ここにマムルーク朝は滅亡した。

スルタン＝カリフ制の伝説

マムルーク朝を征服したセリム一世は、エジプト支配を固めたあと、イスタンブルに帰還した。このとき、カイロの学者たちや膨大な書籍とともに、アッバース朝カリフの末裔も、イスタンブルに連れ帰っている。

このとき、アッバース朝カリフより、カリフの位がセリム一世へ禅譲《ぜんじょう》され、これによりオスマン帝国の君主はスルタン位とカリフ位を兼ねるようになった、との説がある。世にいう「スルタン＝カリフ制」の契機とされる出来事である。

しかし同時代史料は、カリフ位の禅譲について沈黙している。実のところこの説は、一八世紀後半、ロシアに対して劣勢に立ったオスマン帝国によってはじめて主張されるようになったものである（本書209頁）。セリム一世と当時のオスマン帝国の人々にとっては、イスラムの聖地メッカとメディナの庇護者が帯びる「両聖都のしもべ」という称号のほうが、よほど重要であった。

ただし、禅譲は一八世紀における「創られた伝統」であったとしても、オスマン帝国のスルタンが自らをカリフとする自己認識を持っていたのは確かである。これについては、後段で論ずることになろう（本書148頁）。

セリム１世
在位1512～20

冷酷王の死

セリム一世は、死後、帝国の人々によって「冷酷王《ヤヴズ》」の異名で畏怖されつつ想起された。その理由は、敵に対してはもちろん、臣下にも親族にも容赦しない、彼の峻烈な統治にある。

しかし彼は、むやみに処刑を繰り返した、血に飢えた暴君ではなかったことにも注意が必要である。彼が処刑した大宰相や高官の多くは、先王バヤズィト二世の女婿、あるいは先王の支持者だった。セリムによる一見して苛烈な粛清は、先王時代からの有力者たちを機を見て徐々に排除し、代わって自らの子飼いの臣下を高位に配して権力を固める、その政治的駆け引きの一環だったのである。

冷酷王セリムは、「当代のアレクサンドロス」とも呼ばれた。オスマン帝国のスルタンたちのなかで、一年を超える遠征をたびたび繰り返し、帝国の領土を大きく広げたセリムの軍事的才覚は、突出しているというほかはない。続くスレイマン一世の時代には、セリムの業績を称える『セリムの書』と呼ばれる作品が多数著された。これによってセリム一世は、オスマン帝国の全時代を通じ、帝国の人々にとってもっとも人気のある君主のひとりとなった。

二年一カ月におよぶエジプト遠征を終え、イスタンブルに帰還したセリムは、休む間もなく次の遠征の準備に取り掛かった。セリムの次なる目的は、サファヴィー朝あるいはロードス島であったといわれている。しかし彼は、黒死病によって一五二〇年に死去した。八年という短い治世であった。

残された男子はスレイマンひとりであった。ある西洋人が伝える史料は、セリム一世自ら、後継者争いの芽を摘むためにスレイマン以外の男子を処刑したと伝えているが、オスマン史料はこれについて沈黙している。

4　壮麗なる時代――スレイマン一世の半世紀

壮麗王にして立法王

スレイマン一世は、ふたつの異名をとる。

「壮麗王《マグニフィセント》」という呼び名は、西洋人によるものである。スレイマンが行った一三回におよぶ遠征の多くがヨーロッパを対象としており、とくにウィーン包囲は西洋の人々に鮮烈な印象と畏怖を残した。

一方、オスマン帝国の人々は、彼を「立法王《カーヌーニー》」と呼んだ。支配体制の確立とイスラム法の整備によって統治が帝国の隅々までいきわたったのが、スレイマンの治世だと見なされたからである。ただし、この異名の初出は一八世紀初頭で、その定着は後代のようである。

しばしば、オスマン帝国の「最盛期」は、スレイマン一世の時代だった、といわれる。しかし研究者のあいだでは、オスマン帝国がスレイマン時代を頂点としてその後衰退したという歴史観は、古いものとして退けられて久しい。オスマン帝国は以降の時代も発展を続け、次章で詳しく見るように、制度・経済・社会ともに、一八世紀に円熟期を迎えるからである。

とはいえ、スレイマンが一六世紀における世界史の主人公のひとりであり、彼の時代が魅力的なエピソードに満ち、「黄金時代」として後代に回顧されたことは間違いない。

王子時代

スレイマン一世の母が誰かについては、いくつかの説がある。セリム一世は王子時代にクリミア・ハンの王女アイシェを正妻として娶ったという伝承があり、アイシェがスレイマンの母だとする説が人口に膾炙している。しかし実際には、スレイマンの実母はハフサと呼ばれる女性で、彼女はこれまでの例にもれず、奴隷身分であったようだ。

スレイマンは、父王セリムの即位前より、カッファの太守を務め統治の経験を積んでいた。父王の即位後はマニサの太守を務めたが、セリムが東方へ遠征するさいにはエディルネに赴き、父王不在の間、ヨーロッパからの侵攻に備えた。

セリム一世が残した唯一の王子であったため、兄弟同士の王位継承争いを経験することなく、スレイマンは一五二〇年に二五歳で即位する。オスマン帝国スルタンのうちで最長の、四六年におよぶ壮麗王の治世が始まった。

「イブラヒムの時代」と「ヒュッレムの時代」

半世紀近いスレイマンの治世は、おおよそふたつの時代に分けられる。

前半は、自らの分身ともいえる寵臣イブラヒムを大宰相に抜擢して右腕とし、ヨーロッパへの聖戦を繰り返した時代である。スレイマンの壮大な親征のほとんどは、この時期に集中している。

後半は、先王セリム時代からスレイマン治世前半にかけて繰り返されていた遠征が控えられ、国内の安定と支配の確立に費やされた時代である。当時のシステム上の極限まで拡大した帝国を安定して支配するために、国家制度の整備が進められたこの時代、イブラヒムに代わってスレイマンのパートナーとなったのは、寵姫ヒュッレムであった。このふたつの時代にやや通俗的な名づけをすれば、「イブラヒムの時代」と「ヒュッレムの時代」とでもいえようか。

では、まず「イブラヒムの時代」におけるスレイマンの事績をたどってゆこう。

ベオグラードとロードス島の征服

即位してまもない一五二一年、スレイマン一世はベオグラードに親征し、二カ月の包囲のすえこれを陥落させた。ベオグラードは、ドナウ川とサヴァ川の交わるところに位置し、キリスト教世界にとっては、オスマン帝国の侵攻を幾度も食い止めてきた拠点であった。メフメト二世も征服かなわなかったこの要衝を即位後ほどなく獲得したことは、新王の脅威をヨーロッパに知らしめた。ベオグラードはこののち「聖戦の家」と呼ばれ、オスマン帝国による対ヨーロッパ遠征の橋頭保としての役割を担うことになる。

翌一五二二年には、ヨハネ騎士団の立てこもるロードス島を攻略する。ロードス島は、東地中海を航行するムスリム商船に対して私掠行為を繰り返していたヨハネ騎士団の本拠地であり、オスマン帝国にとって、いわば喉に刺さった小骨のような存在であった。ロードス島の守りは頑健であったが、五カ月の攻囲ののち、ヨハネ騎士団は島を引き渡すことに同意した。その後、根拠地を失った騎士団は流浪のすえ、一五三〇年にマルタ島に移住することになる。エジプトとイスタンブルをつなぐ航路に位置するロードス島の征服は、商業上重要な価値をもたらした。

こうしてスレイマンは、即位直後から大きな軍事的成果を挙げた。その一方で、父王セリムによって劇的に征服された旧マムルーク朝領のシリアとエジプトは、まだ支配が安定しておらず、スルタンの代替わりを狙って反乱が起きた。しかしスレイマンは、これらの反乱を首尾よく鎮圧することに成功している。

さて、ロードス島の征服成ったスレイマンが、イスタンブル帰還後に発した命令は、人々を驚かせた。寵臣イブラヒムを、大宰相に任命したのである。

寵臣イブラヒム

イブラヒムは、もともとイオニア海沿岸のヴェネツィア居留民の子であり、民族的な出自はセルビア系であったらしい。沿岸の島サンタ・マウラでオスマン海軍に捕らえられ、バヤズィト二世時代からの有力政治家であるボスニア総督イスケンデル・パシャの娘に与えられた。のちにイブラヒムはスレイマン王子に献呈され、彼の寵を得る。スレイマンの即位後しばらくは公式の役職にはつかなかったものの、スレイマンの近習として遠征に陪従していたようだ。

彼の大宰相任命は、異例の人事であった。イブラヒムは新王スレイマンの寵臣であるというだけで、政治的経験は皆無だったからである。たんに大宰相に抜擢したのみならず、スレイマンはイブラヒムに前例のない特権を与えた。まずスレイマンは、イスタンブルの中心部にあるヒッポドローム広場にイブラヒムのための豪壮な邸宅を建築させた。これは「イブラヒム・パシャ宮」と呼ばれ、現在ではトルコ・イスラム芸術博物館として利用されている。イブラヒムは、トプカプ宮殿ではなく、この自邸で御前会議を主催する権利を得た。また、本来はスルタンと彼に仕える小姓以外は出入りが禁じられているトプカプ宮殿の内廷に自由に入り、スレイマンと会見することもできた。

こうしたスレイマン一世によるイブラヒムの引き立ては、当時の人々による羨望と嫉視の対象となった。セリム一世時代からの功臣で、さきのロードス島征服に功のあった宰相アフメト・パシャは、自らを次の大宰相であると自任していた。イブラヒムの大宰相就任に憤激した彼は、エジプトで反乱を起こすが、鎮圧、処刑されている。

もちろんスレイマンは、たんにイブラヒムを寵愛しているからこのような人事を行ったわけではなかった。このイブラヒムの特進は、父王セリム時代からの旧臣たちに抗して、新王スレイマンが自らの権力基盤を固めるための挽回の一策であった――セリムが、処刑を繰り返すことによって父バヤズィト時代の旧臣たちを取り除いて権力を確立させたように。

イブラヒムの結婚

スレイマンは、さらにイブラヒムを中心とした党派を作り上げるために、次の一手を打った。イブラヒムの結婚である。

一五二四年、イブラヒムの結婚を祝う祝祭が、二週間にわたって盛大に執り行われた。多くの研究は、結婚相手をスレイマン一世の姉妹ハティージェとしているが、これは誤りである。史実としてイブラヒムと結婚したのは、イブラヒムの最初の主人イスケンデル・パシャの孫娘（あるいは娘）、ムフスィネであった。イスケンデル・パシャは、バヤズィト二世時代から有力政治家として地盤を固め、彼の親族は、三代にわたって帝国の中央と地方の高官に任命されていた。義父一族による後ろ盾は、イブラヒムの権勢、ひいてはスレイマンの権力基盤の確立に大きく寄与したと考えられる。

イブラヒムが築いた人脈は、国内にとどまらない。もともとヴェネツィア領出身でありイタリア語に堪能であったイブラヒムは、ヴェネツィア元首《ドージェ》の庶子アルヴィゼ・グリッティを親しい友としていた。一五二七年にイブラヒムと初めて会見したグリッティは、以降、スレイマンとイブラヒムのため、外交や商業にその手腕をいかんなく発揮するのである。

モハーチの戦い

スレイマンと、その分身たるイブラヒムは、スレイマン治世の前半を特徴づけるヨーロッパ遠征に乗り出す。

ベオグラードに次ぐ標的は、帝国の信仰戦士たちのなかで、聖戦の目的地として語り伝えられてきた「赤い林檎《クズル・エルマ》の国」、すなわちハンガリーであった。わずかな休息を挟んだ一五二六年、スレイマンは満を持してハンガリー遠征に乗り出した。総司令官は、むろんイブラヒムである。オスマン帝国の王族以外で、「総帥《セラスケル》」の称号を授かった者は、彼が最初である。彼はのちに「セラスケル・スルタン」とも称したが、この呼称は彼の増長であるとして、非難の的となったという。

オスマン帝国は、長年にわたり聖戦を食い止めていたハンガリーに手を焼いていたが、要衝ベオグラードを攻略したいま、侵攻の準備は整った。八月二六日、南ハンガリーのモハーチにて、オスマン帝国軍を迎え討ったのは、ハンガリーとボヘミアの王ラヨシュ二世である。二時間半の激戦のすえ、オスマン軍が勝利し、ラヨシュ二世は戦死した。余勢を駆ったオスマン軍はハンガリーの首都ブダを陥落させる。オスマン帝国は、直接ハンガリーを支配下に置くことはしなかったが、親オスマン派のトランシルヴァニア公サポヤイを通じた間接支配を試みた。

それに異を唱えたのが、ハプスブルク家のオーストリア大公フェルディナントであった。彼は、スペインを治めていた神聖ローマ帝国皇帝カール五世(位一五一九~五六年)の皇弟である。ラヨシュ二世の姉と結婚していたフェルディナントは、義弟の死によって、自らがハンガリー王たることを主張した。それに対してハプスブルク家支配を嫌うサポヤイとハンガリー貴族たちがオスマン帝国に支援を求めると、スレイマンは、ハンガリーのみならずウィーンをも射程に入れた大遠征軍をおこすことになる。

これが、オスマン帝国とハプスブルク帝国の、長きにわたる角逐の始まりだった。

ウィーン包囲

一五二九年五月、スレイマンは一五万といわれる大軍を親率《しんそつ》し、オーストリアの首都ウィーンに向けて進軍を開始した。国際状況は、スレイマンに味方していた。というのも、このとき皇帝カール五世は、宿敵であるフランス王フランソワ一世(位一五一五~四七年)と争っていたため、弟フェルディナントを援護することができなかったからである。

しかし、スレイマン率いるオスマン軍は悪天候に悩まされた。イスタンブルから四カ月の行軍を要したオスマン軍がウィーンに到達したのはようやく九月に入ってからであり、フェルディナントはすでにウィーンを脱出していた。時季《じき》を逃したオスマン軍は三週間ウィーンを包囲するが、補給が限界に達していたことを悟ったスレイマンは撤退の命令を下した。

ウィーンの征服こそ成らなかったが、ハンガリー王にはオスマン帝国が推すサポヤイが即位するはこびとなった。スレイマンは一五三二年、再びウィーンを目指すものの、今回はウィーンに至る前に途上で撤退する。しばらく小康状態が続いたのち、一五四〇年にサポヤイが死去するとフェルディナントとの戦いが再燃、その結果、オスマン帝国はハンガリー南部を直轄支配することになる。

一方、海でもハプスブルク家をはじめとした西洋諸国との戦いは行われていた。ロードス島を征服し、クレタ島とキプロス島を除いて東地中海をほぼ「オスマンの内海」としたスレイマンは、地中海の制海権をより確固たるものとすべく、「赤髭《バルバロッサ》」の異名をとる海賊ハイレッティンを海軍提督に任じた。エーゲ海出身の、本名をフズルというこの海賊は、アルジェリアを拠点とし、セリム一世の時代よりオスマン帝国の援助を受けて地中海一帯で活動していた。改めてスレイマンの後ろ盾を得たハイレッティンは、カール五世に仕える提督アンドレア・ドーリアと戦い、優勢に戦局を進めた。一五三八年、イオニア海沿岸で行われたプレヴェザの海戦にて、ハイレッティン艦隊はドーリア艦隊に完勝している。

スレイマン1世
在位1520～66

「世界の王」をめぐる戦い

この時期のスレイマンによって行われた飽くなき征服活動を支えたのは、自らが「世界の王」たる存在であるという強い自意識であった。それは、「天運の主《サーヒブ・キラーン》（直訳では「合《ごう》の持ち主」）」という称号に仮託して主張された。

「天運の主」とは、木星と金星が合わさるとき（「合」と呼ばれる）に誕生した人物のことを指し、特別な幸運の持ち主だとされる。当時のオスマン帝国には、世界征服者、すなわち、格上の存在をいっさい持たない、世界の王たる存在がこの称号を用いることができる、という観念があったようだ。当時のオスマン史家は、チンギス・ハンとティムールが天運の主であり、セリム一世も短命でなければこの称号を得たであろうと述べている。そしてもちろん、スレイマン一世はこの称号にふさわしい世界の王なのであった。

この「世界の王」もしくは「普遍君主」ともいえる理念は、終末に降臨し世界の秩序を正す救世主《マフディー》としての意識や、全ムスリムを導く指導者たるカリフとしての意識と混ざりあって発展したと考えられる。唯一の宗教のもと、唯一の支配者が統べる世界を実現するという理念は、この時代のスレイマンの政策を強く後押しした。セリム一世からスレイマン一世の時代にかけて試みられた、「オスマン大航海時代」と呼ばれるインド洋進出も、こうした意識の表れであったという。

そしてオスマン史家は、スレイマンが、フェルディナントやカール五世に対して激怒したことも伝えている。その理由は、彼らが「天運の主」を僭称したがゆえであった、と。もちろん、キリスト教文化圏に生きるフェルディナントやカールが、イスラム世界で用いられる天運の主という称号そのものを用いたわけではなかろう。しかし、ハプスブルク帝国の君主も、皇帝として、他の王より格上の存在であると自己規定していた。このことが、「世界の王」を自任するスレイマンにとって、僭越だと見なされたのである。

一五三〇年、ボローニャでカールが正式に皇帝戴冠の儀式を執り行ったことを、イブラヒムは強く意識していたようだ。一五三二年のウィーン再遠征において、イブラヒムはスレイマンのためにアレクサンドロス大王をイメージした冠を作らせ、かつ、ローマ風の凱旋門をしつらえさせて行軍した。イタリア美術史家である京谷啓徳によれば、ルネサンス期のヨーロッパでは、古典古代の風俗が再評価されるなか、王侯の入市式に凱旋門――しばしば、使い捨ての張りぼてであった――を用いるのが流行していたという。ヴェネツィアの有力者と親交の深かったイブラヒムは、スレイマンの威信を高めるために最新の流行を取り入れたパフォーマンスを行ったのである。

スレイマンとカールの戦いは、どちらが世界の王にふさわしいか、象徴をめぐっても戦われたのであった。

フランスとカピチュレーション

オスマン帝国のスルタンこそが全世界の最上位の君主であるという意識は、オスマン帝国から西洋諸国へ送られた外交文書の文言に如実に表れている。

この時代、スルタンが西洋の君主に宛てた親書では、帝国内の総督や太守への命令書と同じく、「以下のことを知れ」という文言が用いられた。また、書契においてオスマン帝国君主を示す「帝王」という語を、西洋の君主に用いることを原則として許さなかった。すなわち、この時期のスルタンは、西洋の君主たちを対等の存在として認めていなかったのである。

ただし、ハプスブルク家を共通の敵とするフランス王は対等な君主と認められ、親書でも「帝王」と呼びかけられた。これまで西洋諸国が、オスマン帝国に対抗するために白羊朝やサファヴィー朝と手を結ぶことはあったが、宗教を超えた合従連衡《がっしょうれんこう》を、今回はオスマン帝国が行ったのである。

オスマン帝国とフランスは、早くも一五二五年ごろには接近していたが、正式な使節のやり取りは一五三四年にはじまった。こうした関係をへて、オスマン政府は、オスマン領内における安全保障や交易の自由を定めた通商特権、いわゆるカピチュレーションを、一五六九年にフランスに与えている（続いて一五八〇年にはイギリス、一六一二年にはオランダに付与）。このカピチュレーションは、オスマン帝国の国威が盛んなこの時代では、友好のあかしとして下賜された単なる恩恵のひとつであった。しかし、一八世紀以降ヨーロッパ諸国の国力がオスマン帝国をしのぐようになると、カピチュレーションは列強との不平等条約に転化し、オスマン帝国の経済的従属をまねく足かせとなるのである。

ハプスブルク帝国との戦いが一応の終息を見たのち、スレイマンが次に目を向けたのは東方であった。

サファヴィー朝との抗争

そのころサファヴィー朝では、イスマーイール一世が一五二四年に死去し、そのあとを息子タフマースブ一世（位一五二四～七六年）が継いでいた。タフマースブは即位時わずか一〇歳であり、当初はサファヴィー朝内における部族間抗争に翻弄された。また、東方ではウズベク族でスンナ派を奉ずるシャイバーン朝がサファヴィー朝を脅かしていた。こうした混乱のなか、サファヴィー朝に仕えていたバグダードの城司《じょうし》がオスマン帝国に臣従を申し出ると、スレイマンはこれを機としてサファヴィー朝征討の師《し》を起こしたのである。

前年に一足早く、シリア北部の拠点アレッポに入り遠征の準備を整えていた大宰相イブラヒムを追う形で、一五三四年、スレイマンはイランへ向けて出発した。しかしタフマースブは直接対決を徹底的に避け、オスマン軍の補給切れを狙う作戦に出た。スレイマンはタブリーズを一時占領するものの、サファヴィー朝軍に痛手を与えるまでには至らなかった。スレイマンは、タフマースブを侮蔑する書簡を送り挑発するが、正面からの合戦では砲兵をもつオスマン軍に抗しえないことを知るタフマースブは挑発に乗らず、父王の二の舞を避けた。

この遠征によってオスマン帝国は、東アナトリアの支配を確立することができた。またサファヴィー朝との係争地のひとつであったバグダードを確保することに成功し、近郊にあるシーア派の聖地カルバラーとナジャフもオスマン帝国の支配下にはいった。バグダードでは、サファヴィー朝時代よりも税を軽減する法令が発布され、オスマン帝国支配の正当性が主張された。以降、バグダードとその周辺は、基本的にオスマン帝国に帰属することになる。

スレイマンは、このあとも二度サファヴィー朝に遠征しているが、やはりタフマースプは正面決戦を徹底して避けたため、大きな戦果はなかった。オスマン帝国とサファヴィー朝の抗争は、一五五五年に締結されたアマスィヤ条約で一応の終結をみた。両国の基本的な境界が定められたこの条約の骨子は、のちの条約にも受け継がれることになる。

イブラヒムの処刑

スレイマン一世がサファヴィー朝遠征から帰還してまもない一五三六年、オスマン帝国の人々は驚愕することになる。一三年ものあいだスレイマンの寵愛を一身に受け、位人臣《くらいじんしん》を極めた大宰相イブラヒムが、突然処刑されたのである。

なぜスレイマンがイブラヒムを処刑したのか、その理由は定かではない。スレイマンの寵愛を背景にしたイブラヒムのふるまいが、人々の非難と嫉視の原因となっていたことは確かである。一説には、イブラヒムと同じくスレイマンの寵愛を受けており、スレイマンの王位継承者をめぐってライバル関係にあった寵姫ヒュッレムの策謀と讒言があったともいう。イブラヒムは、スレイマンの第一夫人マヒデヴランの息子であるムスタファ王子の支持者であり、自らの息子の即位を望むヒュッレムにとって、イブラヒムと彼の党派は脅威だったからである。

イブラヒムは「寵愛されし者《マクブール》」のあだ名を持っていたが、処刑後は「殺されし者《マクトゥール》」と呼ばれるようになった。彼の亡骸は無銘の墓に葬られ、イブラヒム・パシャ宮の門を飾るブロンズ像は、群衆によって引き倒された。

ここに、スレイマン一世治世の前半、華やかな遠征と征服に彩られた「イブラヒムの時代」は幕を閉じた。ヴェネツィア人を友とし、ヨーロッパの芸術品や彫像を愛好したイブラヒムは、イタリアからルネサンス画家を招聘したメフメト二世を彷彿とさせる。イブラヒムの処刑は、オスマン朝の創成期から残存していた習合主義的性格――諸宗教の境目が混沌とし、融通無碍に他の文化圏の文物を取り入れる雰囲気――の終焉を象徴していた。また、スレイマンが抱いていたはずの「世界の王」たる自意識も、イブラヒムの死とともに、そして現実に征服活動が停滞するなかで、徐々に失われてゆくことになる。

寵姫ヒュッレム

イブラヒムに代わってスレイマンの寵を独占したのが、ウクライナ出身の奴隷ヒュッレムである。美しいというよりも、才気にあふれる女性であったと伝えられるヒュッレムは、第一夫人マヒデヴランを差し置き、スレイマンにもっとも愛される女性となった。

スレイマンによるヒュッレムの扱いは、異例といえば異例ずくめである。

ヒュッレム
（ティツィアーノ工房作）

スルタンと后妃たちの場であるハレムは、トプカプ宮殿にもおかれていたが、当初は旧宮殿を中心としていた。スルタンは妃たちに会うために、政務の場であるトプカプ宮殿から旧宮殿に通うのが常であった。しかしスレイマンは、ヒュッレムのためにトプカプ宮殿のハレムを増築し、ヒュッレムにここに住まうことを許したのである。こののち、トプカプ宮殿のハレムは現王の、旧宮殿は先王の妃が住まう場に分化するようになる。

一五三四年には、スレイマンは奴隷身分から解放した彼女と正式に結婚し、それを慶賀《けいが》する華燭《かしょく》の典《てん》を催した。かつてのスルタンたちは、ビザンツ帝国やセルビア、あるいはアナトリアのトルコ系侯国の王女としばしば正式な婚姻関係を結んでいた。しかし、帝国の拡大に伴って政略結婚の必要が失われるにつれ、そのような機会は減少していった。ましてや、奴隷と正式に結婚した事例は皆無である。スレイマンとヒュッレムの結婚は、その意味で異例であった。

また、ヒュッレムはスレイマンとの間に複数の王子を生し、長じた王子が太守に任命されたさいにも、イスタンブルに留まった。これも異例である。オスマン王家の慣習として、ひとりの妃はひとりの王子しか産まないこと、そして長じた王子が地方へ太守として赴任するときは、母もともに地方へと赴くというものがあったが、ヒュッレムはこの慣行をも破ったのだった。

オスマン帝国は、慣例《アーデト》を重んじる社会である。とくに「古の慣習」に従うということは、すなわちそれが適切なふるまいであることを示す。してみれば、異例ずくめのヒュッレムをめぐる出来事が、いかに当時のオスマン帝国の人々の不興を買ったかがよく理解されよう。スレイマンとヒュッレムの盛大な結婚の祝祭を記しているのはヨーロッパ史料のみで、オスマン史料は軒並みこの事実に触れていない。オスマン帝国の年代記作者たちの沈黙は、スレイマンが慣例を破ったことに対する、彼らの当惑を如実に示している。

ヒュッレムは、王女ミフリマーと、その婿でスレイマンの治世後半に長く大宰相を務めたリュステム・パシャと党派を形成し、国政にも大きな影響を与えた。リュステム・パシャは理財《りざい》にたけた人物であり、彼の没時、残した私財は帝国の年間収入を超えていたという。

スレイマンを嗣ぐ者たち

「ヒュッレムの時代」において、スレイマンは目立った親征を起こすことがなかった。むしろ、内政に力を入れた時代であったといえる。長いスレイマンの治世も後半を迎え、スレイマンその人にも老いの影が差すようになると、後継者問題が取りざたされ始めた。

スレイマンには、五人の王子がいた。このうち、最年長のムスタファのみ第一夫人マヒデヴランの子であり、有能で、軍や民衆の人気が高かった。

残りの四名がヒュッレムの子である。その四人は、メフメト、セリム、バヤズィト、そしてジハンギルという。このうち年長のメフメトは才気にあふれ、スレイマンの寵も厚かったが、一五四三年、天然痘で夭折した。有力な後継者であったメフメト王子の死去を機として、ムスタファの即位とスレイマンの隠遁を求め、イェニチェリ軍団は示威行動を行っている。

しかし一五五三年、ムスタファは突然処刑される。イラン遠征の途上、スレイマンからの召喚をうけたムスタファは、訝しむ側近たちが諫めたにもかかわらず父王のもとに馳せ参じ、そこで絞殺されたのであった。ムスタファは当時三十代後半であり、ムスタファの息子たちと側近たちもすべて処刑された。セリム一世が叛逆してバヤズィト二世を廃した前例を思い起こしたスレイマンが、有能で人気のあるムスタファの蜂起を恐れたのだと考えられる。

病弱だったジハンギルも、まもなく死去している。ジハンギルはこの腹違いの兄と親しくしており、突然の処刑に衝撃を受けての死だったともいう。

残ったのは、セリムとバヤズィトである。このうち、才気に勝るのはバヤズィトであった。有力なライバルであった兄たちが退場し、にわかに玉座が視野に入ったバヤズィトは、王位継承に向けて積極策にでる。一五五五年には、バルカンで「王子ムスタファ」を騙った人物による反乱が起きているが、これを裏で使嗾したのがバヤズィトであった。このころのスレイマンは痛風を病んで歩くことも困難であり、宗教色を強め、厭世的な雰囲気を身にまといつつあった。バヤズィトは、混乱を演出し、衰えの見え始めた父王の死を待つことなく玉座を奪おうとしたのであろう。しかし、この偽王子ムスタファの乱は、大きな紛擾《ふんじょう》を引き起こすことなく鎮圧される。陰の首謀者としてバヤズィトも処罰されるところであったが、ヒュッレムがとりなすことで免れた。

セリムとバヤズィトの争い

スレイマンと王子たちのあいだに入って破局を食い止めていたヒュッレムが一五五八年に亡くなると、スレイマン、セリムそしてバヤズィトをめぐる緊張関係は顕在化した。スレイマンは反乱を恐れ、息子たちを首都から遠ざける。すなわち、バヤズィトをキュタヒヤからアマスィヤへ、セリムをマニサからコンヤへと、より遠い任地の太守に転任させたのである。同時にスレイマンは、両王子のそばに腹心の高官——セリムに派遣されたのは、後述するソコッルであった——を任命している。これは、情報収集と王子たちのコントロールのためであったろう。しかし、スレイマンの意に反し、状況は緊迫の度を増す。アマスィヤは、父王に謀殺された王子ムスタファのかつての任地であり、スレイマンの施策に不満を持つ者たちが王子バヤズィトのもとに集い始めたのであった。

一五五九年、事態を重く見たスレイマンは、バヤズィトを誅することを決意し、もうひとりの息子セリムに正規軍の援助を与えた。両王子の戦いは、正規軍の兵権を得たセリムの勝利に終わる。バヤズィトはサファヴィー朝に亡命するも、最終的にはイランの地で処刑されることになる。引き渡された遺体は、王家の墓所のあるブルサやイスタンブルではなく、スィヴァス郊外に埋められた。

王子たちの争いは、老境に入ったスレイマンの衰えからくる失政であると見なす研究者もいる。しかし、見方を変えれば、在位中に後継者を確定させることで、自身の死後に起こりえた、より大きな混乱を未然に防いだという評価もできるだろう。

最期の親征

一五六四年、スレイマンの長年にわたるライバルであった、ハプスブルク家のフェルディナントが死去する。フェルディナントは、一五五六年にカール五世より譲位され（カールはまもなく一五五八年に死去する）、神聖ローマ帝国皇帝の地位に就いていた（位一五五六～六四年）。親征から遠ざかって久しい老境のスレイマンであったが、フェルディナントのあとを継いだマクシミリアン二世（位一五六四～七六年）がオスマン帝国への貢納を渋ったという理由で、一五六六年、久方ぶりの親征を行う。しかし南ハンガリーのシゲトヴァルを攻囲中の九月七日、スレイマンは死去した。七一歳であった。

スレイマンを補佐していた大宰相ソコッルは、壮麗王の死を伏せたままシゲトヴァルを攻略したのち、軍を返す。ソコッルより送られた密使から父王の死の知らせを受け、任地のキュタヒヤより急遽駆け付けた王子セリムが、四二歳で即位した。セリム二世である。

5　セリム二世と大宰相ソコッルの時代

大宰相ソコッル・メフメト・パシャ

セリム二世時代は、ある意味でスレイマン治世後半の継続といってよい。スレイマン治世末期から引き続き、大宰相ソコッル・メフメト・パシャとイスラム長老《シェイヒュルイスラム》エビュッスウード・エフェンディ（イスラム長老については、本書145頁）が、双璧となってセリムを補佐したからである。

名宰相としてオスマン史上に名高いソコッルは、ボスニアの小村で一五〇五年に生まれた。幼少時は修道院で教育を受けていたが、のちにデヴシルメで徴用される。スレイマンがしばしば冬を過ごしたエディルネの宮廷に入ると、君主の太刀持ちや毒見役など、エリートのキャリア・パターンを踏襲して順調な出世を遂げた。スレイマンの治世末期には海軍提督や総督を歴任、一五五二年にハンガリーの要衝テメシュヴァール（ティミショアラ）に遠征したさいには、乗馬が銃撃で倒れても乗り換えながら奮戦するという猛将の側面も見せた。スレイマンの王子たちの王位継承争いではセリムに味方し、セリムが唯一の継承者として勝ち残るのに重要な役割を演じた。セリムはこのとき、娘イスミハンをソコッルに娶せている。正教の聖職者であったソコッルの兄弟がセルビア管区の総主教に任命されたのは、ソコッルの引き立てがあってのことである。

一五六五年に大宰相に就任した彼は、スレイマンの最後の親征に従軍して彼の死をみとどけ、混乱を制御しつつセリムへの政権移行をなしとげる。以降、八年間のセリム二世の治世のあいだ、唯一の大宰相として辣腕を振るった。またソコッルは、高位高官の任命をほしいままにし、国際交易からも莫大な利益を得ていたという。

セリム２世
在位1566〜74

ソコッルは、スケールの大きな戦略眼を持つ政治家であった。セリム二世時代、ロシアとサファヴィー朝を牽制するためにヴォルガ川とドン川をつなぐ運河の、そして地中海と紅海の航路を確保するための運河の掘削を試み、オスマン帝国の地理的限界を南北で突破しようとしたのはその好例である。ソコッルの頭には、スレイマン一世が体現していた「世界の王」たる理念を継承するという意図があったかもしれない。しかし、地理的・技術的な困難によって、これらの試みの実現はならなかった。

セリム二世の治世

そのソコッルに補佐されたセリム二世は、のちに「酔漢王《サルホシュ》」ともあだ名される。政務をすべてソコッルに任せ、自身は享楽にふけり、オスマン史上初めて親征しなかった君主として知られる、もっとも人気のないスルタンのひとりであった。ただしこうした評価は、ややバランスを欠いているように思われる。セリム二世は、決してソコッルの操り人形ではなかったからである。

セリムの時代、ソコッルの政敵として、セリムの師父（王子の傅役《ふやく》係）を務めたララ・ムスタファ・パシャ、そしてソコッルやララ・ムスタファよりもひと世代若く有能なコジャ・スィナン・パシャが台頭していた。彼らは自身の影響力を増すべくセリムに政策を提言し、ソコッルの意に反して、セリムがそれを採用することもまま見られた。セリムは、自らの王位継承争いを助けた恩人にして女婿でもあるソコッルに臣下として最大の権力を与えながらも、彼以外の宰相たちにも信を与えることで彼の権力を制限し、臣下間の均衡をとっていたのである。

一五七〇年（ソコッルが企図したヴォルガ川とドン川間の運河掘削失敗の翌年）に行われたキプロス島遠征は、その好例である。ソコッルは遠征に反対したが、セリムはこれを是とし、司令官にララ・ムスタファ・パシャを任命した。キプロスは当時ヴェネツィアの支配下にあり、東地中海の安定した制海権を確保したいオスマン帝国にとってはぜひとも確保したい島であった。ヴェネツィアはヨーロッパ諸国への援助を求めるが、カール五世の庶子が率いるスペインやヴェネツィア、そしてローマの連合艦隊が出撃したのは、すでにオスマン帝国によるキプロスの征服が成ったあとの一五七一年であった。

キプロス救援の機を逸した連合艦隊は、ペロポネソス半島沿岸のレパントにおいてオスマン艦隊と激突、オスマン艦隊を壊滅的に敗北せしめた。このレパントの海戦の戦果は、オスマン帝国に対してキリスト教世界が収めた初の大勝利として、ヨーロッパにおいて大きく喧伝された。一兵士としてこの海戦に参加した、『ドン・キホーテ』の著者として知られる文豪セルバンテスは、銃創により左腕の自由を失ったにもかかわらず、この海戦への従軍を生涯の誇りとしたという。

こうしたキリスト教世界の熱狂に対して、しかし、戦略的な重要性からいえばキプロス征服のほうが圧倒的な重みをもっていた。翌年、オスマン艦隊はまたたく間に再建された（ただし、船員の確保には苦労したようである）。連合艦隊はレパントの勝利に乗じることができずに解散し、ヴェネツィアは貢納を支払うことを条件に、オスマン帝国と和平を結ぶことになる。

名匠ミマール・スィナン

キプロス征服でもたらされた莫大な戦利品は、名匠ミマール・スィナンがエディルネに建築するセリミエ・モスクのための資金となった。

スィナンはアナトリア中部のカイセリ出身で、デヴシルメで徴用されたのちイェニチェリ軍団に配属され、工兵として頭角を現した。一五三七年に宮廷建築家の長に任ぜられると、一五八八年に没するまで三代のスルタンに仕え、総計四〇〇ともいわれるモスクやイスラム学院、水道、橋などの建設に携わった。スレイマン治世末期の一五五七年には、スレイマンの命により、スィナンの代表作のひとつスレイマニエ・モスクをイスタンブルの丘に完成させている。

セリミエ・モスクはスィナン晩年の作品であり、最高傑作とも名高い。ヨーロッパへの聖戦に赴く信仰戦士たちを見守る古都エディルネに聳え立ち、アヤ・ソフィア・モスクに匹敵する巨大なドームを擁するこのモスクは、セリム二世の威信を大いに高めた。

イスラム的統治の発展――イルミエ制度

ソコッルと同じくスレイマン一世とセリム二世に仕え、オスマン帝国を正統的なスンナ派イスラム帝国として発展させるべく尽力したのが、イスラム長老エビュッスウード・エフェンディである。イスラム長老とは、オスマン帝国最高位のムフティー――政治や生活などさまざまな問題について、イスラム法にのっとった法意見書《ファトワー》を出す権限を持つウラマー――のことである。この位は一五世紀前半、ムラト二世の時代に創設され、一六世紀を通じて、オスマン帝国における宗教的権威の最高階位としてその重要性を徐々に増していった。このエビュッスウードの主導のもと、一六世紀後半のオスマン帝国では、イルミエ制度やイスラム法が整備された。

イルミエ制度とは、オスマン帝国に独特な、ウラマーの位階システムである。

イスラム世界の歴史上、ウラマーは国家権力からの独立性が強い存在であった。ウラマーたちは国家の枠を超えて移動・交流し、場合によっては、圧政を行う支配者に対抗する地方住民の指導者となることすらあった。

これに対し、歴代ムスリム諸王朝に比してはるかに中央集権化が進んでいたオスマン帝国に

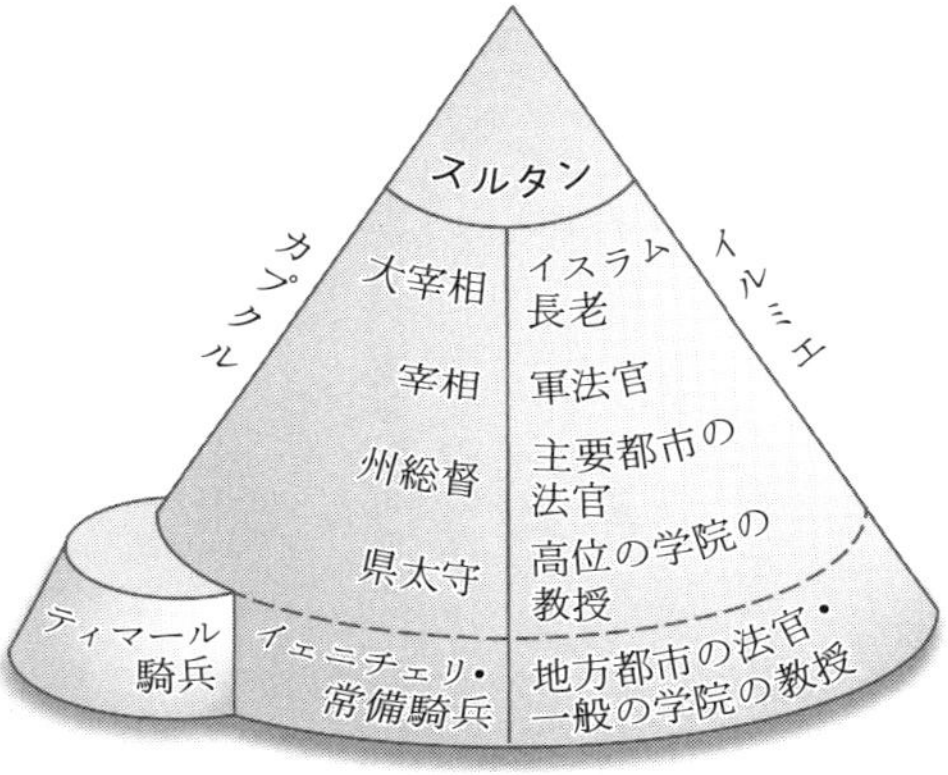

集権的帝国の時代におけるヒエラルキー（概念図）
この時代、スルタンを頂点としたヒエラルキー型の権力構造が完成した。図はその理念上のピラミッドを示す。臣下集団はカプクルとイルミエ（ウラマー層）に別れ、それぞれが整然とした序列と階層構造を有していた

おいては、ウラマーはより高度に組織化されて支配体制に組み込まれ、国家の教育・司法・民政を担う官僚として位置づけなおされた。

イルミエ制度においては、イスラム長老を頂点として、以下、バルカンを管轄する軍法官、アナトリアを管轄する軍法官、主要都市のイスラム法官、イスタンブルの主要なモスク付属のイスラム学院教授がピラミッド状のヒエラルキーをなしていた。こちらがエリート・コースであり、エリート・コースから外れたウラマーは、地方都市のイスラム法官や一般のモスクのイスラム学院教授などを務めた。

イスラム学院を卒業し任官資格を得たウラマーは、このピラミッドを、試験や有力者とのコネクションを通じて昇ることを目指したのである。

「柔らかいイスラム法」の発展

こうして、ウラマーを支配体制に組み込んだオスマン帝国では、イスラム法の運用についても発展を遂げる。ここでも、やはりエビュッスウードの尽力が大きかったといわれる。

オスマン帝国においても、もちろんイスラム法は施行されていた。その一方で、その時々の必要に応じてスルタンが命じた布告や、新たな地域を征服したさいに尊重された在地の慣習法などが、カーヌーンと呼ばれて運用されており、場合によっては、イスラム法とカーヌーンの定める内容が矛盾することもあった。しかし、帝国が辺境国家の域を脱し、正統的なスンナ派イスラム帝国として自己形成を遂げてゆくに並行して、ふたつの法のあいだの矛盾を解決する必要に迫られてゆく。

こうした要求にこたえるべく、帝国内に一元的な法の統治を実現させるプロジェクトを担ったのが、エビュッスウードだったのである。彼は、スンナ派の四大法学派（ハナフィー学派、マーリク学派、シャーフィイー学派、ハンバル学派）のひとつであるハナフィー学派——四つのなかでもっとも柔軟であり、オスマン帝国において公式学派として採用されていた——の法理論に基づきつつも、それまで帝国各地で運用されてきたカーヌーンを、イスラム法のもとに統合しようと試みた。帝国の慣習を可能な限り損なわないように進められたこのプロジェクトは、ときにイスラム法の大胆な読み替えすら行った。

その代表例が、現金ワクフの合法化である。

オスマン帝国では慣習的に、宗教寄進制度であるワクフの枠組みを用いて、実質的な金融制度が営まれてきた。これが現金ワクフである。よく知られているように、イスラムの聖典クルアーンは利子を固く禁じている。本来のイスラム法にのっとれば、現金ワクフは違法行為と見なされても仕方ないものであった。しかし、現金ワクフ制度はオスマン帝国の慣習に深く根付き、社会経済に重要な役割を果たしており、その廃止は現実的ではなかった。

現実とイスラム的理念との矛盾を解決する必要に迫られたエビュッスウードは、慣習にもとづいて、現金ワクフを合法化する判断を下した。クルアーンの文言よりも現実を優先させるのが、オスマン帝国における「イスラム」なのであった。もちろん、合法化に反対したウラマーも存在したが、結局は現実的な運用が受け入れられてゆく。

このようにオスマン帝国において運用されるイスラム法は、大河原知樹が評すように、いわば「柔らかいイスラム法」と呼びうるものであった。

カリフとしてのスルタン

スレイマン一世後半から続くイスラム的制度や理念の発展は、ムスリムの指導者たるカリフ認識にもおよんだ。

オスマン帝国のスルタンは、はやくも一五世紀前半のムラト二世の時代から、銘文や碑文でカリフの称号を用いていた。研究者ヒュセイン・ユルマズによれば、この時代のオスマン帝国の文人や思想家たちは、イブン・アラビーやスフラワルディーなど高名な中世イスラム思想家の影響を受けつつ、独自の神秘主義的カリフ論を徐々に練り上げ、それをオスマン帝国のスルタンに重ね合わせていたという。オスマン帝国のスルタンは、「世界の終わりまで続くカリフ位の封印」とすら呼ばれた。イスラムの預言者ムハンマドは「預言者の封印」と呼ばれており、これになぞらえての文句である。その意味で、オスマン帝国の君主はまぎれもなくカリフであると、自他ともに認識されていたのであった。

しかし、スンナ派法理論上のカリフには、誰でも就任できるわけではない。イスラム世界では、カリフ就任の諸条件について、ウラマーたちが議論を繰り広げ、一定の合意がすでに形成されていた。そのなかでもっとも重要視されるものが、血統である。すなわち、預言者ムハンマドが属するクライシュ族の出身でなくては、カリフとして認められないという条件が存在したのである。これまでカリフに就任した正統カリフたちやウマイヤ家、そしてアッバース家はいずれもクライシュ族であった。

オスマン帝国君主は、もちろんクライシュ族ではない。オスマン王家は、ムラト二世の時代に行った系譜操作によって、トルコ系オグズ族カユ氏族という、トルコ系としては由緒ある血筋を周知させることに成功していた。しかし、さすがにオスマン王家の出自をアラブのクライシュ族とすることは、いかなる系譜操作をもってしても――そうした試みがないわけではなかったが――世論に受け入れられなかったのである。

だが一六世紀以後、イスラム世界の中核たるアラブ地域の統合が進むなかで、オスマン帝国の知識人たちは、「法学的に正しく」オスマン帝国スルタンがカリフであることを擁護する必要に迫られた。そのひとりが、スレイマン一世の治世後期に大宰相を務めたこともある、当代一流の文人リュトフィー・パシャである。リュトフィーは、公正で優れた君主であれば、クライシュ族出身でなくともカリフに就任できるという小論を著し、論陣を張った。また、イスラム長老エビュッスウードは、法理論の内実に立ち入ることなく、既成事実として、スルタンがカリフであるという前提のもとに法の運用実績を積み重ねていった。

彼らの尽力の結果であろうか、オスマン帝国スルタンがカリフであるという認識は、以降のオスマン帝国治下の人々に広く受け入れられるようになる。

「黄金時代」の終わり

一五七四年、セリム二世が地中海に派遣した遠征軍は、前年にスペインに占領されていたチュニスを奪い返すことに成功した。セリムは、そのままスペインへ遠征することを企図していたという。これも、「世界の王」を自任したスレイマン一世時代の残照といえようか。しかしセリムは遠征を実現させることなく、チュニス攻略の直後、病を得て死去する。直接の死因は、浴場で転倒した怪我であるとも、羊の腸詰めの食べ過ぎであったともいわれるが、予期せざる死であったことは間違いない。

スレイマン一世までのオスマン帝国は、確かに英雄たちの時代であった。セリム二世は、いくら彼が「酔漢王」と後代の歴史家たちに嘲弄されようと、まぎれもなく父スレイマンの威光を帯びていたし、彼の時代は「後期スレイマン体制」の完成期だったとすらいえる。そのセリム二世の死によって、オスマン帝国のひとつの時代が終わったのである。

第三章

組織と党派のなかのスルタン

分権的帝国の時代：1574年―1808年

チューリップ時代の祝祭
オスマン帝国の美術史上に名高い細密画家レヴニーによる『祝祭の書』より。アフメト三世の王子たちの割礼を祝い、イスタンブルで開催された祝祭の様子を描いている。「チューリップ時代」において爛熟した都市文化の姿を生き生きと伝える（レヴニー作、トプカプ宮殿博物館蔵）
Semra Germaner, Zeynep İnankur. *Oryantalistlerin İstanbulu*. Istanbul, 2002.

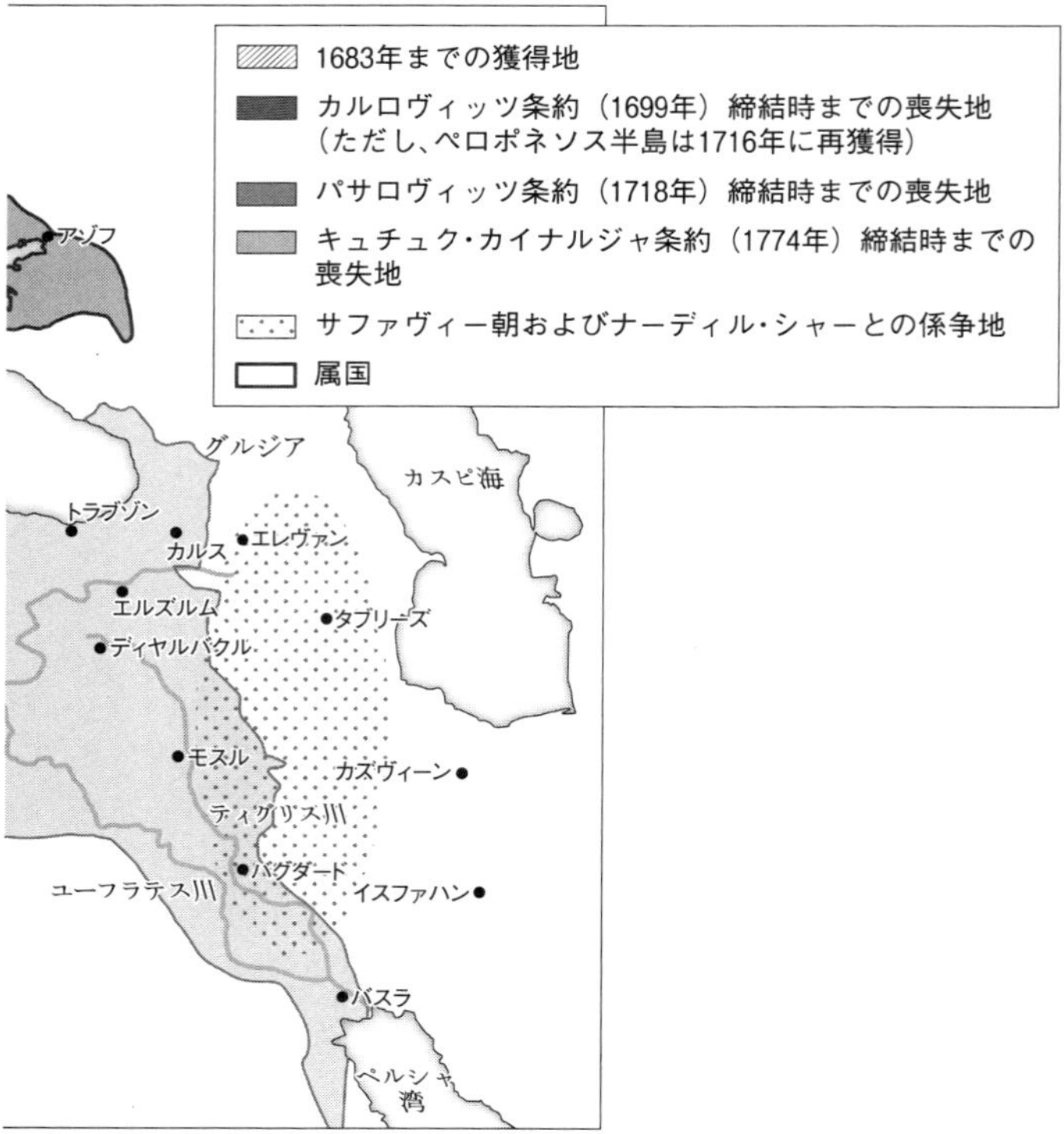

1683年までの獲得地
カルロヴィッツ条約（1699年）締結時までの喪失地
（ただし、ペロポネソス半島は1716年に再獲得）
パサロヴィッツ条約（1718年）締結時までの喪失地
キュチュク・カイナルジャ条約（1774年）締結時までの喪失地
サファヴィー朝およびナーディル・シャーとの係争地
属国
アゾフ
グルジア
カスピ海
トラブゾン
カルス
エレヴァン
エルズルム
タブリーズ
ディヤルバクル
モスル
カズヴィーン
ティグリス川
バグダード
ユーフラテス川
イスファハン
バスラ
ペルシャ湾

17世紀から18世紀までのオスマン帝国

出典：『岩波 イスラーム辞典』ただし、大幅な加筆修正を加えている

1　新時代の幕開け――分権化の進展

ムラト三世の即位

最年長の王子ムラトは、父王セリム二世の突然の死の知らせを、任地のマニサで受け取った。このときムラトは二八歳であった。五人の弟たちはみな幼く、まだ太守として任命されるにまで至っていなかったため、ムラトは実質的に唯一の王位継承者と見なされていた。エビュッスウード門下であるサーデッティン――のちにイスラム長老《シェイヒュルイスラム》としてムラトのブレーンを務め、歴史家としても高名を博す――を師父とし、帝国の王子にふさわしい教育を受けていたという。

大宰相ソコッルから送られた知らせには、マルマラ海岸のムダンヤ港で王子を迎える船が用意されているとのことだったが、駆け付けたムラトを待つ船はなかった。やむなく自ら手配した船でイスタンブルに向かうムラトは、酷い嵐に悩まされつつもトプカプ宮殿にたどり着く。しかしここでも連絡の不行き届きか、トプカプ宮殿の門衛は彼の入城を拒絶した。トプカプ宮殿にいる幼い兄弟の誰かがすでに即位している可能性が、ムラトの頭をよぎったであろう。その場合、兄弟殺しの慣習によって、ムラトを待つのは死である。ようやくムラトを出迎えたソコッルに、ムラトは接吻せんばかりであったという。

忠誠の誓い《バイア》（ムスリム諸王朝の伝統で、臣下が新王への臣従を誓う儀式）、帯剣式、先代スルタンたちの墓廟への参詣、そして五人の弟の処刑など、スルタン即位のための一連の儀礼と慣行はつつがなく執り行われ、ここにムラト三世の治世が始まることとなった。

ソコッル時代の終焉

ムラト即位後も、大宰相を務め政務をつかさどっていたのはソコッルであった。しかし若い新王にとって、彼の権勢は邪魔なものであり、ソコッルは冷遇された。ムラトは、ソコッルの反対を押し切り、当時君主が暗殺され混乱していたサファヴィー朝への遠征を決定した。司令官を務めたのは、セリム二世の時代から重用されていたララ・ムスタファ・パシャやコジャ・スィナン・パシャたちである。遠征が一定の成果を挙げつつあった一五七九年、ソコッルが暗殺される。ティマール地を削減されたことを恨みに持った人物が、上奏のさいに隠し持った短剣でソコッルを刺殺したのである。表面的には個人的な怨恨による暗殺であったが、裏にムラト三世の思惑があったとの見解もある。

ソコッルの死後、ムラトはソコッルのような強大な権力を持つ大宰相の存在を望まなかった。ムラトの時代には、じつに一〇回以上、大宰相が交代する。短期間ながら、大宰相を任命しな

ムラト３世
在位1574〜95

い時期すらあったが、これはオスマン帝国史上異例のことである。くわえてムラトは、自分を中心とした宮廷の権力を確固とするための政策を打ち出す。この時期に、ハレムを統括する黒人宦官長職が創設されたこと、ムラトの母ヌールバーヌーが「母后《ヴァリデ》」の称号を得たことは、宮廷をひとつの強固な党派として固める役割を果たした。

スルタンと王朝の権威を高めるため、バヤズィト二世時代をしのぐ多数の歴史書が編纂されたのも彼の時代であり、ある研究者は、これを「歴史叙述の爆発的な発展」と評している。ムラト三世の王子メフメトの割礼は大きく祝われ、有名な『祝祭の書』が書かれた。この書は、職人や都市民たちが参加した祝祭を描く細密画を多数含み、当時のイスタンブルの人々の姿を生き生きと伝えている。

集権化と分権化

こうした政策が、ムラト自身のイニシアティヴによるものだったかについては見解が分かれる。古典的な見解では、宮廷勢力の強化は、母后や宦官がスルタンを操り人形にし、国政を壟《ろう》断《だん》した結果だとされる。それに対して、近年提示されているもうひとつの見解は、スレイマン一世末期から続いてきた、オスマン王権の緩やかな変化に対するリアクションと見なすものである。

すなわち、スレイマン治世末期より、君主の忠実なしもべであったカプクルたち（その筆頭は、君主の絶対的代理人たる大宰相である）が大きな権力を握り、リュステムやソコッルのように長期政権を担う事例が現れた。帝国が拡大し、帝国を運営するためのシステムが複雑化すると、それを担う者たちの実権が増すのは道理であろう。結果として、絶対的専制君主として君臨してきたスルタンの大権が制限されつつあった。

そうしたなか、ムラトの一連の施策は、権力を君主の手に取り戻すことを目的としていると解釈できる。彼による再集権化の試みは、一時的に成果を挙げたと考えられる。しかし、大きな歴史的潮流として、スルタン以外のアクターの台頭と権力の分権化は避けられない事態であった。集権化と分権化の緊張が極度に高まり、頂点に達するのが、のちにみるオスマン二世の時代である。

ムラト三世の治世以降、帝国の主導権をめぐって、大宰相をはじめとした有力政治家たち、宮廷に住まう母后・后妃・宦官長たち、イスラム長老を筆頭とする高位ウラマーなど、さまざまなアクターが合従連衡を繰り返しつつ、党派を形成して帝国を運営してゆくことになる。君主はそのうち最大のアクターであり、党派の核となりうる存在ではあったが、それとて、かつてのような絶対的な力を持つことはなくなってゆくのである。

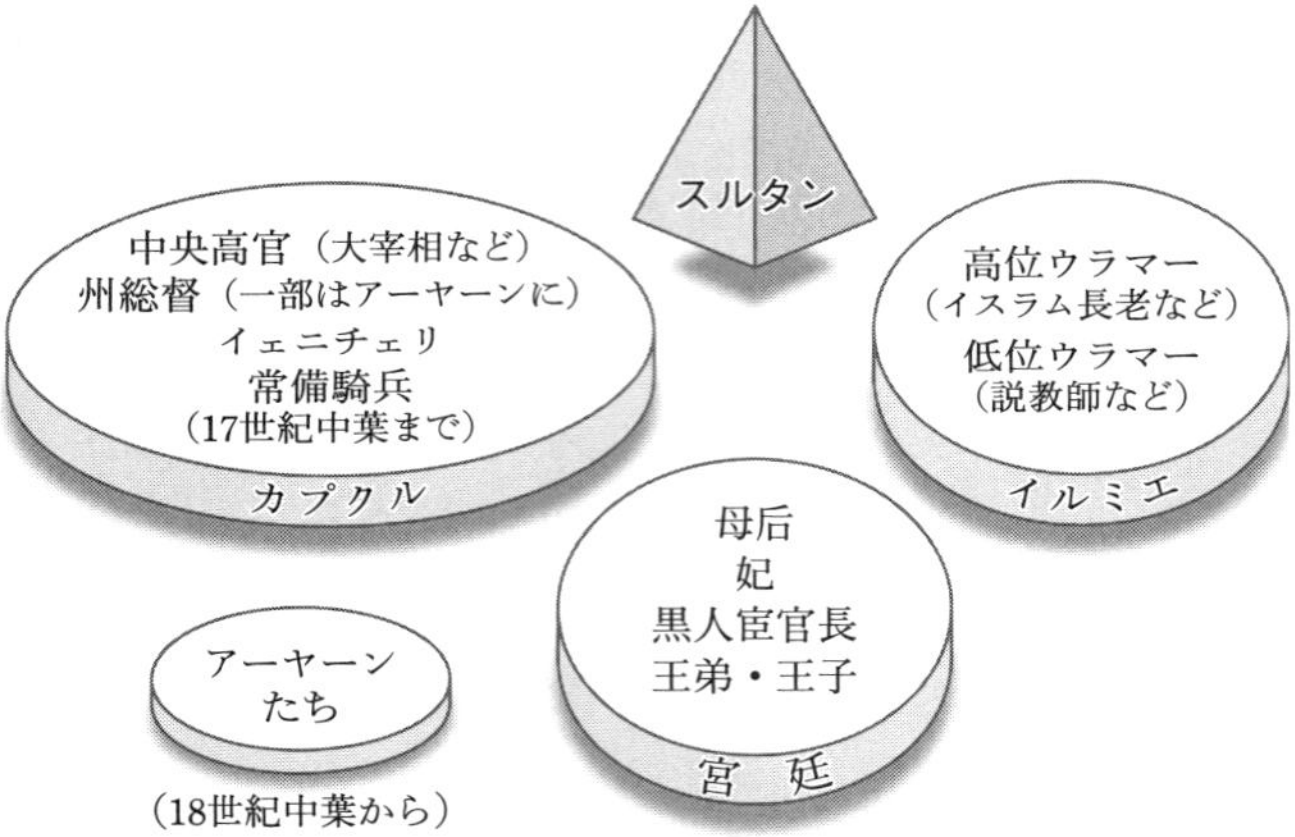

分権的帝国の時代におけるアクターたち（概念図）　スルタンは君主として権威を持つが、政権の運営は、イスタンブルのさまざまなアクターたちが形成する党派によって行われた。17世紀中葉には常備騎兵が主要アクターから脱落。18世紀後半からは、徐々に地方のアーヤーンが政権にかかわり始めた

ハプスブルク帝国との「長期戦争」

イラン遠征は、ソコッルの暗殺という幕間を挟みながら、和平が結ばれる一五九〇年まで一二年間続いた。この和平では、タブリーズがオスマン領とされるなど大きな成果があったものの、このときに獲得した地域は、ほどなくしてサファヴィー朝に奪い返されることになる。

西方では、一五九三年より、ハプスブルク帝国との一三年に及ぶ通称「長期戦争」の戦端が開かれる。ボスニア総督の独断専行より始まったとも、中央政府の意向があったともいわれるが、発端はどうあれ、これほどまでに長い戦いが続くとは誰も予想していなかったであろう。

長期化の理由のひとつとして、ヨーロッパにおける築城技術の発展が、オスマン

軍のかつてのような進撃を防いだことが指摘されている。この一進一退の戦いは、ムラトの二代後、アフメト一世の時代まで続く。

東西での長い戦いのあいだ、ムラト自らが親征することはなかった。スレイマン一世の治世後半からセリム二世の時代にかけ、親征はほとんど行われていなかったから、これは驚くにあたるまい。

ムラトは当初、愛妾サフィエのみを伴侶としていたが、のちに多数の奴隷をハレムに抱えた。一五九五年にムラトが病死したさいには、四九名の子が残されていたという。

ティマール制の解体と徴税請負制の導入

このころ、オスマン帝国の地方支配と財政構造を大きく変容させる事態が進行していた。ティマール制から徴税請負制への転換である。

イェニチェリと並んでオスマン軍を支えてきたティマール騎兵であったが、火砲をはじめとする軍事技術の発展は、騎兵の役割を縮小させていた。一六世紀末ごろより、オスマン政府は時代遅れになりつつあるティマール騎兵に代わってイェニチェリを増員し、さらに銃で武装した非正規兵を雇い入れるなどして軍事技術の転換に対応した。レヴェントやセクバンと呼ばれる非正規兵は、いわば傭兵ともいえる集団である。彼らは没落したティマール騎兵や、農地を失って流民化した農民などによって構成され、戦時は給金を支払われて軍務に就き、戦争が終わると解雇される流動性の高い存在であった。解雇された彼らは夜盗や匪賊になりかねない存在であり、後述するジェラーリー反乱にしばしば加わったが、オスマン軍が彼らに依存する割合は増していった。

イェニチェリや非正規兵は給与によって雇われていたから、政府は現金収入を確保する必要に迫られた。そのため、一七世紀以降、オスマン政府はティマール制の解体を進め、代わって徴税請負制と呼ばれる制度を導入していった。この制度においては、徴税請負人（有力政治家や軍人などが請け負った）は、特定の地域における徴税権を政府から買い取ったのち、任地で徴税して一定の額を政府に納めた。政府に上納する分以外の収入は、徴税請負人の利益とすることができた。

ティマール制においては、ティマール地の収入はティマール騎兵のものとなり、政府の現金収入は発生しなかった。これまで、政府の現金収入は、王領地として定められた土地の税収や鉱山収入などに限られていたから、ティマール制から徴税請負制へ転換することで、政府は現金を得るための財源を大規模に確保することができたのである。

徴税請負制は一七世紀を通じて徐々に拡大し、オスマン帝国の税収の大きな部分を占めるようになる。一方で、規定の金額を国庫に納めた以上の収入は徴税請負人の利益になるため、しばしば過度の収奪が行われるという問題も生じた。

こうした変化は、地方の不安定化も招いた。このころからアナトリアでは、「ジェラーリー反乱」と総称される騒乱が頻々と起こるようになった。その指導者も目的もさまざまであったが、共通していたのは、反乱への参加者が、没落農民、徴税請負制への転換によってティマール地を奪われた元ティマール騎兵、断続的な戦争で不安定な立場にあった非正規兵など、当時の社会変動の影響を受けた人々だったことである。ヨーロッパにおいて「一七世紀の危機」をもたらしたとして知られるこの時代の寒冷化（小氷期）も、アナトリアの農村に打撃を与え、農民の逃散をまねいたと思われる。ジェラーリー反乱は、一七世紀なかばまで半世紀にわたって断続的に発生し、オスマン政府を悩ませることになる。

メフメト三世の治世

最年長の王子であるメフメトは、二八歳でメフメト三世として即位した。父の訃報を任地のマニサで受け、駆け付けた彼のイスタンブル入城と即位は、大過なく行われた。兄弟殺しについて何も知らぬ弟たちは、メフメト三世には、一九人の幼い弟たちがいた。兄弟殺しについて何も知らぬ弟たちは、メフメトの即位にあたって祝辞を述べたが、彼らの運命を知るメフメトは悲しみで顔を背けてそれを受けたという。兄弟殺しの犠牲となった一九人の幼い王子たちの葬列は、イスタンブルの人々を大いに嘆かせた。

メフメト３世
在位1595～1603

先王から続くハプスブルク帝国との長期戦争において、メフメトはハンガリーのエーリに親征してこれを征服するなど、ムラト三世よりも積極的な君主であることを内外に示した。一方、メフメトは国内において、オスマン帝国の歴史上新しい困難に直面した――以降、たびたび繰り返されるようになる首都イスタンブルでの騒擾《そうじょう》である。一七世紀初頭に起こったこの騒擾では、大宰相とイスラム長老が対立、前者はイェニチェリ、後者は常備騎兵とつながることで、両集団の争いが暴力を伴う抗争へと激化した。最終的には沈静化されるものの、このとき常備騎兵軍団によって、君主の廃位が仄めかされている。

この事件は、王位継承に大きな影響をおよぼした。動揺したメフメト三世は、一六〇三年、混乱の背後に長子マフムトがいると疑い、彼とその母、そして彼の使用人たちを処刑したのである。同年にメフメト三世が病を得て三七歳で死去したとき、残された王子は、まだ一三歳のアフメトと、アフメトより数歳年少のムスタファ、このふたりだけであった。

2 王位継承と王権の変容

アフメト一世の即位と「兄弟殺し」の終焉

即位したのは、兄アフメトである。彼、アフメト一世は、これまでの歴代スルタンのなかで、メフメト二世の一度目の即位に次いでもっとも若くして即位したスルタンとなった。また、初めて地方の太守を経験せずに即位したスルタンでもある。アフメト一世の幼すぎる即位は、メフメト三世が長子マフムトを処刑したことと、メフメト三世自身が若くして急死したことに由来する、不測の事態だった。

アフメト一世が即位したとき、その弟ムスタファは、兄弟殺しの慣行に従って処刑されるはずであった。しかし、新スルタンにまだ子がいなかったことを考慮してか、高官たちは――年齢的に、アフメト一世自身の意向ではないだろう――ムスタファを処刑しないことを決断したのである。メフメト三世即位時、一九人の王子の処刑が人々の悲嘆をまねいたことも、兄弟殺しが避けられた一因だった。イスタンブルの世論は、徐々に政治家たちが無視しえない要素となっていたのである。アフメト一世が即位して翌年にはふたりの王子が生まれるが、「用済み」となったムスタファが改めて処刑されることはなかった。おそらくは、ムスタファが精神的な問題を抱えていたために見逃されたと考えられる。

この先例は、以降のオスマン王家の王位継承システムに大きな変化をもたらした。すなわち、「兄弟殺し」の慣行の廃止である。以降、兄弟殺しが完全に行われなくなったわけではないが、スルタンの即位直後にオートマチックに実行されることはなくなった。スルタンが、即位後に機会を捉えて兄弟を処刑しようとした際にも、これに異を唱える人々が存在した。イスラム長老を筆頭とする高位ウラマー層（もちろん、彼らはつねに一枚岩なわけではない）は、しばしば兄弟殺しに反対するグループの中心をなした。イスラム法《シャリーア》に照らし、兄弟殺しは脱法行為であったことも、それに影響したであろう。

殺されなかった現スルタンの兄弟は、宮殿の奥深くに隔離され、そこで外界との接触を断って育てられた。これを、「鳥籠《カフェス》」制度と呼ぶ。とはいえ、現スルタンの方針によっては一定の自由が与えられる場合もあり、王位継承候補と目される王子には十分な教育が与えられていた。ただし、際限なく男子の王族が増えることを防ぐために、鳥籠の王子が子を生すことは慎重に避けられていた。これが許されるようになるのは、いくつかの例外を除くと、一九世紀後半のスルタン、アブデュルアズィズの時代である。

兄弟殺しの廃止以降、現スルタンが死去あるいは退位したさいは、現存する王族のうち、最年長の者がスルタン位を継ぐことが慣行となった。現スルタンと同世代である王族がイスタンブルに存在することは、つねに君主の「控え」が存在することを意味した——すなわち、反乱者による君主の廃立を容易にした。これは、一七世紀以降の帝国における党派抗争にとって、大きな意味を持つことになる。

「兄弟殺し」制度が、王位継承のメイン・プレーヤーを制限するためのものであったのに対し、「鳥籠」制度は、イスタンブルにおける諸党派の形成や対立関係に、多様なオプションを与える役割を果たしたといえよう。

一六〇三年にアフメト一世が即位したとき、帝国は東西で戦争を継続中であった。しかしハプスブルク帝国との長期戦争は、一六〇六年、ジトヴァトロク条約の締結によって終結した。東方では、ムラト三世時代に奪った西イラン地域が、サファヴィー朝中興の祖であるアッバース一世によって奪い返される事態となった。サファヴィー朝に十分に抗しえないと考えたオスマン政府は、一五五五年のアマスィヤ条約を基本的に踏襲したかたちで、一六一二年に和平を結んだ。

こうして対外的な安定を取り戻したものの、このころのアナトリアは、断続的に勃発するジェラーリー反乱によって混乱していた。長引く戦争の戦費を賄うために課された重税による社会不安が、その理由だったといわれる。この時期のジェラーリー反乱は、大宰相クユジュ・ムラト・パシャの徹底的な殲滅《せんめつ》戦によって鎮圧されたものの、反乱を生む構造的な問題が解決されたわけではなかった。

アフメト１世
在位1603～17

アフメト一世は、一六一七年、二カ月近く続いた胃痛のすえ、二七歳の若さで死去した。アヤ・ソフィア・モスクの正面に位置する、ブルー・モスクとして知られるスルタン・アフメト・モスクは、彼の命によって建設され、いまではイスタンブルの名所のひとつとなっている。

ムスタファ１世
在位1617～18，22～23

「若人王」オスマン二世の挑戦

夭折したアフメト一世のあとを継いだのは、「兄弟殺し」を逃れたアフメトの弟、ムスタファ一世であった。前スルタンの息子ではなく兄弟が即位したのは、オスマン帝国史上初の出来事である。父子相続の慣例に背いて彼の即位を推したのは、ときのイスラム長老エサト・エフェンディと、大宰相代理のソフ・メフメト・パシャである。しかし、ムスタファ一世はその精神的な弱さからスルタンの任に堪えられず、わずか九六日で退位するはこびとなった。ムスタファの治世は短期間だったが、王位継承の慣例を破るという意味では画期的なものだった。

ムスタファ一世に代わっては、アフメト一世の王子で、まだ一三歳のオスマン二世が即位した。一六一八年のことである。オスマンは、アフメト一世の治世のあいだすでに王位継承者と目されており、それにふさわしい教育を受けていた。

若くして即位し、のちに「若人王《ゲンチ》」とあだ名されるようになるオスマン二世は、しかし、有力者たちの操り人形になる気はなかった。彼はまず、叔父ムスタファ一世を即位させた大宰相代理を罷免した。ついで罷免こそしなかったものの、イスラム長老エサトの影響力を削ぎ、さらに俸給を減らすことで高位ウラマーたちの力を抑えようとした。そして自らの師父や白人宦官長を重用することで、オスマン二世自身を中心とした党派形成を試みたのである。

オスマン二世が次に企図したのは、ポーランド遠征であった。黒海北岸には、コサックと呼ばれる武装した自由民が居住しており、ときおり黒海を船で南下しアナトリア北岸を略奪していた。のちには、ボスフォラス海峡に侵入してイスタンブル近郊を襲撃することすらあった。この忌まわしいコサック集団を、背後からポーランドが援助しているとして、一六二一年、オスマン二世はポーランドへの親征を宣言したのである。親征の勝利によって、自らの権威を高めることも、彼の計画のうちであったろう。ヨーロッパ側のある史料では、オスマン二世がバルト海進出を狙っていたとするが、これはさすがに誇張と思われる。

オスマン二世は、出陣に先立ち、反乱者に担がれる恐れのある弟メフメトを処刑している。この処刑にイスラム長老エサトは反対したが、オスマン二世は、イスラム長老に次ぐ帝国第二位のウラマーであるバルカンの軍法官《カザスケル》より処刑を是とする法意見書《ファトワー》を得て、後の憂患を断った。

イェニチェリ軍団の変質

オスマン二世は、遠征出発に際して、イェニチェリ軍団の人員を厳しく確認した。この時代、軍団に登録されてはいても実際の遠征には参加していないイェニチェリが、多数存在していたためである。

こうした事態が進行した背景には、イェニチェリ軍団の変質があった。

先に触れたように、戦争における火砲重視の傾向がティマール制の衰退を招き、その一方でイェニチェリ軍団員の増加に拍車をかけていた。スレイマン一世の治世当初には八〇〇〇名弱、セリム二世時代にも一万二〇〇〇名程度だったイェニチェリ軍団は、一七世紀に入ると急速に膨張し、一六〇九年には実に四万名弱を数えている。かつてデヴシルメによって供給されていたイェニチェリ軍団ではあるが、このころはデヴシルメ以外の出身者、多くは自由人のムスリムが、さまざまなコネクションを通じてイェニチェリ軍団として登録されるようになっていた。デヴシルメ自体も、一七世紀に入ってからはほとんど実施されなくなる（これに伴い、かつてデヴシルメ後の選抜によって供給されていた高位高官候補の人材も、伝手《つて》を通じたリクルートに変質していく）。

イェニチェリ軍団員増加の理由は、軍事的なものだけではなかった。イェニチェリが持つ特権は、戦闘に直接かかわらない人々にとっても魅力的であった。イェニチェリの給金はさほど高いものではなかったが、支配者層の一員として免税特権を持ち、年金やさまざまな一時金が支給された。また、日本でいう「講《こう》」（民衆の相互扶助団体）のような機能も持ち、軍団員はプールされた資金から融資を受けることができた。都市のギルドの人々はイェニチェリ軍団と深く結びつき、イェニチェリの身分に付随するこうした特権やコネクションを利用して経済活動に従事するようになる。こうしてイェニチェリ軍団は、イスタンブル社会に根差した、一種の中間団体として機能しつつあったのである。

このような理由で、イェニチェリ軍団に登録されているものの、実際に軍務に従事しない「幽霊軍団員」が多数存在しており、オスマン二世は、遠征に先立ってその綱紀粛正を試みたのだった。しかしオスマン二世による引き締め政策は、イェニチェリの不興を買い、彼らの忠誠心と士気を下げることにもなった。

若人王の失墜

勝利の栄光によってオスマン二世の権威を確立させるはずであったポーランド遠征は、しかし、十分な成果なくして終わった。親征は、失敗すればその面目を大きく損なう、いわば両刃の剣なのであった。失意のうちに帰還したオスマン二世は、首都においては凱旋を装ったものの、その効果は十分ではなかった。

オスマン２世
在位1618〜22

遠征より帰還後、生まれたばかりの王子を事故で失うという不運も重なったオスマン二世は、有力政治家ペルテヴ・パシャの娘、そしてイスラム長老エサトの娘との正式な婚姻を結ぶことによる影響力拡大を図った。君主と自由身分のムスリム女性との正式な婚姻は久しく行われておらず、まして臣下の娘への求婚は前代未聞であったため、エサトは娘の輿入れに頑強に抵抗した。

一六二二年、オスマン二世はメッカ巡礼を宣言する。いささか唐突であるこの宣言の本来の意図は、レバノンでオスマン支配に抵抗を繰り返す豪族、マアンオール・ファフレッティン討伐のためだったという。しかしこの宣言が、オスマン二世の命取りとなった。すなわち、オスマン二世はシリアに赴いて、当地でイェニチェリ軍団に代わる新たな軍団を創設・編制しようとしている、あまつさえカイロに遷都しようとしている、という噂が流れたのである。シリアは、非正規兵セクバンが初めて使われた地であったから、噂の信憑性は十分であったろう。

高位ウラマーたちのみならず、大宰相や黒人宦官長も巡礼を取りやめるようスルタンを説得したが、若人王の意志は固かった。事態は緊迫の度を増し、ついにイェニチェリ軍団は蜂起する。混乱のなかでオスマン二世は叛徒の手によって処刑され、ムスタファ一世が二度目の即位をすることとなった。

廃位の意味

反乱によるスルタンの廃立と弑逆《しいぎゃく》は、オスマン帝国においてこのときはじめて行われた。しかしこの椿事は、一七世紀において常態化する。一七世紀には九名のスルタンが即位したが、じつに六度の廃位が行われた（二度即位してどちらも廃されたムスタファ一世、一七〇三年に廃されたムスタファ二世を含む）。反乱——いずれもイェニチェリ軍団が絡んでいる——による廃位は四回であり、二名のスルタンが殺害されている。

かつての研究では、こうしたイェニチェリ軍団の反乱は、軍規の弛緩、ひいては帝国の衰退のあかしとして見なされるのが一般的であった。だが研究者バーキー・テズジャンが鋭く指摘するように、こうした反乱は、分権化の進展と社会構造の変化のなかで生まれた、王権の濫用にたいしてステークホルダーたちが起こしたリアクションとして捉え直すことができる。先に触れたように、この時代のイェニチェリ軍団は都市民と深く結びついており、彼らはいわばイスタンブルの世論を代表する存在となっていたからである。一七世紀の度重なるスルタン廃位の事例は、イギリスにおける清教徒革命（一六四九年）や名誉革命（一六八八年）と同じ位相で捉えられるべきである。

一七世紀後半にイスタンブルを訪れたヴェネツィア大使は、オスマン帝国について、君主制や貴族制ではなく民主制と呼ばれるほうがふさわしいと述べ、一八世紀のあるイギリス人は、オスマン帝国はペテルブルクやウィーンよりも「共和国的」だと語っている。

絶対的な権力を持つ君主を頂点としたピラミッド型の剛構造の組織から、複数の党派の合従連衡によって運営される柔構造の組織への転換、その過渡期の事件として、オスマン二世の殺害は位置付けられるだろう。

また、現君主の廃位にあたっては、一定の手続きが踏まれていることにも注意しなくてはならない。オルタナティヴとなる男子王族の擁立、複数のアクターたちの支持、イスラム長老からの法意見書《ファトワー》による権威付け（これは一六四八年のイブラヒム廃位のさいに出されたものを端緒とする）は、今後繰り返される廃位の前例となり、いわば「廃位の作法」として定着するようになる。

ムラト四世と「もっとも偉大な母后」

復辟《ふくへき》したムスタファ一世の治世は、最初の治世よりもはるかに長く――一年三カ月と二二日間続いた。

スルタンの殺害という前例のない凶事が帝国に与えた衝撃は大きかった。オスマン二世の復讐を口実として、エルズルム州総督が中央政府に対して反乱を起こすと、それに伴ってイスタンブルでは大きな混乱が生じた。この事態を収拾するため、イスラム長老と大宰相によってムスタファ一世は再び廃位され、アフメト一世の息子で、まだ一一歳の王子ムラトが、ムラト四世として即位した。一六二三年のことである。廃王ムスタファは、このあと一五年間生きたというが、詳細は不明である。子を生さなかった唯一の君主であった。

ムラトの治世前半は、母后キョセムの意向が強く反映されていた。「キョセム」はあだ名であり、闘羊の謂である。その名の通り、押しの強い性格だったようだ。歴代のハレムの女性たちのなかでも、際立った権勢を振るった人物であり、「もっとも偉大な母后」と呼ばれた。

キョセムの垂簾聴政《すいれんちょうせい》をしりぞけ、ムラトが実権を握る契機となったのは、一六三二年、大宰相らの処刑を求めて常備騎兵がイスタンブルで起こした騒擾である。これをイェニチェリ軍団の支持を取り付けて辛くも鎮圧したムラトは、いまこそ母の影響力を脱して親政すべき奇貨だと考えた。以降のムラトは、自身の権力を確立すべく積極的な政策を打ち出すようになる。そのひとつが、社会の規律強化のため、宗教的厳格派であるカドゥザーデ派と呼ばれる人々の力を借りることであった。

カドゥザーデ派

ウラマーであるカドゥザーデ・メフメト・エフェンディは、一六二〇年代よりイスタンブルでモスクの説教師として活動を始め、その弁舌の巧みさから、アヤ・ソフィア・モスクの筆頭説教師にまで昇り詰めた人物である。

「善行を命じ、悪行を禁ずる」というクルアーンの文句（イムラーン家章一一〇節）を旗印に宗教的厳格主義を奉じた彼の一派が、カドゥザーデ派である。カドゥザーデ派は、クルアーンの教えを厳格に解釈し、そこから少しでも逸脱する行為、たとえば歌舞音曲や聖者廟への参詣——しばしばスーフィー教団によって実践された——を糾弾した。また、珈琲や煙草など、このころ人々のあいだに浸透してきた嗜好品についても、公序良俗を乱す悪習であると難じた。

彼らの思想は、イスラムの教えを厳格に解釈してそれに従うことを主張した、一六世紀後半のウラマーであるビルギヴィー・メフメト・エフェンディの影響を受けている。より遡れば、一三～一四世紀のマムルーク朝で活躍したウラマー、イブン・タイミーヤの系譜に位置づけるともできよう。彼は、初期イスラム時代の慣行からの逸脱を厳しく戒め、イスラム法に背くものはたとえムスリム支配者であっても聖戦の対象となると論じたことで知られている。

こうした厳格主義は、これまでのオスマン帝国におけるイスラムの捉え方とは異質なものであった。オスマン帝国では、もともと融通無碍な習合主義的性格をもつイスラムが受け入れられていたし、アラブ地域を征服して正統スンナ派の教義が影響力を増すようになった一六世紀以降であっても、現金ワクフの容認に見られるように、イスラム法の柔軟な運用をよしとしてきたからである。それゆえ、カドゥザーデ派の台頭に、眉をひそめた人々も多い。一七世紀のオスマン帝国を代表する文人キャーティプ・チェレビは、偽善で狂信的な集団であるとして、カドゥザーデ派を非難している。

しかしこうした批判をしり目に、カドゥザーデ派はモスクでの説教を通じて、一般民衆の心を摑み、大きな影響力を持った。説教師は、序列化されたオスマン帝国のウラマー層のなかでは、低位に位置する。その低い地位にもかかわらず、民衆に直接呼びかけることのできる役割から、腕のいい人気説教師は大きな影響力を持っていた。ムラト四世は、君主の権力を掣肘する力すら持つ高位ウラマーたちを嫌い、社会的規律を強化できかつ民衆の動員力を持つ説教師の力を利用――いわば、ポピュリズム的手法を活用したのだった。

イスラム思想の発展 176

カドゥザーデ派は、以降、一七世紀の四分の三の期間にわたって勢力を保った。ここから、このころのオスマン社会を「狂信の勝利」の時代であったと位置づける研究者もいる。しかし一方で、保守本流たる、エビュッスウードが確立した柔軟なイスラム法の運用が堅持されていたことは、忘れてはならない。

それに加えて、一七世紀のオスマン帝国は、知的活動が着実な発展を遂げた時代であるとして、現在注目されている。これまでのイスラム思想研究では、思想や哲学などの知的営為の盛期は一一から一二世紀にかけてであり、オスマン帝国時代は見るべきものはない停滞期である、とするのが一般的であった。

しかし研究者ハレド・ルエイヘブによると、一七世紀、マグリブ地方（北西アフリカ）の学者や、アゼルバイジャン系あるいはクルド系の学者が政治的混乱を避けてオスマン領へと移住、彼らとの学的交流がオスマン帝国の知識人たちに刺激を与えた。そのなかで、模倣よりも立証が重視される気風が現れ、哲学、自然科学、論理学や形而上学の分野で新たな発展があったという。

また、学びの方法論においても革新が見られた。それまでのイスラム世界の教育においては、伝統的に、師弟関係における口頭による知識の伝達が重視され、テキストの扱いについても暗記や音読に価値が置かれていた。しかしこの時代、議論や討論に重きが置かれ、テキストについても単に暗記するだけではなく、黙読によってより深い理解に至ることが求められるように

ムラト4世
在位1623〜40

なった。

　こうした新しい学問の方法論を論じた知識人としては、ミュネッジムバシュ・アフメト（彼は歴史家としてもよく知られている）やサチャクリザーデ・メフメトの名が挙げられる。このような知的活動を支えたインフラとして、一七世紀後半から一八世紀にかけて、イスラム学院《マドラサ》や図書館の数が急速に増加したことも見逃せない点である（図書館については、本書205頁も参照）。

　興味深いのは、こうしたイスラム哲学や論理学を発展させた学者サークルのなかに、カドゥザーデ派知識人も名を連ねていることである。彼らのイスラム思想史上の適切な位置づけは今後の研究を待たねばならないが、カドゥザーデ派は単なる狂信や復古主義の徒ではなく、ある意味で時代に適応した一形態だったと考えるべきなのであろう。

ムラト四世の親征

　ここで再び、ムラト四世の政策に話を戻そう。

　カドゥザーデ派という、オスマン社会の新たなアクターの力を利用しつつ自らの権力を確立したムラトは、東方に目を向けた。このころ、サファヴィー朝が東部アナトリアへの侵入を繰り返していたからである。西方のライバルであったハプスブルク帝国は三〇年戦争の最中であり、背後を衝かれる恐れはなかった。

一六三五年、ムラトが親率したオスマン軍はエレヴァン（レヴァン）へと進軍し、これを征服することに成功した。この勝利の余勢を駆って、ムラトは、弟バヤズィトとスレイマンを処刑した。兄弟殺しは、現スルタンが戦勝によって権威を確立させてのち、初めて実行しうるものとなっていた。トプカプ宮殿の内廷にある瀟洒な東屋レヴァン・キオスクは、この戦勝を記念して建てられたものである。

しかしそのエレヴァンは、翌年、サファヴィー朝に奪還される。一六三八年にムラトは再び親征を行い、まずバグダードへと軍を進めた。これに先立って、ムラトは弟カースムを処刑している。ムラトは当初、サファヴィー朝の首都イスファハンを攻め落とすつもりであったが、行軍中に不予《ふよ》に陥り、和平交渉を大宰相に任せて自らはイスタンブルに帰還した。一六三九年、サファヴィー朝とはカスレ・シーリーン条約が結ばれ、のちのトルコ・イラン国境の基礎がここで定められた。

ムラトの死と王位継承

イスタンブルに戻ったムラトは病を押してヴェネツィア遠征のために艦隊の編成を命じるが、遠征の実現はかなわず一六四〇年に死去した。

イブラヒム
在位1640～48

彼には五人の息子がいたが、すべて幼いうちに亡くなっている。残された王族は、末弟イブラヒムだけであった。ある伝承では、ムラトは死の床でイブラヒムの処刑を命じたが、母后キョセムによって防がれたという。ムラトはスルタン位を、側近のひとりもしくはクリミア・ハンの係累に継がせようとしていた、と。この伝承が正しければ、ここでオスマン家の王統が絶えていた可能性もあったわけだ。

オスマン王家が廃絶したさいは、チンギス・ハンの血統をひくクリミア・ハン家がそのあとを継ぐ、という巷説が流布するようになるのはこのころである。スルタン廃位が繰り返される一七世紀において初めて、オスマン王家に代わる王統の即位が、ありうべき未来として想定されるようになったのである。ただし、オスマン家以外による王位継承が公式に取りざたされたことはなく、基本的にはオスマン王家の存続が第一に考えられていた。クリミア・ハン家がオスマン王位の継承権を持つという主張は、ひとつのエピソードに留まるというべきであろう。

「狂王」の虚実

命拾いをしたイブラヒムは、ムラトを継いで、二四歳で即位する。

アフメト一世の息子イブラヒムは、兄たちが次々と処刑されてゆくなか、長期間トプカプ宮殿の鳥籠で過ごし、この経験が彼の精神の均衡を崩したという。さまざまな奇行で知られる彼は、二〇世紀初頭の歴史家によって「狂王《デリ》」とあだ名され、一七世紀のオスマン帝国に衰退をもたらした戦犯のひとりと見なされてきた。伝えられるイブラヒムの奇行のひとつとして、自身の王子を池に投げ込んだ、あるいはロードス島に配流しようとしたというものがある。

しかし実際にイブラヒムが「狂王」と呼ばれるべき君主であったかについては、近年見直しが進んでいる。彼の手による宸筆には文字の乱れもなく、教養の高さを窺わせる。先の王子にかんする逸話とて、王位をめぐる潜在的な競争相手を排除することで――王子の誅殺は、スレイマン一世も行ったことである――政権の安定化を図ったものと解釈することができる。

イブラヒムの治世には、ムラト四世時代のような厳格な規律を社会に要求する政策は緩められ、人心にも余裕が見られるようになった。とくに彼の治世の前半は、大宰相ケマンケシュ・カラ・ムスタファ・パシャの補佐のもと、内外ともに安定した時期であったといえる。

イブラヒム治世後半の危機

政争のすえに一六四四年にケマンケシュが処刑されたこと（背後に、彼の勢威を疎ましく思うキョセムの影があったともいう）に加えて、一六四五年のクレタ島遠征が、イブラヒムの明暗を分けた。

エーゲ海をふさぐように位置するクレタ島は、当時ヴェネツィアの統治下にあり、「オスマンの内海」となっていた東地中海に唯一残ったキリスト教諸国の砦であった。クレタ近海でマルタ騎士団らが行う海賊行為に業を煮やしたイブラヒムは、クレタ遠征を命ずる。クレタに上陸したオスマン軍は、またたくまに島の大部分を征服するが、要害カンディア（イラクリオン）の攻略に手間取った。陸ではオスマン軍に抗しえないことを悟ったヴェネツィアは、一六四六年、ダーダネルス海峡に艦隊を派遣し、海峡を封鎖する挙に出る。クレタとイスタンブルのあいだの連絡と補給を断つこの封鎖は、イスタンブルにも大混乱を招くことになった。

　このころイスタンブルでは、政権をめぐって母后、有力政治家たち、イスラム長老、そしてイェニチェリ軍団が争い、政局が不安定になっていた。これに拍車をかけたのが、ダーダネルス海峡の封鎖であった。一六四八年、イェニチェリ軍団への課税を試みた大宰相に対し軍団が蜂起すると、叛徒はそのままイブラヒムの王子メフメトに忠誠の誓い《バイア》を行い、ここにメフメト四世が即位した。イブラヒムは、ほどなくして叛徒によって絞殺されている。

　イブラヒムは、その治世末期にヒュマーシャーという奴隷を愛し、オスマン王家の慣例に反して正式に結婚している。彼女と結婚して以降、イブラヒムは彼女以外の女性をハレムに入れなかったといわれる。これも彼の「奇行」のひとつに数えられるが、スレイマン一世とヒュッレムの正式な結婚が同時代人たちに眉をひそめられたのと同じく、イブラヒムの結婚にまつわる悪評も、中傷である可能性を考慮すべきだろう。

彼の息子たちは、幼少時に亡くなった六名を除くと、メフメト（四世）、スレイマン（二世）そしてアフメト（二世）と、いずれも王位を継いでいる。

続く危機的状況

混乱のなか、まだ割礼前のメフメト四世が六歳で即位したものの、危機は内外で続いた。宮廷では、新スルタンの祖母キョセムが引き続き隠然たる力を持っていた。カドゥザーデ派の指導者ウストゥヴァーニーはキョセムそして宮廷への強い影響力を持ち、「説教師のスルタン」と呼ばれるほどであった。あるウラマーは、「カドゥザーデ派は、この国の四方に広がり根を張る木のようだ。ある枝はボスタンジュ軍団（トプカプ宮殿の警護兵）、ある枝はボスタンジュ軍団の枝から王の宮廷へ、ある太い枝はあらゆる市場のギルドに伝染して堅く育った……いかなる方法でこれを退けられようか」と嘆いている。

一方、キョセムに対抗する人々は、新王メフメト四世の母トゥルハンのもとに集まるようになる。キョセムは、トゥルハンよりも、メフメト四世の弟スレイマンの母のほうが扱いやすいと見て、メフメト四世の廃位とスレイマンの即位をもくろんだ。しかしトゥルハンは機先を制して刺客を差し向け、キョセムをハレムの一室で絞殺させた。「もっとも偉大な母后」と讃えられたキョセムは、こうして最期を迎えた。

ハレムでの暗闘が済んだのち、大宰相タルフンジュ・アフメト・パシャの財政改革や、海軍提督カラ・ムラト・パシャの働きによってヴェネツィア艦隊による海峡封鎖がいっとき解かれるなど好転の兆しもあったが、一六五六年には再び封鎖された。ヴェネツィア艦隊を迎え撃ったオスマン艦隊が大敗、イスタンブルの守りすら危ぶまれる状況となると、イスタンブルの海側の家屋を防御のために撤去する命令が出され、これが人々に恐慌をもたらした。イスタンブルは、一四五三年のメフメト二世による征服以来、一度も外敵に晒されることはなかったのだから、当然であろう。

こうした混乱のなかで王弟スレイマンを即位させようとする陰謀が発覚、それを首謀したイスラム長老が流刑ののち処刑されるなどの混迷のすえ、トゥルハンが大宰相に任命したのは、当時八〇歳前後の老政治家、キョプリュリュ・メフメト・パシャであった。一六五六年九月のことである。

3　大宰相キョプリュリュの時代

大宰相キョプリュリュ・メフメト・パシャ

一七世紀後半は、のちに「キョプリュリュ時代」とも呼ばれる。

一時代をなしたキョプリュリュ家の創始者であるキョプリュリュ・メフメトは、このような混乱がなければ政局の表舞台に出ることなく余生を終えたであろう。彼はアルバニア出身で、デヴシルメによって徴集された最後の世代である。宮廷に入って料理番を務めたのち、ほどなくして地方に任官されて宮廷を離れ、それ以降は地方や中央の官職を務めることで経歴を重ねた。一六四七年にはアナトリアの黒海沿岸の要地であるトラブゾン総督に任じられているが、地方反乱の鎮圧に失敗して捕虜になるなどの失態も犯している。

母后トゥルハンに、キョプリュリュを大宰相に抜擢するよう推薦したのは、彼と同郷のトゥルハンの付き人であった。このころキョプリュリュは、妻の地元であるアマスィヤ近郊のキョプリュ村（キョプリュリュの名はここから取られている）で、隠遁生活を送っていたようである。全権が委任される条件で火中の栗を拾う決意をした老キョプリュリュは、十分すぎる成果でもってトゥルハンの期待に応えた。

キョプリュリュ・メフメト・パシャ

まずキョプリュリュが行ったのは、徹底的な粛清によってイスタンブルの治安を回復し、自身の権力を確立することだった。騒擾を起こしていた常備騎兵を、イェニチェリ軍団の力を借りて掃討した。もともとデヴシルメ出身者からなるエリート集団であり、イェニチェリより格式の高かった常備騎兵軍団は、これを境にオスマン政治の表舞台より退場した。また、民衆を扇動していたカドゥザーデ派の指導者ウストゥヴァーニーら説教師たちを流刑に処し、ワラキア公国と共謀したとしてイスタンブルのギリシャ正教会総大主教を処刑する。

こうして首都の脅威を掃滅したのち、キョプリュリュはヴェネツィアが扼していたダーダネルス海峡を解放、次いで不穏な動きを見せていたトランシルヴァニアに派兵してこれを鎮めた。この後、母后トゥルハンは私財を投じて、ダーダネルス海峡の要塞を強化している。

一方アナトリアでは、アレッポ総督アバザ・ハサン・パシャが反乱を起こしていた。キョプリュリュの強圧的な政策に不満を持つ者たちが雲集することで膨れ上がったこの反乱は、最後のジェラーリー反乱とされる。キョプリュリュは、この反乱を、徹底的な殲滅戦によって鎮圧した。こうして帝国に安定を取り戻したキョプリュリュは、同時代の歴史家に「剣の主」と称えられる一方で、その苛烈な粛清に対する批判も受けた。

官僚の帝国

こうしてキョプリュリュがフリーハンドで強圧的な政策を実現できたのは、トゥルハンから取り付けた全権委任の約束が大きかったといわれる。またそれに加え、キョプリュリュが大宰相に就任する直前の一六五四年に、トプカプ宮殿から大宰相府《バーブ・アーリー》が独立していたことが功を奏した可能性もあるだろう。

これまで、大宰相と彼が率いる行政のスタッフは、トプカプ宮殿の一室で業務を行っていた。

しかし文書行政の役割が拡大するにつれ宮殿内の部屋では手狭となり、ちょうどこのころ、大宰相の私邸で業務が行われるようになっていたのである。のちに、オスマン政府とほぼ同一視されるようになる大宰相府の端緒である。大宰相府は、所在地を転々としたのち、現在のイスタンブル広域市庁にあたる場所に居を構えることとなる。

文書行政組織には、業務ごとに筆《カレム》と呼ばれるいくつもの部局が配され、広大な帝国の行政と財務を管理運営した。官僚制の発展に伴い、格式は低いが、実務の長であった書記官長《レイスュルキュッタープ》の役割と存在感が増してゆく。また、大宰相府の分離とともに、大宰相の私的な用人《サダーレト・ケトヒュダス》も重要な役職となった。一九世紀に入ると、前者は外務大臣、後者は内務大臣へと改組されることになる。

一七世紀以降大きく発展してゆくオスマン帝国の官僚制は、ムスリム諸王朝のなかでは群を抜く数の公文書史料を現在に伝えている。かつて「軍人の帝国」であったオスマン帝国は、こうして「官僚の帝国」へと変貌を遂げてゆくのである。

ファーズル・アフメト・パシャ

大宰相ファーズル・アフメト・パシャ
キョプリュリュ・メフメトは、反対勢力を一掃して安定した政権を築いたのち、息子ファーズル・アフメト・パシャを大宰相の後任として、一

メフメト４世
在位1648～87

六六一年に死去した。以降、キョプリュリュ一族は半世紀にわたり高位高官を輩出し続ける。その後は目立った政治家は現れなくなるものの、名家として存続した。トルコ共和国初期に、歴史家として名をはせたフアト・キョプリュリュは、キョプリュリュ家の末裔である。

父のあとを継いで大宰相となったファーズルは、もともとイスラム学院で学び、ウラマーとしての経歴を積んでいた。中堅政治家の息子の就職先として、ウラマーは悪くない選択だったのだろう。父が大宰相に就任したのちは政治家へと転身し、オスマン帝国の歴史において久方ぶりの、そして最後のウラマー出身の大宰相に就任したのである。

ファーズルは、彼の地位が親の七光りではないことを証明した。オーストリアとの数度の戦いのすえ、一六六四年、オスマン帝国に有利なヴァスヴァル条約を結んだ。一六六九年にはクレタ島の要衝カンディアを征服、実に二五年ものあいだ継続していたクレタ島攻略を完遂させた。一六七二年に獲得したポドリアとあわせて、オスマン帝国が最大版図を達成したのはこのころである。

メフメト四世による「改宗の時代」

ファーズルが転戦して成果を挙げているなか、成人したメフメト四世は、多くの時間をエディルネで過ごし、趣味の狩りに没頭していたといわれる。彼のあだ名が、「狩人王《アヴジュ》」と呼ばれるゆえんである。しかしメフメト四世は、たんに遊興にふけっていたわけではなかった。

まず、エディルネを主たる居城と定めたことは、帝都イスタンブルにおけるさまざまな圧力から自由になることを意味していた。すなわち、イスタンブルの都市民と結びついたイェニチェリや、トプカプ宮殿の有力者たちの影響力を低下させたことが、政権の安定化につながったと思われる。ただしエディルネへの長期滞在は、イスタンブルの人々の不興を買い、のちの反乱の原因ともなった。

また、メフメト四世は、狩りで立ち寄った町々で非ムスリムにイスラムへの改宗を促していた。強制的な改宗は、イスラムでは原則として禁じられているから、ここで行われたのは、あくまで自発的な改宗の教唆であり、改宗した新ムスリムには祝い金が下賜された。こうした改宗の実績は、メフメト四世の宗教的偉業として称えられた。

じつのところ、メフメト四世は、積極的な宗教政策を行った君主であった。一六六〇年にイスタンブルで大火が起こったあとの再建時、金角湾の玄関口であるエミノニュ地区に広がっていたユダヤ教徒の住居を郊外に移転させ、「イスタンブル中心部の景観のイスラム化」といえる政策を行った。またこのころ、サロニカ在住のサヴァタイ・ツヴィというユダヤ教ラビ（宗教指導者）が、自らを救世主だと称し、オスマン帝国のみならずヨーロッパのユダヤ教徒にも大きな反響を呼び起こしていたが、オスマン政府は彼を危険視し、イスラムへと改宗させている。ただし、ツヴィの一派は表面的には改宗したものの、デンメと呼ばれる隠れユダヤ教徒として存続した。

こうした事例に鑑みると、メフメト四世の治世は、「改宗の時代」であったといえるかもしれない。長いオスマン帝国の歴史のなかでイスラムへの改宗が推奨されたのは、（実態が不明である最初期を除けば）この時代だけである。研究者マーク・ベアは、メフメト四世は、「狩人王」ではなく「改宗させる者」という異名をとりえた、とすら評している。

この「改宗の時代」の背後には、カドゥザーデ派の影もちらついている。彼らは、いっときには大宰相キョプリュリュ・メフメト・パシャによって弾圧されたものの、息子ファーズルの時代には利用価値を見出されて再び勢力を持つようになっていたのである。カドゥザーデ派の指導者ヴァーニー・メフメト・エフェンディは、メフメト四世の王子ムスタファ（二世）の最初の師父を務めており、先に触れたツヴィをメフメト四世の御前で論難したのも、ヴァーニーであった。

第二次ウィーン包囲

一六七六年、大宰相ファーズル・アフメトは四〇歳前後で没した。過度の飲酒による浮腫が死因であったという。イスラム学院で学び、一時はウラマーとしての経歴を歩み、カドゥザーデ派の指導者ヴァーニーと親交を持ち、イスタンブルの酒場閉鎖命令を二度出していたファーズル自身は、宗教的な厳格主義とは無縁だったようだ。

代わって大宰相に任ぜられたのは、キョプリュリュ・メフメトの女婿メルズィフォンル・カラ・ムスタファ・パシャであった。

ファーズルに劣らず有能な政治家であったメルズィフォンルは、一六八三年、ウィーン攻略を決断する。一五〇年前にスレイマン一世が行った壮挙を、ふたたび実現しようというのである。この遠征の決断に、カドゥザーデ派の影響を見る見解もある。当初、メフメト四世は遠征に乗り気ではなかったが、ファーズルの死後も引き続き君主の寵愛を得ていたヴァーニーが、彼を説得したという。ヴァーニー自身も、従軍説教師としてウィーン遠征に帯同し、兵の士気を鼓舞する役割を担った。

とはいえ、この第二次ウィーン包囲は、狂信に突き動かされた暴挙だったわけでなく、十分に勝算のある遠征でもあった。メルズィフォンルの卓越した軍事手腕は、同時代の西洋人によっても伝えられている。

二〇万の大軍でもってウィーンを包囲したオスマン軍は、しかし、強力な騎兵軍団を提供していた属国クリミア・ハン国の非協力的態度もあってウィーンを落としあぐねた。ついにオスマン軍は、ポーランド王ヤン・ソビエスキ（位一六七四～九六年）の急襲によって敗走する。スレイマン一世による第一次ウィーン包囲の幕引きが整然たる撤退であったのに比して、今回は壊滅的な潰走であった。メルズィフォンルは敗戦の責を問われて処刑され、ヴァーニーは処刑こそ免れたものの、左遷されて数年後に失意のうちに亡くなった。

神聖同盟との長い戦い

第二次ウィーン包囲失敗に続く、神聖同盟との長い戦いは、オスマン帝国に深刻な打撃を与えることとなる。神聖同盟とは、オーストリア、ポーランド、ヴェネツィアそしてロシアが、対オスマン帝国を目的として結んだ同盟である。

戦いは一六年にもおよび、局地的な勝利を除くと、オスマン軍は苦戦を強いられた。スレイマン一世の時代より領有していたハンガリー、そして「聖戦の家」と呼ばれたベオグラードを失い、エーゲ海方面でも、ヴェネツィア海軍の攻撃によってアテネが陥落している。

オスマン帝国の軍事的劣勢の理由は、どこにあったのだろうか。

まず、オスマン帝国側の問題が指摘されている。すなわち、ヨーロッパにおける軍事技術の革新にオスマン帝国が乗り遅れてしまったこと、それに加えてイェニチェリ軍団を始めとするオスマン軍団の規律が弛緩しており軍事的に劣化したことであり、これらの理由は一定の支持を得ている。

しかし、研究者ローズ・マーフィーがより決定的な要因として指摘しているのは、これまでのヨーロッパではありえなかった、神聖同盟という長期にわたる軍事同盟が継続的にオスマン帝国に多方面での戦いを強いたことである。かつても、古くはニコポリス十字軍、あるいはレパントの海戦などで、ヨーロッパ諸国が短期的に連合軍を組織してオスマン帝国に相対することはあった。しかし、複雑な利害の絡むヨーロッパ諸国が、一〇年以上にわたって共通の敵オスマンに対して同盟を結び、戦線を継続したことはなかったのである。ハンガリー、黒海北岸そしてエーゲ海という三正面作戦を長期にわたって継続するのは、オスマン帝国にとって初めての経験だった。オスマン帝国が、これほどまでに劣勢に追い込まれるのは今回が例外的であり、この後の歴史を見ても、一七六八年に起こった露土戦争までは、一方的な敗戦を重ねるという事態は起きていない。

こうした対外的危機のなかで、首都でもスルタンへの不満から騒乱が起きた。一六八七年、メフメト四世は四〇年近くにわたり占めていた玉座を降り、代わって彼の弟スレイマン二世が即位することとなった。メフメトは処刑されることなく、トプカプ宮殿の一角で一六九三年まで生きた。

スレイマン２世
在位1687〜91

ムスタファ二世の聖戦

スレイマン二世（位一六八七〜九一年）、そしてそれに続くアフメト二世（位一六九一〜九五年）の短い治世（両王はともに病死）のあいだも、イスタンブルでの混乱と

アフメト２世
在位1691～95

神聖同盟との戦いは続いた。一六八九年にファーズルの弟キョプリュリュ・ムスタファ・パシャが大宰相に就任すると、クリミア・ハン国君主セリム・ギライ・ハンの奮戦もあり、オスマン軍は一時的に盛り返す。だがキョプリュリュ・ムスタファが戦死すると劣勢を挽回しがたく、イギリスを仲介とした和平を模索するようになる。

しかし一六九五年に即位したムスタファ二世は、和平の方針を転換した。彼は、これまでの君主たちが虚飾にふけっていたことを批判し、アッラーが自身をカリフに任じたと述べ、一五二六年のモハーチの戦いでハンガリーに勝利したスレイマン一世の故知に倣って、聖戦を宣言したのである。

彼は、王子時代より、カドゥザーデ派の指導者ヴァーニー、そしてヴァーニーの女婿であるフェイズッラー・エフェンディを師父として教育を受けていた。第二次ウィーン包囲の失敗によるヴァーニーの失脚にともない、フェイズッラーは不興を買って地方に左遷されたが、ムスタファ二世は即位すると、このかつての師父を呼び寄せてイスラム長老に迎えていたのである。ムスタファの聖戦への志向に、カドゥザーデ派の影響があった可能性は高い。ムスタファは、普段から華美を戒め、一兵士と同じ食事をとって質素に暮らしたという。

即位後すぐに、ムスタファはオーストリアとの戦いに親征して成果を挙げた。ムスタファは、実際に戦場に赴いて信仰戦士《ガーズィー》の称号を得た、最後のスルタンとなった。しかし一六九七年のゼンタの戦いでは、ハプスブルク軍の名将オイゲンの奇襲によって、大宰相以下二〇名の高官と軍団の八分の一を失うという壊滅的な敗北を喫した。

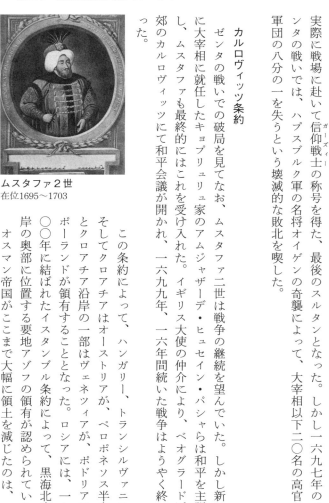

カルロヴィッツ条約

ゼンタの戦いでの破局を見てなお、ムスタファ二世は戦争の継続を望んでいた。しかし新たに大宰相に就任したキョプリュリュ家のアムジャザーデ・ヒュセイン・パシャらは和平を主張し、ムスタファも最終的にはこれを受け入れた。イギリス大使の仲介により、ベオグラード近郊のカルロヴィッツにて和平会議が開かれ、一六九九年、一六年間続いた戦争はようやく終わった。

ムスタファ２世
在位1695～1703

この条約によって、ハンガリー、トランシルヴァニアそしてクロアチアはオーストリアが、ペロポネソス半島とクロアチア沿岸の一部はヴェネツィアが、ポドリアはポーランドが領有することとなった。ロシアには、一七〇〇年に結ばれたイスタンブル条約によって、黒海北東岸の奥部に位置する要地アゾフの領有が認められている。

オスマン帝国がここまで大幅に領土を減じたのは、一四〇二年のアンカラの戦い以来であった。カルロヴィッツ条約は、オスマン帝国の対外政策において、戦争ではなく外交の重要性が大幅に増す画期となった。条約締結の会議に参加し、オスマン側で主要な役割を演じた書記官長ラーミーは、のちに帝国初の書記出身の大宰相に就任している。

オスマン帝国の、厳しい一七世紀はここに幕を閉じた。

4　一八世紀の繁栄

事件前夜

オスマン帝国は、対外的には、一六九九年のカルロヴィッツ条約の締結をもって一七世紀を終え、新しい時代を迎えた。一方、国内における新時代の幕開けは、もう少しあと――一七〇三年のエディルネ事件を待たねばならない。

神聖同盟との長い戦いは、国内の安定にも深刻な影響を与えた。遂行に必要とされた戦費は、新税として民衆に転嫁されたからである。また、兵員は民衆から徴集されていたが、戦争終結にともなって帰還した彼らはしばしば匪賊化し、地方の混乱を招いた。戦後、ムスタファ二世はこうした匪賊を取り締まると同時に、財政改善のために嗜好品への税を増やすなどの試みを行った。こうした政策によってやや安定を取り戻したかに見えた帝国であったが、ムスタファ二世に対するふたつの不満が、イスタンブル社会に蓄積されていた。

ひとつは、メフメト四世と同様に、ムスタファ二世がエディルネに長期滞在したことである。当初は、ヨーロッパにおける戦争の遂行そして外交上の必要からエディルネに居を定めたムスタファであったが、旧勢力の圧力から自由であるエディルネでの滞在は長期化した。さらにムスタファがトプカプ宮殿からエディルネへハレムを移すと、君主がイスタンブルに帰還するつもりがないことは衆目の一致するところとなった。消費の中心である宮廷の不在は、イスタンブル経済の停滞をもたらし、商人や職人に不満が鬱積していた。

もうひとつは、イスラム長老フェイズッラーの専横に対する人々の不満である。ムスタファ二世の師父フェイズッラーは、国事に介入し、縁故者を高位顕職につけただけではなく、息子の次期イスラム長老就任をスルタンに約束させるという、前代未聞の行為を行っていたのである。

エディルネ事件――オスマン帝国の「名誉革命」

直接の契機は、グルジアに派遣される予定の二〇〇名の鎧師団が、給金の未払いを理由に起こした抗議行動であった。一七〇三年、エディルネに長期滞在するムスタファ二世への上奏を求めてイスタンブルを出発した彼らに、君主に対する不満が沸点に達しつつあったイェニチェリ軍団、有力な職から疎外されていた高官やウラマー、商人や職人など多くの都市民も加わり、またたくまに六万人もの大集団となった。抗議者たちは、フェイズッラーの罷免を求めるのみならず、自分たちであらたなイスラム長老を選出するに至る。

イスタンブルから赴いた抗議者たちとエディルネの守備兵は睨み合い、一触即発の状況となったが、最終的にエディルネの守備兵も抗議者たちに同調した。やむなくムスタファ二世は退位とフェイズッラーの罷免を認め、衝突は避けられた。フェイズッラーは逃亡したが、捕らえられたのちに暴殺された。

蜂起した群衆のなかには、クリミア・ハン家やイブラヒム・ハン家からの即位を望む者もいたという。イブラヒム・ハン家とは、大宰相ソコッルの末裔であり、目立った政治家を輩出していたわけではないが、名家として長く続いていた。ソコッルはスルタンの女婿であったから、イブラヒム・ハン家はオスマン家とは女系でつながっていることになる。

しかし結局、退位したムスタファ二世に代わっては、その弟アフメトがアフメト三世として二九歳で即位した。事件の狂騒が鎮まるとほどなくして、抗議行動の直接の首謀者たちは徐々に排除されてゆき、秩序が取り戻された。カドゥザーデ派指導者ヴァーニーのふたりの息子も処刑され、この事件を最後に、一七世紀を通じて強い影響力を持ったカドゥザーデ派の勢力も衰えることになる。

大きな流血の事態を見ることなく、君主とイスラム長老の交代劇が行われたこの事件は、古くから研究者の注目を集めてきた。この事件は、一七世紀に頻発した都市における軍事騒乱の、実質的な終わりを告げる出来事だったからである。オスマン二世に始まりムスタファ二世まで六回繰り返された君主の廃位は、一八世紀では、エディルネ事件以外だと一七三〇年に一度、起こっただけである。これは、首都におけるさまざまなアクターに政府が配慮し、特定のアクターに利益が偏らないようにすることで、騒乱を導くような摩擦を事前に解消するメカニズムが機能し始めたことを意味している。後述する一七三〇年のパトロナ・ハリルの乱は、特定の人物（大宰相ネヴシェヒルリ）に権力が集中すると、バランサーとしての騒擾が発生することを如実に示す例である。

オスマン帝国は、王権とそれを支える人々の関係が安定し、成熟した近世国家として、一八世紀の三分の二を経験するのである。

パサロヴィッツ条約と西方国境の安定

カルロヴィッツ条約締結後、オスマン帝国は対外的な衝突を避けていた。しかし、ロシアのピョートル一世（位一六八二～一七二五年）と北方戦争を戦っていたスウェーデン王カール一二世（位一六九七～一七一八年）がオスマン領内に亡命したことが契機となり、一七一一年、オスマン帝国とロシアはプルートの戦いで激突した。オスマン軍はピョートル一世を捕縛寸前まで追い込むなど優勢にこの戦いを進め、イギリスとオランダの仲介で結ばれた和平ではアゾフを奪還する。

アフメト3世
在位1703～30

一七一六年にはオーストリアとの戦いが勃発、大宰相が戦死するなどして劣勢となったオスマン帝国は、一七一八年、セルビアの大部分を割譲するパサロヴィッツ条約を締結した。カルロヴィッツ条約に引き続きヨーロッパ側の領土を手放したオスマン帝国であったが、以降二〇年以上、西方国境では大きな戦いを経験せず、安定した時代を迎えることになる。

アフメト三世と「チューリップ時代」

エディルネ事件によって即位したアフメト三世は、兄ムスタファ二世と同じくフェイズッラー・エフェンディを師父としていた。しかし、質素で禁欲的な暮らしを好み、聖戦の義務を果たそうとした兄とは違い、アフメトは世俗の文化への関心を強く持つ人物であった。

彼は、パサロヴィッツ条約締結を主導した、自らの女婿でもあるネヴシェヒルリ・イブラヒム・パシャを大宰相に据え、繁栄した治世を現出させる。一七三〇年まで続くこの時代は、都市の消費文化が爛熟し、文芸が花開いたのみならず、西洋文化への興味関心が高まった時代として知られる。

なかでも有名なのは、大使イルミセキズ・チェレビのフランス派遣である。これまでも外交上の必要によって使節を西洋諸国に派遣する例はあった。しかし今回が特別なのは、フランスの文化や制度をつぶさに観察するよう、使節に命じていたことである。西洋文明に一定の有用性を認め、その優れた点を学ぼうとする態度は、イスラム世界の頂点に長らく君臨していたオスマン帝国にとって、世界観の大きな修正であったろう。

イルミセキズは、フランス事情を説明した『使節の書』を、帰国後にものして献呈している。イルミセキズの息子サイト・チェレビの助力で、改宗したハンガリー人のイブラヒム・ミュテフェッリカによる活版印刷所が開設されたのは、遣仏使節がもたらした最大の成果といえる。

一五世紀、ドイツのグーテンベルクによって実用化された活版印刷の技術は、オスマン帝国でも非ムスリムによって早くから導入されていた。しかしムスリムによるアラビア文字書物については、手書き写本の伝統が根強く存在していたこともあり、活版印刷機の導入は見送られていた。しかし、イスタンブルの人々の読書需要の高まりを背景に、ここに至って初めてムスリムによるアラビア文字書籍の活版印刷が行われるようになったのである。このミュテフェッリカ印刷所では、辞書や歴史書、地理書などが印刷され、市場で好評を博した。

この時代は、翻訳の時代でもあった。アラビア語の高名な歴史書が何冊も、オスマン・トルコ語に翻訳されている。ネヴシェヒルリの肝いりで翻訳に当たったのは、当代一流のオスマン知識人たちだった。一四世紀のアラブ知識人イブン・ハルドゥーンによって著され、歴史理論と社会学の書としてイスラム史上に屹立する評価を得ている『歴史序説』も、このとき部分訳されている。『歴史序説』はアラブ地域では忘れ去られた存在であったが、オスマン知識人のあいだでは読み継がれており、一七世紀には『歴史序説』の国家論に範をとった論策が著されてもいる。

アフメト三世とネヴシェヒルリは歴史家のパトロンとしても知られており、公式の帝国修史官制度がこのとき成立している。修史官は以降、帝国の滅亡まで連綿と任命され続け、前任者の史書を続修《ぞくしゅう》して帝国の国事を書き綴った。オスマン細密画史上最大にして最高の評価を得るレヴニーが画筆を取り、ペルシア語詩の影響を脱却してオスマン詩に新時代を切り開いたネディムが詩を吟じたのもこの時代である。

都市文化の爛熟もこの時代を象徴する。アフメト三世とネヴシェヒルリは、金角湾の奥にイランの宮殿を模したともいわれるサーダバード離宮を建築させ、そこで酒宴に興じた。こうした娯楽や遊興は、君主や高官たちだけではなく、イスタンブルの市民にも共有されていたという。

アフメト三世はチューリップを好んだことでも知られる。オランダで品種改良された高価なチューリップを愛好したために、二〇世紀初頭のある歴史家は、この時代を「チューリップ時代」と呼んだ。

東方の混乱とパトロナ・ハリルの乱

安定した「チューリップ時代」に影を落としたのは、東方だった。

長いあいだオスマン帝国のライバルであったサファヴィー朝は、このころアフガン族のアシュラフ・ハンの侵略により滅亡の危機に瀕していた。首都イスファハンが陥落し君主が虜囚となるなか、王子タフマースブ（二世、位一七二二～三二年）は落ち延びた先の旧都カズウィーンで即位してサファヴィー朝の命脈をかろうじてつないだ。オスマン帝国はこの混乱に乗じて派兵し、イラン西部を獲得したが、同じスンナ派であるアフガン族との戦いは、オスマン国内において世論の反発をまねいた。戦費調達のために新税が課されたことも、人々の不満の種となった。

東方の戦局は、軍事的才能を誇り、一代でアフシャール朝を築くことになるナーディル・シャーの登場によって一変する。「イランのナポレオン」とも呼ばれたナーディルは、タフマースブ二世の後ろ盾となって起兵、アフガン族を駆逐するとともに、オスマン帝国が征服したイラン西部を奪還する。イスタンブルでは、この軍事的失態が導火線となり、一七三〇年に水兵パトロナ・ハリルを首領とする反乱が起きる。

この反乱には、一二年間大宰相位を独占していたネヴシェヒルリに対する不満が蓄積していたことも背景にあった。ネヴシェヒルリは処刑され、アフメト三世は廃位、代わって彼の甥マフムト一世が、三四歳で即位した。退位したアフメト三世は、処刑されることなく、一七三六年まで生きた。

このパトロナ・ハリルの乱は、二七年前のエディルネ事件の、部分的な再演といえるかもしれない。これ以降、ネヴシェヒルリのように長期間、大宰相位を独占する例はみられず、短い任期で大宰相が交代することが一般化する。こうした頻繁な任免の理由とその影響については今後の研究が待たれるが、特定の党派に利益が集中しないための配慮であったとも解釈できるだろう。ネヴシェヒルリの処刑をもって、大宰相が存在感を持った時代は終わりを告げたのである。

マフムト１世
在位1730〜54

東西での戦争と平和

マフムト一世の即位直後には、パトロナ・ハリルの乱の首謀者たちが力を持っていたが、一年足らずのうちにいずれも梟首《きょうしゅ》に処され、これまで党派を形成してきたアクターたちの構成に大きな変化はなかった。騒乱の首謀者たちが、反乱の狂騒が収まったのちほどなくして排除されて旧態に復するというのは、エディルネ事件においても見られたパターンであり、オスマン政治の弾力性を示していよう。

東方では、ナーディルがアフガニスタン遠征に赴いているあいだに、オスマン軍がタブリーズを征服する。しかし、帰還したナーディルはタブリーズを奪還し、バグダードも長期間包囲するなど、一七四六年に和平が結ばれるまで一進一退の攻防が続いた。この間ナーディルは、一七三六年、傀儡としていたサファヴィー朝最後の君主アッバース三世（位一七三二～三六年）を廃し、自らが即位して（位一七三六～四七年）、アフシャール朝を建国している。二〇〇年にわたって、オスマン帝国東方の敵手であったサファヴィー朝は、ここに名実ともに滅びた。

北方と西方では、一七三六年、アゾフやベオグラードをめぐって、ロシアそしてオーストリアとの紛争が生じていた。これにさいしてオスマン帝国は、新しい手段で対抗した。プロシアやスウェーデンと条約を結ぶことで、ヨーロッパ諸国のパワーバランスを利用したのである。こうした外交政策によってオスマン帝国は、一七三九年に有利な条件でベオグラード条約を結び、以降三〇年近い安定した時代を迎える。

この平和の時代、チューリップ時代を彷彿とさせる都市文化がふたたび栄えていた。とくに興味深いのは、書物文化の発展である。この時期には、イスタンブル各地に公共の図書館が多数、設立された。イスタンブルのみならず、ベオグラードとヴィディンでも図書館が建てられ、イスタンブルから貴重な書籍が送られた。スルタンのみならず国家高官たちもこうした図書館の整備に加わり、イスタンブルはあたかも図書館で飾られたかのようだったという。

ヨーロッパ建築におけるバロック様式を取り入れた、「オスマン・バロック」の傑作とされるヌール・オスマニエ（「オスマンの光」）・モスクが建設されたのも、このころである。

オスマン三世の反動政策と経済の堅調

一七五四年、マフムト一世は、金曜礼拝から戻るさい、トプカプ宮殿前で急死した。あとを継いで即位したオスマン三世はマフムト一世の弟であり、即位時は五五歳であった。もっとも長く鳥籠で過ごした経験を持つ君主である。ただし、王子時代には君主の巡行に随行することもあり、必ずしも完全に閉じ込められていたわけではなかったようだ。その長いハレム生活のため、オスマン三世の政策には、ハレムの監督者である黒人宦官長の影響が強かったといわれている。

オスマン３世
在位1754〜57

彼の短い治世には、先王時代に繁栄した都市文化の爛熟に対するカウンターとも見なしうる政策がとられた。すなわち、婦女は流行の服装で歩き回らないこと、仕事をするためだけに市場に行くこと（つまり、遊興のために行かないこと）、君主の金曜礼拝を見物しないこと、馬に銀の装飾は宰相以外は許されないこと、非ムスリムは決められた衣服以外は着てはいけないこと、など社会の規律を強化する目的の禁令が出されたのである。

しかしこれらの規則は、実際には大きな影響を及ぼさなかったという。一七世紀であれば、法令の背後にカドゥザーデ派が暗躍し、厳しい綱紀粛正が行われたことだろう。しかし、チューリップ時代より数えれば半世紀におよぶ経済の発展と消費文化の定着は、こうした禁令をアナクロニズムとしてしまったのである。

実際、一七六〇年代までのオスマン経済は着実な発展を見せていた。一八世紀を通じて、オスマン帝国からヨーロッパへの綿花や珈琲の輸出量は増加しており、インドからは織物や奢侈品が輸入された。後述する露土戦争のための戦費が増大し、そしてその敗戦による莫大な賠金が課されるまで、オスマン経済は堅実な成長を遂げていたのである。一八世紀以降のアジア・アフリカ諸国では、西欧を中心とした単一の世界経済システムへの従属化が進んでゆくとされるが、この時期のオスマン帝国は、まだヨーロッパ経済に従属していたとはいえない。

オスマン帝国臣民のうち、こうした経済や商業を中心的に担っていたのは、キリスト教徒商人層であった。彼らは経済的発展の恩恵を被って資本を蓄積し、徐々にムスリムをしのぐ富裕層として台頭してゆくことになる。こうした富裕層の支援は、正教徒やアルメニア教会信徒のあいだでイスタンブルに座する教会組織の首長（総主教）を中心とした宗教共同体の集権化に拍車をかけた。オスマン政府によって認可されたこれら各宗教共同体の長は、帝国内の自宗派の信徒を集権的に管理するようになってゆく。一方、キリスト教徒の場合とくらべてユダヤ教徒共同体の再編は遅く、一九世紀前半のマフムト二世時代のこととされている。

終わる繁栄——露土戦争とキュチュク・カイナルジャ条約

一七五七年、オスマン三世は、胃痛によって金曜礼拝を取りやめた二日後に死去する。最年長の王族男子であるメフメトは、一年前に不慮の死を遂げていた——オスマン三世による毒殺ともいわれる。そのため、メフメトよりわずかに年少だったアフメト三世の息子ムスタファが、四〇歳でムスタファ三世として即位した。

ムスタファ三世の治世最初の一〇年は、チューリップ時代より断続的に続く寧日を享受した時代であった。しかしその長い繁栄に終止符を打ったのは、ポーランド情勢を契機として一七六八年に始まった露土戦争である。開戦後、序盤のいくつかの戦いでは勝利したが、それ以降のオスマン軍は一方的に押され、クリミア半島の征服を許し、さらにはドナウ河での戦いでは大敗北を喫した。

ムスタファ３世
在位1757～74

こうした危機的状況のなか、ムスタファ三世は一七七四年に死去する。代わってアブデュルハミト一世が即位し、同年、ロシアとのキュチュク・カイナルジャ条約が締結された。この条約で、オスマン帝国はアゾフと黒海北岸を失い、オスマン帝国の保護下にあったクリミア・ハン国の独立を認めることとなった。さらにロシアは、ワラキアとモルダヴィアへの影響力を増すと同時に、これまでフランスなどに認められていたカピチュレーション（通商特権）も得ることになった。

この条約は、カルロヴィッツ条約に劣らない衝撃をオスマンにもたらした。メフメト二世の時代より、三〇〇年にわたってオスマン帝国に臣従していたムスリムのクリミア・ハン国が、オスマンの手を離れたのである。

一方でこの条約には、クリミア・ハン国に対して、スルタンはカリフとして宗教的な影響力を保持するとの文言が入れられた。すでに何度か触れたように、スルタンは一六世紀より名実ともにスンナ派イスラム世界の盟主たるカリフを自任していたが、その権威が前面に押し出されたのはこれが端緒である。こうした、カリフとしての宗教的権威の強調は、のちのオスマン帝国においてより積極的に喧伝されることになる。

アーヤーンたち

アブデュルハミト１世
在位1774～89

キュチュク・カイナルジャ条約の締結後も、アブデュルハミト一世と帝国を取り巻く状況は多難だった。その要因のひとつは、帝国内部、それも地方にあった。

一七世紀末、安定した税収確保と民力の安定化を目的に、徴税請負制に終身制が導入されていた。任期付きの徴税請負人は、任期内に可能な限りの利益を上げようとしばしば過度の収奪に走ったため、民衆を害する傾向にあった。それに対して、任期を終身化することによって苛斂誅求《かれんちゅうきゅう》を防ぎ、長期的な視野に立った徴税の実践が期待されたのである。この終身徴税請負制の導入を機に、帝国の各地で在地の有力者たちが成長していた。

「アーヤーン（地方名望家）」と呼ばれる彼らの出自は、地元の名士や部族長、あるいは地元に根を持たない中央から派遣された州総督などさまざまであった。彼らは徴税請負を通じて徐々に財力を蓄え私兵を養って、一八世紀中葉よりオスマン政府の要請に従って対外戦争の一翼を担った。また、オスマン政府の統制に反抗し、場合によっては諸外国の援助を受けて政府に対して反乱を起こすこともあった。

代表的なアーヤーンをふたり、紹介しておこう。

ブルガリアのルセを拠点としたティルスィニクリ・イスマイルは、地域の有力者たちの合議によってアーヤーンに選ばれた人物である。イスマイルは、周辺地域の小アーヤーンたちと同盟を結び、アルメニア金融商人の後援を受けており、バルカンでもっとも強力なアーヤーンのひとりであった。また彼は、次に述べるニザーム・ジェディード改革への頑強な反対者でもあった。

フランスの侵攻に対抗するため一八〇一年にエジプトに派遣されて手腕を発揮し、エジプト総督に任命されたメフメト・アリ（ムハンマド・アリー）も、もっとも成功したアーヤーンだといえる。アルバニア系といわれるメフメトは、帝国中央政府に先駆けてエジプトの近代化を推進し、のちにメフメト・アリ朝と呼ばれる半独立政権を打ち建てることになる。

地方経済の発展に伴う彼らアーヤーンの台頭は、イスタンブルを中心とする旧来の地方統治システムが維持できなくなっていたことを意味する。一八世紀後半には、オスマン政府は軍事的にもアーヤーンに依存するようになり、一九世紀初頭になると中央政治に介入するアーヤーンも登場する。彼らに代表される地方の活力をどのように取り込むかが、以降のオスマン政府の大きな課題となった。

5　近代への助走——セリム三世とニザーム・ジェディード改革

セリム三世の即位

キュチュク・カイナルジャ条約の打撃もまだ癒えない一七八七年、オスマン帝国はロシアおよびオーストリアと戦端を開くことを余儀なくされる。その理由は、一七八三年にクリミア・ハン国がロシアに完全併合されたためであった。ロシアのエカチェリーナ二世は、このときイスタンブルを征服してビザンツ帝国を再建することすら企図していたといわれる。

オスマン軍の劣勢はいかんともしがたく、一七八八年、黒海北岸の要衝オズィが陥落したとの知らせを受けたアブデュルハミト一世は卒倒、病臥したまま翌年に亡くなった。戦いのさなか、代わって即位したのは、二七歳のセリム三世であった。

セリムは、ムスタファ三世の息子として一七六一年に生まれた。セリム誕生の直前には、早

セリム3世
在位1789～1807

世した姉ヒベトゥッラーが生まれている。オスマン王家には、長らく、実に三〇年以上も子供が誕生していなかったため、セリムとその姉の降誕は盛大に祝われた。また、セリムの誕生日は、木星と金星とが重なる吉兆に当たっているとされたため、「天運の主《サーヒブ・キラーン》」であると嘉《よみ》された――かつてスレイマン一世らの名君たちに与えられた称号である。

セリムは、待望の王子にして「天運の主」にふさわしい良い教育を受けた。父ムスタファ三世は、自身が砲兵廠や海軍工廠に赴くさいや、外国の大使を出迎えるときには、幼いセリムを伴った。ムスタファ三世が死去したのちに即位したのは、セリムの叔父にあたるアブデュルハミト一世であるが、彼も当初は甥セリムに親切にふるまっていた。鳥籠は、このころのセリムには無縁だった。

事態が変わったのは、一七八五年である。この英邁な王子の即位を大宰相ほか一部の高官たちが画策していたことが発覚し、首謀者たちが処刑されるという事件が起きたのである。この事件ののち、セリムへの監視は厳しくなる。たとえば鳥籠の窓越しに、のち海軍提督となる友人キュチュク・ヒュセイン・パシャとの会話を楽しんでいたことが知られると、窓を閉鎖されるという仕打ちを受けた。彼の毒殺を命じられた女奴隷が送り込まれたが、彼女はセリムに愛情を抱き暗殺を果たせなかったという、真偽不詳の逸話もある。

セリムが音楽を学んだのは、このころである。セリムは長じてのち、西洋音楽のような楽譜を導入するなどオスマン古典音楽の改良に努め、オスマン音楽史に名を残している。またセリムは、フランス大使の仲介で、フランス王ルイ一六世と文通を始めてもいる。西洋の優れた王から、フランスの国政を学ぶためであった。

財政軍事国家への転換

セリム三世が即位した一七八九年は、奇しくもフランス革命が勃発した年であった。革命のさなか、彼が師と仰いだルイ一六世は囚われ、処刑されることになる。

セリム三世が即位してからも、ロシアおよびオーストリアとの戦争において、オスマン軍は敗北を重ねていた。イェニチェリ軍団が敵軍に抗しえないことは、すでに明らかであった。一七八九年には、ドナウ川付近で、一二万のイェニチェリ軍団が、わずか八〇〇〇のロシア軍に屈辱的な敗北を喫している。

都市の親方・職人衆などの社会集団を代弁する中間団体として、オスマン帝国の都市社会に不可欠の存在となっていたイェニチェリであったが、軍事的な観点からの改革の遅れは否定しがたかった。

一八世紀後半から続くオスマン帝国の軍事的退潮については、たんにイェニチェリ軍団の練度の低さや装備の劣悪さにのみ帰すのではなく、オスマン国家体制の構造的な問題にもその原因がある。

イギリスをはじめ、のちに列強と呼ばれるようになるヨーロッパの主要諸国は、一七世紀から一八世紀にかけて、現在の研究者が「財政軍事国家」と呼ぶ体制を作り上げていった。絶え間ない軍事活動を目的として、政治・財政・軍事が合理的かつ有機的にかみ合って駆動してゆくこの体制に対し、構造改革に後れを取ったオスマン帝国は抗しえなかったのである。一八世紀におけるオスマン帝国の体制については今後の研究に待つところが大きいが、つぎにみるセリムの改革は、遅ればせながら、オスマン帝国を財政軍事国家に転換させることを目指すものであった、と位置づけられるかもしれない。

ニザーム・ジェディード改革

一七九二年、厳しい条件ながらもプロイセンの仲介によって和平を結んだセリムは、満を持して改革に乗り出す。まずセリムは、臣下および外国の識者たちに、帝国をいかにして改革すべきかの意見書の提出を求めた。これが、セリム三世による改革プログラムである「ニザーム・ジェディード」、すなわち「新体制」の始まりである。

上奏された意見書の多くは、スレイマン一世の黄金時代への回帰を主張する復古的な内容のものであったが、ロシアを範に取った軍事改革の必要性や、ティマール地の接収や貨幣改鋳による財政の健全化、当時しばしば行われていた高官に対する財産没収への批判など、のちの帝国の近代化改革のなかで実現されてゆく内容を先取りした意見も見られた。改革の立案と実践のために、セリムは、「統治の後見人」と呼ばれる一〇人程度のブレーンを組織し、大宰相など高官たちの頭越しに改革の実践にあたった。これは改革の素早い実現を可能にしたが、一方で既存の役職についている者たちの不満も醸成した。

さらにセリムは、一七九三年のロンドンを皮切りに、パリ、ベルリンそしてウィーンと、列強の首都に矢継ぎ早に大使館を設置した。ヨーロッパ諸国が早くからイスタンブルに大使館を置いていたのに対し、オスマン帝国はこれまで、外交上必要な時にのみ使節を派遣するにとどまっていたのである。セリムの改革によって、これからはオスマン大使が各国に常駐して情報を収集し、外交交渉にあたることになった。

「芸術外交」も行われた――セリムは父ムスタファ三世や叔父アブデュルハミト一世と同様、ヨーロッパの芸術家たちを招聘して肖像画を描かせており、ナポレオンに自身の肖像画を送ったことで知られている。

ニザーム・ジェディード軍

改革の目玉は、軍事であった。

一七九三年、ヨーロッパ式の軍事教練をほどこされ、統一された制服をまとった規律ある軍隊、その名もニザーム・ジェディード軍が設立されたのである。ティマール地や徴税請負権の一部、酒や羊毛、絹などに課される新税が、その財源にあてられた。兵員は、主としてアナトリアの農民たちから徴用された。これには、アナトリアのアーヤーンたちの助力も大きかった。こうして創設されたニザーム・ジェディード軍は、一八〇六年には二万名を超える人員を擁すようになる。

ヨーロッパ式の軍事技術を取り入れたニザーム・ジェディード軍だったが、伝統的な価値観を排していたかといえば、むしろ逆であった。ニザーム・ジェディード軍関連の役所は「聖戦《ジハード》局」と呼ばれていたし、ニザーム・ジェディードの兵員には、古典的なイスラムの教えにもとづいた精神的な規律強化のための教育がほどこされた。彼らの教化にあたっては、一六世紀後半の宗教家ビルギヴィー――カドゥザーデ派の思想的源流のひとり――の著作が用いられた。セリム自身、イスラム神秘主義教団のひとつメヴレヴィー教団と深くかかわり、改革にあたって彼らのネットワークを利用していたことが知られている。

ニザーム・ジェディード軍の初陣の相手は、ナポレオン軍であった。一七九八年、フランスの青年将校ナポレオンが、インドとイギリスの連絡を遮断すべく敢行したエジプト征服は、長いあいだ親仏政策をとってきたオスマン政府にとって青天の霹靂だった。一七九九年、ナポレオン軍がシリアの拠点アクレを攻略しようと北上すると、アクレ防衛のためにニザーム・ジェディード軍が派遣され、当地のアーヤーンであったジェッザール・アフメト・パシャとともにナポレオン軍の撃退に功績を挙げた。この勝利は、ニザーム・ジェディード軍の将来に大きな期待を抱かせる成果として受け止められた。

改革の終焉

順調に見えたセリムの改革であったが、ふたつの事件によりその限界を露呈し、続く反乱によって破局を迎えることになる。

一八〇六年、バルカンで兵員を徴用するためにエディルネに赴いたニザーム・ジェディード軍は、バルカンのアーヤーンたちの激しい抵抗に遭った。結局、セリムは流血の事態を避けるべく、ニザーム・ジェディード軍を撤退させる。「第二次エディルネ事件」とも呼ばれるこの出来事は、セリムとニザーム・ジェディード軍の威信を大きく傷つけた。

のみならずセリムは、凋落した自身の支持を回復させるため、反改革派の人物を大宰相やイスラム長老といった要職に任命し、懐柔することを余儀なくされた。ニザーム・ジェディード軍は、これまで特権を享受してきたイェニチェリ軍団のライバルとなりうる存在であり、ゆえにイェニチェリ軍団と結びついていた都市民にとっても脅威であった。そのため、改革への不満は広く深く根を張っていたのである。

もうひとつは「イギリス事件」である。一八〇五年、アウステルリッツの戦いでナポレオンが墺露の連合軍を破ると、オスマン帝国は再びフランスに接近、その結果、フランスと敵対していたイギリス・ロシアと開戦することになった。それに反応したイギリス艦隊が一八〇七年二月、ダーダネルス海峡を容易く越えてイスタンブル近海まで侵入し、トプカプ宮殿沖に投錨する事態となった。イギリス艦隊は一〇日ほどで撤退するが、イスタンブルは大混乱に陥った。イギリス艦隊は、イェニチェリ軍団の殲滅のためにセリム三世によって招聘されたのだという、根拠のない噂も流れた。

イギリス事件の余韻も冷めやらぬ一八〇七年五月、ボスフォラス海峡を守るイェニチェリ部隊に、ニザーム・ジェディード軍の制服を着用するよう命令が下された。イェニチェリはこれに反発、小競り合いの末にニザーム・ジェディード軍将校が殺され、都市民を巻き込む大きな騒擾となった。この反乱は、首謀者の名をとって、「カバクチュ・ムスタファの乱」と呼ばれる。素早い鎮圧活動によって対処すれば、反乱の拡大は防ぎえたかもしれない。しかし、イスタンブルに駐屯していたニザーム・ジェディード軍に、鎮圧命令は出されなかった――このときイスタンブルにいた大宰相代理やイスラム長老などの高官たちが、反改革派で占められていたためであった。

拡大する反乱の鎮圧が不可能であると悟ったセリムは、ニザーム・ジェディード軍の廃止を宣言するが、反乱者たちは満足しなかった。反改革派のイスラム長老がセリム退位を是とする法意見書を発布したことで、セリムの命運は決まった。

セリムにはアフメトという名の息子がいたが、幼くして亡くしている。そのためか、年少のふたりの従弟――当時二七歳のムスタファと二一歳のマフムト――に好意的に接していた。ムスタファが宮廷外の政治家たちと連絡を取り合っていることを知ったときも、やんわりとたしなめるに留めていたほどであった。セリムには、従弟たちを殺害することによって自分の立場を守るという選択肢もあったが、セリム自身がそれを拒否した。セリムは退位後、いまやムスタファ四世として即位した従弟に忠誠の誓いをしたのち、自ら鳥籠へ戻った。

ニザーム・ジェディードの評価

こうして、セリムの改革は挫折に終わった。しかし、近代的軍隊の設立とそれを支える財政改革、あるいはアーヤーンたちの取り込みなど、セリムの試みは、のちに続くオスマン帝国近代化のモデルとなった。

留意すべきは、改革派と反改革派との争いは、「開明的な西洋派」と、「保守的なイスラム派」の対立ではなかったということである。すでに触れたように、一連の改革は、イスラム的な価値観によって正当性を付与される形で進められた。あるモスクの説教師は、イェニチェリの無能を告発しニザーム・ジェディード軍を擁護しているし、改革支持者たちはセリムを「ムジュタヒド（イスラム法について見解を示す資格を持つ者）」と呼んだ。

もちろん、イェニチェリを始めとする反改革派も、セリムたちがイスラムの正道から逸れていることを自分たちの反乱の根拠としたが、実際のところは、改革によって既得権益を脅かされたことが理由であったといえるだろう。セリム廃位とニザーム・ジェディード廃止をめぐる一連の事件は、スルタンを中心とした党派とそれに対抗する党派が対立し、後者の力が強力になりバランスが崩れたときに廃位が行われるという、一七世紀以来続く伝統の延長であった。一七三〇年のパトロナ・ハリルの乱以来、実に七六年ぶりに、イェニチェリはその「伝家の宝刀」を抜いたのである。

ムスタファ４世
在位1807〜08

アレムダール・ムスタファ・パシャ

セリムの廃位そしてムスタファ四世の即位後も、政局の混乱はやまなかった。反乱者たちはニザーム・ジェディード支持者たちを粛清したものの、一枚岩ではなかったために内部抗争を繰り返していた。こうした混乱を知ったナポレオンは、ロシア皇帝と謀り、オスマン帝国の分割支配を計画したともいう。

報復を逃れたニザーム・ジェディードの支持者たちは、ブルガリアのルセを拠点とするアーヤーン、アレムダール（バイラクタル）・ムスタファ・パシャのもとに集まっていた。ルセには、反ニザーム・ジェディード派の筆頭アーヤーンであるイスマイルが君臨していたが、彼は一八〇六年に死去していた。イスマイルに代わって、アルメニア商人などルセの有力者たちが合意のもと推戴したのが、近郊小都市のアーヤーンであるアレムダールであった。イスマイルと異なりニザーム・ジェディードの支持者であったアレムダールは、当時、オスマン帝国でもっとも訓練された軍隊三万人を動員できたという。首都の混乱を見たアレムダールは、一八〇八年、手勢を率いてイスタンブルへ進軍し、さしたる抵抗を受けることもなくイスタンブルに入市することに成功した。

アレムダール軍の到来を知り、抗しえないと知ったムスタファ四世は、従兄セリムと弟マフムトの処刑を試みる。王家唯一の男子となれば、廃位の危機を逃れられるからである。追い詰められたムスタファ四世自ら、従兄と弟を殺害すべく、部下を引き連れハレムに乗り込んだという。

大宰相府を制圧したのち、手勢を引き連れトプカプ宮殿に入城したアレムダールを迎えたのは、絞殺されたセリムの遺体だった。遺体は傷つき、セリムが激しく抵抗したことを示していた。一方マフムトは、女奴隷が焼けた石炭を追手に投げつけて時間を稼いでいるあいだに、屋根に隠れて辛くも難を逃れた。

トプカプ宮殿を制圧下においたアレムダールは、喧騒冷めやらぬなか、内廷でマフムトに拝謁した。拝謁のしきたりを知らず、武器を手にしていたアレムダールとその部下に対し、マフムトはその無礼を咎めたという。マフムトにとって、アレムダールは命の恩人ではあったが、宮廷の作法をわきまえぬ田舎者にすぎなかったのだった。こうしてムスタファ四世は廃位されて鳥籠へと送られ、マフムトが即位した。

マフムト二世である。

第四章

専制と憲政下のスルタン＝カリフ

近代帝国の時代：1808年—1922年

セリム三世（右）とマフムト二世
ハレムの一室でセリム三世と幼いマフムト二世とが語らっている。オスマン帝国の近代化改革のバトンがここで受け継がれたのであろうか。最後のカリフ、アブデュルメジト・エフェンディによって描かれた想像図（アブデュルメジト・エフェンディ作、個人蔵）
Ömer F. Şerifoğlu (ed.). *Hanedandan bir Ressam Abdülmecid Efendi.* Istanbul, 2004.

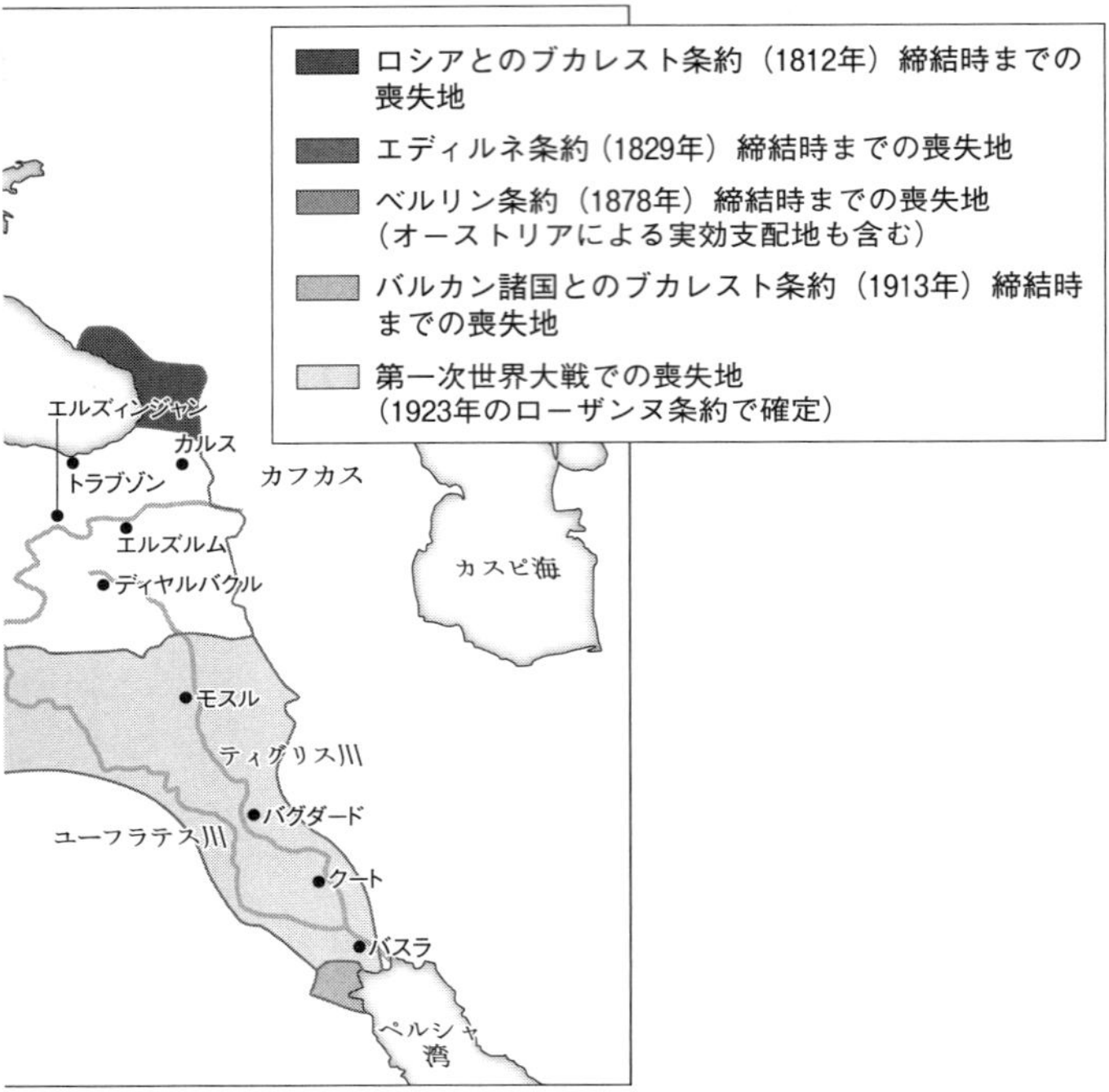

出典：『岩波 イスラーム辞典』ただし、大幅な加筆修正を加えている（セーヴル条約によるトルコ分割案については、Cevdet Küçük, “Sevr Antlaşması,” *Türkiye Diyanet Vakfı İslâm Ansiklopedisi*, vol.37, 2009, p.2 所収の地図をもとに作成）

19世紀から20世紀初頭にかけてのオスマン帝国

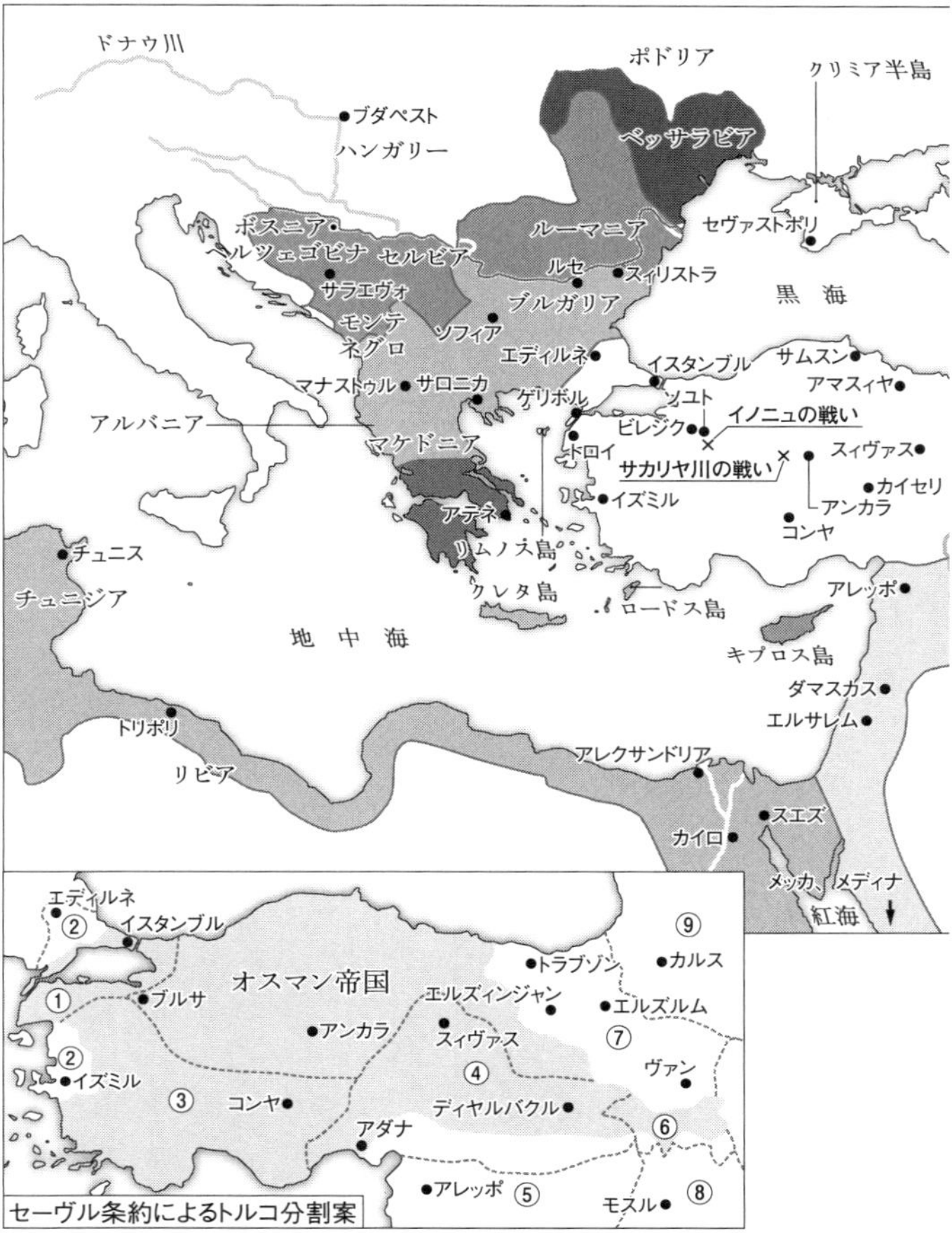

①海峡委員会の管理　②ギリシャの勢力圏　③イタリアの勢力圏
④フランスの勢力圏　⑤フランス領　⑥クルド自治領
⑦アルメニア領　⑧イギリスの勢力圏　⑨ロシア領
□セーヴル条約で定められたオスマン帝国領

1　マフムト二世――「大王」、「異教徒の帝王」そして「イスラムの革新者」

「大王」マフムト二世

一七八五年生まれのマフムト二世は、即位時、二三歳であった。王子時代は、二〇歳以上年長の従兄セリム三世に愛され、比較的自由な雰囲気のなかで育った。また、ムスタファ四世の短い治世の間はセリムとともにハレムに幽閉されていたことから、セリムから多くのことを学んだといわれている（第四章扉絵）。

母は、ナクシディル・スルタンという。同時代のヨーロッパでは、彼女はカリブ海に浮かぶマルティニク島のフランス人名家の娘で、ナポレオンの妻ジョゼフィーヌの従妹であるという噂がまことしやかに流れた。彼女はアルジェリア海賊によって捕らえられ、オスマン帝国のハレムに献呈されたというのだ。これは根拠のない作り話で、実際にはコーカサス系の奴隷であったようだ。しかし、近代化政策を精力的に推し進めるマフムト二世の出自として、いかにもヨーロッパ人が信じたくなるような噂であったに違いない。

マフムト二世は、セリム三世が挫折したオスマン帝国の近代化改革を軌道に乗せ、オスマン帝国を真の意味で大きく変革させた君主である。あまり人口に膾炙しているわけではないが、「大王《ビュユク》」という、ロシアのピョートル大帝やプロイセンのフリードリヒ大王を彷彿とさせるあだ名で呼ばれることもある。

オスマン帝国の歴史において画期をなすマフムト二世であったが、しかし、即位時の彼には実権はなく、彼が改革の舵を自ら握るには、一〇年以上に及ぶ長い雌伏の時間が必要だった。

同盟の誓約

アレムダールによるムスタファ四世の廃位は、イスラム長老《シェイヒュルイスラム》による法意見書《ファトワー》の「お墨付き」を得ていないものであった。一七世紀以降繰り返されたスルタンの廃立においては、イスラム長老がこれを是とする法意見書を発するのが「廃位の作法」であったから、慣例に反したアレムダールの行為は、その当初から正統性に問題があったといえよう。

マフムト２世
在位1808～39

スルタン廃位をめぐる混乱のなかで、ムスタファ四世の姉エスマー・スルタンの即位を望んだ者たちもいたという。エスマーは才気あふれる女性であり、セリム三世の治世中からムスタファと連絡を取り合い、ムスタファの即位後は、彼の治世を維持するために活動していた。可能性は低かったろうが、巡りあわせ次第では、オスマン帝国初の女帝が誕生していたかもしれない。エスマーは弟のマフムトとも気心の知れた仲であり、マフムト治世には彼の良き相談相手を務めた。洋風の暮らしを好み、着飾って街を歩く姿はイスタンブルの女性たちの模範となったという。

騒乱がいったん落ち着くと、大宰相に就任したアレムダールは、ニザーム・ジェディードの復活を宣言、ふたたび新式軍団を設立させた。次いでアレムダールは、一八〇八年一〇月、各地の有力アーヤーンたちをイスタンブル郊外に招集し、「同盟の誓約《セネディ・イッティファーク》」と呼ばれる協定を結んだ。この誓約は、君主がアーヤーンの財産と安全を保障し、一方でアーヤーンはオスマン政府を支えることを定めた取り決めであり、オスマン帝国において進展してきた王権掣肘のひとつの到達点ともいえる。

同盟の誓約は、王に諸侯の権利を認めさせたというその性格から、イギリスのマグナ・カルタ（一二一五年）に比されることもある。しかし一八世紀後半、プロイセンにおける一般法典（一七九一年）を始め、ロシアやスウェーデンなどこの時期のヨーロッパ諸国では、臣下に一定の権利を明文化したうえで認めるという政策がしばしば見られた。研究者アリ・ヤイジュオールが指摘するように、同盟の誓約は、こうした同時代的な潮流のなかに位置づけるほうがふさわしい。

マフムト二世自身も、アーヤーンたちの権利を認める同盟の誓約に調印した。しかしマフムトが、君主の大権を制限するこの誓約を不本意なものと見なしていたのは、おそらく間違いない。

アレムダールの没落

アレムダールの栄光は長くは続かなかった。

大宰相に就任して三ヶ月半後、本拠地のルセが近隣のアーヤーンに脅かされているという知らせを得た彼は、イスタンブルに伴っていた自身の精鋭をルセに送り返した。これによって手薄になったアレムダールの私邸を、イェニチェリ軍団が襲ったのである。アレムダールとその手勢は激しく抵抗したが、最後には多数のイェニチェリを道連れに爆死した。マフムト二世は、アレムダールを積極的に助けようとはせず、結果的に反乱者を利するかたちとなった。反乱の背後にマフムト二世がいたという噂すら流れた。

反乱の報を受け取ったマフムト二世は、鳥籠《カフェス》にいる先王ムスタファ四世をいち早く処刑し、オスマン王家唯一の男子となることで自らの地位を保った。アレムダールの天下は幕を閉じ、オスマン政府の主導権は、イェニチェリ軍団をはじめとする守旧派のものとなった。新式軍団はふたたび廃止され、改革は途絶した。

それでもマフムトは、粘り強く改革を進める意志を失っていなかった。マフムトの敵はふたつあった。帝国中央の守旧派——その代表はイェニチェリ軍団である——と、地方のアーヤーンたちである。

マフムトはまず、後者の排除に取り組む。地方の半独立勢力を排除することについては、中央の守旧派とマフムトのあいだで、利害が一致していたからである。アーヤーンの掃討は、硬軟とりまぜた作戦で進められた。まず、強力なアーヤーンに、世襲を許すなどの特権を与えたうえで小規模なアーヤーンを討伐させる。一方、軍事力による討伐が難しい強力なアーヤーンに対しては、任地替えや、当主が死去したさいに財産没収を行うなどしてその勢力を削いでいった。こうして、マフムト二世の治世前半が終わるころには、オスマン政府に抵抗できるようなアーヤーン勢力は、バルカンとアナトリアから一掃されていた。

ただし、地方に根差したタイプのアーヤーンの一族は、これ以降も地方名家として隠然たる勢力を保持し続けたし、エジプトのメフメト・アリを筆頭に、アラブ地域などの遠隔地は手つかずのまま残った。また、アーヤーンの台頭を準備した、経済の発展によって活力を蓄えつつあった地方社会を、どのように帝国の一部として有機的に取り込むかは、次世代の課題として残された。

イェニチェリ軍団の廃止

マフムトは、アーヤーンの掃討を進める傍ら、セリム三世の轍を踏まぬよう、中央の改革のために周到な計画を進めていた。彼は、不自然にならないよう時間をかけて、イェニチェリ軍団司令官などの要職に、自分の支持者たちを少しずつ配していった。他方で、不満分子を地方に任命することで排除し、場合によっては時をおいてから理由をつけて処刑させた。

こうした入念な下準備ののち、自らの基盤が固まったと考えたマフムトは、一八二六年に行動を起こす。新式軍団の創設を宣言したのである。イェニチェリ軍団内の支持者たちの協力により、新式軍団の人員はイェニチェリ軍団から徴用された。

一八二六年六月、新式軍団初めての訓練から数日後、イェニチェリ軍団内の反改革派が反乱を起こした。反乱を予期していた――暴発を誘っていたともいわれる――マフムトは、イスラム長老からイェニチェリ軍団殲滅を是とする法意見書を受け取り、オスマン王家に伝来する預言者ムハンマドの旗をかざして、反乱鎮圧を命じた。イスタンブル中心部の広場にバリケードを築いて立てこもるイェニチェリの叛徒は、マフムトが刷新を進めていた砲兵隊の格好の的だった。反乱はわずか七時間で鎮圧され、多数のイェニチェリが処刑された。

こうして、イェニチェリ軍団は正式に廃止された。イェニチェリ軍団と強く結びついていた神秘主義教団であるベクターシー教団も解散させられ、その修行場は、マフムトと深いつながりを持つナクシュバンディー教団のものとなった。

一四世紀に成立して以来オスマン帝国の屋台骨を支え続け、一七世紀以降はイスタンブル都市民の代弁者として強い影響力を持ったイェニチェリ軍団は、こうして姿を消した。

組織の近代化

イェニチェリ軍団を殲滅したマフムト二世は、中央行政の改革を矢継ぎ早に推し進めた。

軍事的には、まずヨーロッパに範をとった新式軍団として、ムハンマド常勝軍と名付けられた軍団を設立した。のちに陸軍大臣となる司令官職も創設し、さまざまな軍団の指揮系統を一元化する。また、すでに形骸化していたティマール制を廃止するとともに、海軍や地方の軍制も整えた。こうして再出発したオスマン軍の人材を担うため、すでにあった陸軍学校と海軍学校を拡大、あらたに軍医学校・軍楽学校を開校させた。ドナウ河沿いの都市ルセとスィリストラが、最新の築城術によって要塞化されたのもこのころである。両都市とも、のちのロシアの侵攻に対する抵抗の拠点となったことで知られているが、その果敢な抵抗も、このときの改革あってのことである。

中央行政も、外務省、内務省、財務省などが設置され、大きく再編された。大宰相の名称も首相と改められ、かつての「君主の絶対的代理人」としての権力が制限されるようになった(ただし、のちに大宰相の名称は復活)。また、帝国における最高の宗教的権威を保持するイスラム長老は、あらたに設置された長老府に属することになり、その独立性を失った。

セリム三世が創始し、彼の廃位ののちは途絶していた大使館も再開された。また、新たに設立された大宰相府翻訳局は、対ヨーロッパ政策のスペシャリストを養成し、外交と近代化にたずさわる重要な人材を供給するようになる。ヨーロッパへの留学生の派遣も、このころにはじまった。

マフムト二世は、世論にも配慮した君主であった。一八三一年に官報を刊行し、治安活動、食糧価格の安定、モスクの導師たちの昇給などを紙面で告知し、政策のアピールを行った。このほかにも、印刷所、検疫所、あるいは郵便局を設置するなど、あらゆる面で近代化政策を実行している。

「異教徒の帝王」か「イスラムの革新者」か

マフムト二世の改革は、服装にも及んだ。ヨーロッパ風の軍服はすでに導入されていたが、一八二九年には文民にも拡大された。官僚には、ヨーロッパ風のジャケットとズボン、そしてターバンに代わってトルコ帽《フェス》の着用が定められた。ターバンを巻く伝統的な服装は、宗教関係者のみに認められた。改革後に描かれたマフムト二世の肖像画は、トルコ帽をかぶっていること以外は、西洋諸国の君主たちとまったく変わらない姿であった。西洋風の楽団が音楽を奏でるなか金曜礼拝に赴くことすらあった彼に対して、「異教徒の帝王《ガーヴル・パーディシャー》」という陰口すら叩かれたという。

マフムト二世が宗教にこだわっておらず、「我が臣民のあいだの宗教の違いは、ただモスクやシナゴーグ、あるいは教会のなかでのみ、わかればよいのだ」と述べたという逸話は、やや出所が怪しいものの、のちに人口に膾炙するようになる。彼に対する人々のイメージをよく伝えていたからであろう。

しかしその一方で、この「異教徒の帝王」は、イスラム的な権威を活用することに意を払っていた。マフムト二世は、ハディースにも記され、かつてセリム一世やスレイマン一世などの過去の偉大な君主たちも称した、世紀ごとに登場しイスラムを支える「宗教の革新者」のひとりとして称えられた。また、ナクシュバンディー教団のネットワークも、マフムトの改革に力を貸していた。

マフムト二世の改革は、いかに西洋的に見えようとも、また敵対者から異教徒の所業と批判されようとも、イスラムのフレームを柔軟に活用して実践されたものだったのである。

対外政策

国内の改革には大きな成果を挙げたマフムト二世であったが、対外的には、苦しい舵取りを強いられ続けた。

ロシアとは一八一二年のブカレスト条約で和平を結んでいたが、一八一五年に起こったセルビアの反乱にロシアが介入すると、オスマン政府はセルビアに自治権を与えざるを得なくなった。ついで一八二一年にギリシャで反乱が起きたさいには、「ヨーロッパ文明揺籃の地」たるギリシャを救わん、と世論が沸騰した西洋列強の支援もあり、一八二九年のエディルネ条約で独立を許すこととなった。

これらセルビアやギリシャの反乱は、ナショナリズム（民族主義）が覚醒した早期の例と位置づけられることもある。しかし、圧政への抗議を目的とした伝統的な地方反乱という性格や、列強が介入することによって拡大した要素も大きく、必ずしも民族意識のみにもとづいたものではなかった。だが多民族・多信徒を臣民としてかかえるオスマン帝国にとって、困難な、そして帝国崩壊を導くことになる、「民族の時代」の不吉な先触れとなったのは確かである。

また、一八三〇年にはフランスがアルジェに侵攻した（アルジェリア全土の占領は一八四七年）。このように、名目的な統治下にあった遠隔地も、少しずつ帝国の手を離れ始めていた。

形式上は臣下でありながらも半独立政権を築き、オスマン本国に先駆けて近代化改革を進めていたエジプト総督メフメト・アリに対しても、マフムト二世は常に後手に回っていた。一八三三年には、エジプト軍がアナトリア中西部のキュタヒヤまで進軍する。オスマン軍はこれにまったく抗することができず、マフムトは仇敵ロシアに援軍を求めることで、ようやく難局を脱した。オスマン軍は、一八三九年にもエジプト軍に大敗を喫し、メフメト・アリにエジプト総督の世襲を認めることとなった。

一八三九年六月二八日、結核でふせっていたマフムト二世は、イスタンブルを睥睨するチャムルジャの丘に建てられた、姉エスマーの館で息を引き取った。五三歳であった。その暮らしぶりは質素で、ふだんはトプカプ宮殿を避けベシクタシュ地区の邸宅で過ごした。軍事改革のためにプロイセンより派遣されていた武官モルトケ（大モルトケ）は、マフムトの邸宅よりも、

アブデュルメジト1世
在位1839〜61

ハンブルクの金持ちの商人の屋敷のほうが豪華であった、と伝えている。

マフムト二世の後継者は、まだ一六歳の、彼の息子アブデュルメジト一世だった。アブデュルメジトは改革に理解のある人物であったが、啓蒙的専制君主としてふるまった父とは異なり、自身が政治の主導権を握ることはなかった。アブデュルメジトの時代は、マフムト二世によって身分保障を与えられた、開明的な新しい官僚たちが改革を主導するようになる。

2 タンズィマート改革

薔薇園勅令

マフムト二世の死より半年後の一八三九年一一月三日、トプカプ宮殿に隣接する薔薇園宮の前で、アブデュルメジト一世と高官たち、そして諸外国の大使が臨席するなか、世にいう「薔薇園勅令《ギュルハネ》」が読み上げられた。マフムトの時代より準備されていたといわれるこの勅令は、外相ムスタファ・レシト・パシャとそのブレーンたちによって起草され、今後帝国が行うべき改革、進むべき方針の大綱を示すものであった。

勅令ではまず、いまオスマン帝国が直面している困難は、聖典クルアーンとイスラム法《シャリーア》を蔑ろにしていることに起因すると述べる。そしてこれを克服するためとして、税制改革や公正な裁判の実施、臣民の身分保障などが定められた。

この勅令は、バージニア権利章典（一七七六年）やフランスの人権宣言（一七八九年）の影響が見られることから、帝国の近代化・西洋化の象徴として考えられてきた。しかしその一方で、イスラム法の重要性が強調され、伝統的なイスラム思想の文言を多用して書かれていることも注目される。すなわち、薔薇園勅令は、イスラム的伝統と西洋化のバランスを取りつつ制定されたものなのであった。以降のオスマン帝国では、この薔薇園勅令の大綱に沿って、「タンズィマート（再秩序化）」と呼ばれる一連の改革が進められることになる。

近代的官僚制への転換

薔薇園勅令のなかで、とくに重要とされる規定のひとつが、臣民の身分保障である。オスマン帝国のスルタンは、カプクルである臣下に対して財産没収や処刑の権利を伝統的に有しており、いかなる有力者に対してであっても、これをしばしば執行した。王権の安定という点では、この慣習はかつて有効に機能していたであろう。しかしこの時代、改革の担い手たる政治家や官僚に財産と安全を保障することは、安定した国家運営と継続的な改革の遂行にとって必須の要件となっていた。すでにマフムト二世の時代にも、官僚には一定の財産保障がなされていたが、この勅令によって、君主の恣意から自由で自律的な近代的官僚制に大きく発展したのである。

こうした身分保障を背景として、タンズィマートの前半期は薔薇園勅令を起草したレシト・パシャ、そして後半期はレシトの薫陶を受けたフアト・パシャとアーリー・パシャが、外相や大宰相など、政権の要職を独占して改革を牽引することになる。その一方で、彼らとその関係者が高位高官を独占したことは、人事の停滞を招き、出世を阻まれた人々の不満が募るという問題を生み出すことにもなった。

ここで注意しなくてはならないのは、タンズィマート時代は「官僚たちの支配」といえる時代だったが、スルタンがもつ最終的な政策決定権は維持されたことである。そのため、スルタンが本気になれば権力を取り戻すことは可能なのであった。実際に、次代のスルタンであるアブデュルアズィズ、そしてアブデュルハミト二世の時代には、君主がふたたび政治の中心となる。

司法・文教制度の改革

タンズィマート改革は、法体系にも及んだ。まず、フランスの法をそのまま流用した刑法・商法が導入された。人々の生活に密着した民法については、西欧の法をそのまま導入することに抵抗が見られたため、スンナ派のハナフィー学派にもとづく法解釈を、時代に適合するように体系化した『オスマン民法典《メジェッレ》』が編纂された。この新しい法典を用いて、イスラム法官以外が原則として裁判官を務める、制定法裁判所と呼ばれる新しい法廷も導入されている。

教育の近代化も進む。新しいカリキュラムを持つ新式学校が初等・中等教育に導入され、人材育成と国民教育を担うようになる。一八六九年に制定された公教育法では、帝国全土に初等・中等学校が網の目のように配置されることが定められた。官僚養成を意図した行政学院やガラタサライ高校《リセ》もこの時代に開校し、現在に至るまで名門校として続いている。

このように司法・文教分野で近代化改革が進む一方で、イスラム法官《カーディー》が裁く伝統的なシャリーア法廷や、ウラマーを養成するイスラム学院《マドラサ》も廃止されることなく併存し続けた。伝統的な制度と近代的な制度が併存するという二重性は、解消されることなくオスマン末期まで継続することになる。

クリミア戦争

マフムト二世治世と同じく、タンズィマートの時代にあっても対外関係がオスマン政府を悩ませた。その最たるものが、クリミア戦争である。一八五三年、ロシアはエルサレムの聖地管理権を要求して、ワラキアとモルダヴィアに兵を進めた。これを迎え討ったオスマン軍の敗色が濃厚になると、一八五四年に英仏が介入し、ロシアが支配する黒海北岸のクリミア半島に艦隊を派遣した。

長期化したこの凄惨な戦いは、イスタンブルの軍事病院でフローレンス・ナイチンゲールが活躍するという幕間を挟みつつ、一八五五年のセヴァストポリ要塞の陥落をへてロシアの敗北で終わった。ロシアの南下の野望はくじかれたが、オスマン政府は英仏に大きな借りを作ることとなった。そのためオスマン政府は、莫大な戦費の負担に加え、英仏の要求にこたえて非ムスリム臣民の待遇を大幅に改善する改革の実行を約束した。改革勅令である。

宗教の平等とオスマン主義

一八五六年二月、帝国政府は、非ムスリムにムスリムと同様の権利を与える改革勅令を発布した。この勅令は、それまで制限されていた非ムスリムの政治参加を認め、裁判における権利の平等、信教の自由、そして非ムスリムへの侮蔑的表現の禁止を定めている。

イスラムという宗教が七世紀に登場して以降、ムスリムと非ムスリムを峻別し、後者に制限を課すことは、クルアーンに定められた掟であった。もちろんイスラム法は、非ムスリムを庇護民と位置づけて信仰の自由や自治を認めている。しかしそれは、ムスリム優位の原則を犯さない範囲においてであった。その意味で改革勅令は、一二〇〇年のイスラムの歴史上、大きな転換だった。

改革勅令に先立つ薔薇園勅令は、イスラム的な枠組みのなかでの近代化を目指しており、いうなれば西洋からの刺激を受けつつも内発的に定められたものだった。対して改革勅令は、列強の圧力による発布という性格が強い。そのため改革勅令は、非ムスリムを過度に優遇する「特権勅令」だと、同時代のムスリムによって非難されもした。

ただし、改革勅令に至るまでの地ならしは、すでに済んでいたともいえる。

例えば信教の自由。本来のイスラム法の規定では、イスラムからほかの宗教に改宗すること、つまり棄教は厳しく禁じられており、その罰は死刑と定められている。しかしオスマン帝国では、よほどの社会的影響がない限り棄教者への死刑は執行されないのが常であり、稀に見られた極刑も一八四四年以降は停止されていた。

イスラム法に規定された、非ムスリムに課された負担である人頭税《ジズヤ》も、改革勅令前年の一八五五年に廃止されていた。人頭税に代わって、非ムスリムには兵役免除税が新たに課されていたから、実際の負担は変わらなかったものの、人頭税廃止の象徴的意味は大きかった。すなわち改革勅令は、一九世紀を通じて徐々に実現されてきた、非ムスリムに対する差別解消の「微調整」を明文化したに過ぎない側面も有しているのである。

こうしてオスマン帝国は、これまでのイスラム世界における「不平等を前提とした共存」から、「平等な共存」の実現へと、大きな一歩を踏み出した。たとえば、オーストリアがユダヤ人の法的平等を認めたのが一八六七年であることに鑑みると、オスマン帝国の新規性がよく理解されよう。宗教を問わず、オスマン帝国の臣民をすべて「オスマン人」として平等に統合しようという試みは、オスマン主義と呼ばれている。

アブデュルアズィズ
在位1861～76

アブデュルアズィズの専制と財政危機

一八六一年、アブデュルメジト一世は、父と同じく結核で死去する。まだ三八歳であった。代わって、三〇歳の弟アブデュルアズィズが即位した。

マフムト二世の治世より鳥籠は実質的に廃止されており、アブデュルアズィズは自由な暮らしを享受し、良い教育を受けて育った。一八六三年にエジプトに巡幸、一八六七年にはフランス万博への参加を機としてイギリス、オーストリアそしてプロイセンを歴訪したアブデュルアズィズは、遠征以外の目的で西欧を訪れた最初のスルタンとなった。

彼が兄と異なったのは、兄が官僚たちに改革のイニシアティヴを任せたのに対し、彼は国政を君主の手に取り戻すことを望んだ点である。徐々に親政の傾向を強めていったアブデュルアズィズは、タンズィマートを牽引した三人の政治家のうち最後に残ったアーリー・パシャが一八七一年に死去すると、寵臣ネディムを大宰相に据え、強権化を急速に進めていった。

このころ、新オスマン人と呼ばれる立憲政導入を主張した改革派知識人たちが、定期刊行物を通じて盛んな言論活動を行っていた。官報はすでにマフムト二世時代に導入されていたが、クリミア戦争を契機として民間の新聞が急速に部数を伸ばし、カフェで広く読まれることで公論形成のための重要なプラットフォームを提供するようになっていたのである。ファアト・パシャとアーリー・パシャが政権を牛耳った一八六〇年代の後半には、こうした世論の高まりを危険視した政府によって言論弾圧が行われ、新オスマン人たちはヨーロッパに亡命せざるをえなくなった。愛国的な戯曲や論説を執筆し、熱狂的な民衆の支持を得た文人ナームク・ケマルも、そのひとりであった。

改革が停滞する一方、経済的な苦境もオスマン帝国を襲った。オスマン財政は、クリミア戦争のころから、大きく外債に頼るようになっていた。一八四一年から一八七六年にかけて、黒字だったのは二年だけであり、四二〇〇万クルシュだった赤字は五億五〇〇〇万クルシュと、一〇〇倍以上に拡大していた。政治家たちも無策だったわけではない。マフムト二世時代に改鋳を繰り返し大幅に下落していた貨幣の価値を、タンズィマート期には安定させることに成功している。

しかし一八七三年、アナトリアを襲った飢饉と、ヨーロッパを席巻した恐慌とが重なり、オスマン財政にとどめを刺した。一八七五年、オスマン政府はついに債務不履行を宣言し、実質的に破産するに至った。

クーデタとムラト五世の即位

こうした危機的な状況のなか、イスラム学院の学生たちが起こした騒擾を奇貨として改革派将校がクーデタを起こし、アブデュルアズィズは廃位された。一八七六年五月のことである。アブデュルアズィズは、退位後まもなく自死と思われる形で発見され、新聞でも大きく報道された。イスラム法では自死が禁じられていることもあってスキャンダルとなったこの事件は、アブデュルハミト二世の時代に調査が行われ、公式には暗殺であると結論付けられている。

ムラト5世
在位1876

アブデュルアズィズに代わって即位したのは、アブデュルメジト一世の息子で、アブデュルアズィズの甥にあたるムラト五世である。若いころから新オスマン人たちと交流して改革に理解を示し、英邁と評判の彼であったが、アブデュルアズィズ治世には厳しい監視下に置かれ、即位時には精神に失調をきたしていたという。錯乱してプールに飛び込む、窓を割って投身自殺を試みるといった奇行を繰り返すムラトを、外国人医師も治療困難と判断した。即位して九三日——歴代スルタンのうち、もっとも短い在位期間である——後にムラトは退位し、イスタンブルのチュラーン宮殿で軟禁下におかれた。以降、ムラトは政治の表舞台に立つことはなかった。一八七八年には、新オスマン人のひとりアリ・スアーヴィーがムラトを救出しようと宮殿を襲撃したが、失敗し殺害されている。ムラトは娘たちとともに読書やピアノを演奏して過ごし、一九〇四年まで生きた。

一八七六年八月三一日、ムラトのあとを襲って即位したのは、彼の弟、三三歳のアブデュルハミト二世である。

オスマン帝国憲法

このとき、オスマン帝国にはふたたび対外的危機が迫っていた。ムラト五世の短い治世のあいだ、セルビアとモンテネグロとの紛争に端を発したバルカン問題を契機として、ロシアをはじめとした列強が介入してきたのである。

こうした危機的状況のなか、列強、とくに英仏からの支持を引き出すため、オスマン政府は自分たちが近代国家であることを示す必要性に迫られた。その決め手と考えられたのが憲法制定である。この時代、ロシアもまだ憲法を持っていなかった。憲法制定は、オスマン帝国の文明度と進歩性を示す契機となり、これによって西欧の世論を味方につけることが期待されたのである。

クーデタ後に、改革を進めるオスマン政府のリーダーシップをとったのは、タンズィマート時代の後半に中央と地方の要職を歴任し、改革派の領袖として高い評価を得ていたミドハト・パシャであった。立憲政の確立をいそぐミドハトを筆頭として、新オスマン人ナームク・ケマルのほか、ウラマーたちも加わった制憲委員会が草案をまとめ、アブデュルハミト二世の認可と修正を受けたのち、一八七六年一二月二三日、オスマン帝国憲法が発布された。

アブデュルハミト2世（右から2人目）
在位1876～1909

アジア最初の近代的憲法として知られ、起草者の名からミドハト憲法と通称されるこの憲法は、一八三一年制定のベルギー憲法をモデルとし、プロイセン憲法などほかの憲法もオスマン帝国の現状に合うよう適用されつつ起草されたという。

全一一九条からなる条文では、帝国の領土の不可分、カリフ位を兼ねる君主が神聖にして不可侵であること、王位はオスマン家の最年長男子が継承すること――オスマン帝国史上、はじめて王位継承順が明文化された――のほか、臣民の権利や義務、大臣、官吏、議会、法廷、地方そしてその他の事項が定められた。

とくに着目すべきは、帝国臣民について、宗教の別なくすべての臣民はオスマン人であり、自由かつ平等であると定められたことである。これは、改革勅令につづく平等と共存の試みの、まぎれもなくひとつの到達点であった。

しかしアブデュルハミト二世の強い要求によって、緊急時に戒厳令を布告し、危険人物を国外追放に処すことができる非常大権がスルタンに与えられた（第一一三条）ことは、産声を上げたばかりのオスマン立憲政にとって躓きの石となった。

第一次立憲政の蹉跌

憲法発布後ただちに、規定に従って帝国初の国政選挙が行われ、その結果を受けて一八七七年三月には議会が開催された。第一次立憲政の始まりである。

オスマン帝国における立憲政成立をあざ笑うかのように、ロシア軍は一八七七年四月、先に触れたバルカン問題の解決を求めてオスマン領内に侵攻する。そのロシアに対し、しかし、オスマン政府が期待する英仏による牽制はなかった。オスマン帝国憲法に、西欧の世論は冷淡だったのである。イギリスの新聞はこれを「見せかけの憲法」であると切り捨て、イギリス自由党の政治家グラッドストンは、日記でこの憲法を嘲っている。

英仏の介入がないなかオスマン軍は善戦したものの、一八七八年二月には、ロシア軍はイスタンブル郊外（いまのアタテュルク国際空港付近）まで進軍した。ここまで敵軍の接近を許したのは、帝国史上初であった。

翌月、バルカンの大部分がロシアの影響下におかれるサン・ステファノ条約が結ばれる。屈辱的な城下の盟《ちかい》となったこの条約は、あまりにロシアに有利な内容であった。そのため、英墺を中心とした列強が介入し、同年七月にロシアの権益を制限したベルリン条約が改めて締結される。それでも、セルビア・ルーマニア・モンテネグロが独立、イギリスがキプロスを獲得、オーストリアがボスニア・ヘルツェゴビナを実効支配するなど、オスマン帝国にとって過酷な内容の条約であった。旧オスマン領からは、迫害を逃れた一五〇万人ものムスリムが難民としてイスタンブルなどに流入、社会不安が増大した。

危機的状況のさなか、アブデュルハミト二世は、一八七八年の二月なかばに憲法第一一三条に定められた非常大権を行使して議会を閉鎖し、憲法を停止した。憲政の父ミドハト・パシャはこのときすでに国外追放されていた。将来的には共和制の導入を目指していたともいわれるミドハトは、のちに幽閉され、一八八四年に非公式に処刑されることになる。

第一次立憲政は、こうして短命に終わった。

3　アブデュルハミト二世の専制時代

アブデュルハミト二世――ふたつの貌《かお》をもつスルタン

第一次立憲政の終焉ののちにはじまったのは、アブデュルハミト二世の三〇年にわたる専制時代である。彼は、オスマン帝国最後の、存在感のある君主であった。

アブデュルハミト二世と彼の治世の評価をめぐっては、毀誉褒貶が激しい。

彼は、憲法と議会を停止したのみならず、ミドハト・パシャをはじめとする政敵たちを葬り、スパイ網を張り巡らせて密告を奨励し、厳しい検閲と言論弾圧を行った。そのため、彼の治世は、オスマン帝国の民主化と近代化を阻害した暗黒時代であったとする評価が長く続いた。また、アルメニア人を弾圧したことで、ヨーロッパ人からは「赤いスルタン」と呼ばれた。

しかしそれに対して、彼は専制を敷きながらも近代化を推し進めた有能な君主であったという評価も、一定の支持を得ている。また近年のトルコでは、現在の親イスラム政権の伸展に伴ってか、彼を信仰心厚くイスラムを保護した偉大な君主とみなす評価が急速に高まっている。

アブデュルハミトの時代に帝国の制度やインフラの整備が進み、タンズィマート時代にはまだ計画にすぎなかったさまざまな近代化政策が実行に移されたのは、まぎれもない事実である。安定と発展の時代でもあった彼の家父長的支配のもと、オスマン臣民は、ある種の敬愛をこめて、彼をもうひとつのあだ名――「ババ（父）・ハミト」――で呼んでいたのである。

二面性のある君主であったアブデュルハミトとは、どのような人物だったのだろうか。

王子アブデュルハミト

アブデュルハミトは、生母を一一歳のときに失い、以降は義母のもとで育てられた。父アブデュルメジト一世は彼に冷淡であった。継承順位の低さから彼と親しくする者もなく、周囲から孤立していたという。こうした生立ちが、彼の冷徹な性格に影響を与えたとみる研究者もいる。一方、王子としてふさわしい教育を受け、ペルシア語やアラビア語などの伝統的な科目のほか、フランス語や西洋音楽も学んでいる。帝国修史官リュトフィーからは、歴史の手ほどきを受けた。ただし、座学は苦手であったらしく、成績は良いとはいえなかった。

アブデュルメジト一世に代わって即位したアブデュルアズィズは、甥にあたるアブデュルハミトに好意的で、エジプトやヨーロッパへの御幸に随伴させた。兄であるムラトがアブデュルアズィズに疎まれ軟禁されていたのに対して、アブデュルハミトは自由な生活を享受した。彼は農地や鉱山の経営に携わり、利益を上げて有能な経営者であることを示した。一六世紀までの王子たちのように太守を務めたわけではないが、こうした経験は、彼の国家運営の手腕を磨くのに大いに寄与したであろう。王子がもはや太守を務めなくなった一七世紀以降において、もっとも豊富な経験を積んだ王子だといって良いかもしれない。

とはいえ、アブデュルハミトの王位継承順位が低いのは変わらなかった。一七世紀からの慣習に従えば、最年長の王族男子、すなわちムラトがつぎの王位継承者となる。しかし、アブデュルアズィズは、自らの長子ユースフ・イッゼッティンに王位を継がせようと画策していた。こうしたなかでアブデュルハミトが即位するチャンスは少なかったが、クーデタによるアブデュルアズィズの廃位と、疾患によるムラトの退位によって、期せずしてアブデュルハミトが至尊の玉座に就くことになったのである。

アブデュルハミト二世時代の権力構造

祖父マフムト二世を理想としていたといわれるアブデュルハミト二世は、あくまでスルタンの主導権のもとに国政が運営されなくてはならないと考えていた。先に述べたように、アブデュルハミトは、ロシア侵攻の危機を利用して、ミドハト・パシャをはじめとするスルタンの大権を制限しようとするグループを排除することに成功した。

彼は議会と憲法を停止したのみならず、タンズィマート改革の開始以降、大きな権力をふるってきた大宰相府の役割を縮小し、君主と宮廷に政権のイニシアティヴをとりもどした。もちろん、いかに彼が有能だとしても、ひとりでは国家を運営できない。アブデュルハミトは、憲政を目指す政治家たちを排除したうえで、有能だが野心をもたないテクノクラートたちを登用する。アブデュルハミトが頂点に君臨し、スルタンの大権を脅かすような有力政治家をはさまず、スルタンの命令に唯々諾々と従う官僚たちが実務を遂行するのが、この時代の体制であった。スルタンに次ぐ実力者である大宰相については、頻繁に更迭が繰り返され、特定の人物に権力が集中されないよう配慮された。

また、教育においてもメディアにおいても、抽象的な国家そのものではなく、スルタン個人への忠誠心が強調された。こうしたアブデュルハミト体制は、二〇世紀の中東諸国にみられる権威主義的独裁体制の、もっとも早い一例といえるかもしれない。

治世初期には頻繁に民衆の前に姿を現したアブデュルハミトであったが、金曜礼拝を除いて、居城とさだめたユルドゥズ宮殿にしだいに籠もるようになる。暗殺を恐れ、ユルドゥズ宮殿を囲む塀は二度、高く増築された。一九世紀末はヨーロッパの各国で君主が暗殺された時代であったから、彼の恐怖は決して杞憂ではなかった。帝国に張り巡らされたスパイ情報網の中心であったユルドゥズ宮殿には、最新技術である写真や電信を用いて、帝国各地からのさまざまな情報が集積された。

パン・イスラム主義

アブデュルハミトは、宗教的な方法によっても自らの支配を固める政策をとった。イスラム的価値観の積極的な利用である。これは、対外的には、パン・イスラム主義と呼ばれる形をとった。

オスマン帝国のスルタンは、全世界におけるムスリム共同体の指導者たるカリフ位も兼ねる存在である――すなわち「スルタン＝カリフ」であることがもっとも強調されたのは、彼の時代である。対外関係における軍事力の行使を慎重に避けていたアブデュルハミトにとって、ムスリム諸国に影響力を及ぼすことのできるスルタン＝カリフの権威は、重要な外交カードであったのだ。

彼は、列強の侵略に晒されている中央アジアや内陸アフリカのムスリム諸国に、カリフとして積極的に使節を派遣した。日本に軍艦エルトゥールル号を派遣したのも、この政策の一環である。同艦は、日本への道中、東南アジアのムスリム諸国においてアブデュルハミト二世の政策の喧伝に努めた。エルトゥールル号は、帰路、和歌山県串本沖で嵐に遭い沈没したものの、往路において十分にその役割を果たしていたといえよう。イスラムの聖地であるメッカ巡礼のために敷設されたヒジャーズ鉄道の費用が、帝国内外のムスリムからの寄付で賄われたのは、イスラム世界に対するアピールの最大の成果であった。

こうした彼のパン・イスラム主義は、ムスリム諸国を植民地支配していた列強によって警戒された。しかしアブデュルハミト二世は、パン・イスラム主義の過度の盛り上がりを避け、その影響範囲を慎重にコントロールしていた。イスラム世界の統一を掲げたイラン人活動家アフガーニーを招聘したものの、のちに拘束して死に至るまで軟禁状態に置いたのは、その最たる例である。アブデュルハミトにとって、イスラム世界の統一を現実に目指すなど、危険思想以外の何物でもなかったのである。

国内でのイスラム政策

アブデュルハミト二世のイスラム主義は、国内的には、ムスリム臣民に対して「正しく、スンナ派的な」イスラム的価値観を、教育やメディアを通じて教授するという形をとって現れた。オスマン帝国領内の辺境地域には、正統的なスンナ派とは異なる、習合主義・混交主義的性格を色濃く持ったムスリムがいまなお多数居住していた。これまで曖昧な形で存在を許され、帝国に緩やかに包摂されていた彼らを、教宣活動を通じて、「正しい」ムスリム臣民として統治に組み込むことが意図されたのである。

こうした政策は、もちろん、純粋な信仰心の発露から行われたわけではない。ベルリン条約によって失われた領土の大部分はキリスト教徒住民の割合が高いバルカンに属し、また失われた領土からは多くのムスリム難民が帝国内に流入したことにより、国内のムスリムの割合が上昇していた。そのため、ムスリム臣民を帝国の中心的集団として重視し、彼らの同質性を高めて緊密に統合する手段として、イスラム的価値観が利用されたのである。

アブデュルハミト二世のイスラム主義は、宗教的な反動でも復古主義でもなかった。宗教を中心とする伝統的な価値観を国家統合の凝集力とすることは、同時代のロシアや日本でも行われており、オスマン帝国もその例にもれなかったということである。

また誤解されやすいことであるが、アブデュルハミト二世のイスラム主義政策は、国内の非ムスリム臣民に対して抑圧的ではなかった。実際、帝国政府は、列強を刺激しないように非ムスリムの待遇については慎重に配慮していた。それゆえこの時代のイスラム主義は、タンズィマート時代から推進されてきた、諸民族・諸宗徒の共存を目指したオスマン主義と両立しうるものであった。

ただし、こうしたイスラムを通じた国民統合のプロセスが、タンズィマート時代から欧米のキリスト教宣教師たちによって盛んに行われてきたミッション活動とも相まって、ムスリムとキリスト教徒それぞれの宗教共同体別の宗派化・分極化を進行させた面は否定できない。また、三〇年に及ぶアブデュルハミト二世期の積極的なイスラム政策が、アナトリアにおけるムスリム・トルコ人のナショナリティ形成の重要な核となり、それがのちのトルコ共和国にも影響を与えたという指摘もある。

専制下の発展

アブデュルハミト二世期は、物質面での近代化が大きく発展した時代であった。ドイツの援助によってバグダード鉄道をはじめとした鉄道路線が大幅に延伸し、それに加えて道路網や汽船事業など輸送手段が発達した。それによって人や物、情報の移動が容易となり、アナトリア内陸部の市場化が進んだ。

この時代、政治的な出版物は厳しい検閲下にあり、「祖国」や「革命」といった人心を乱す恐れのある言葉をふくむ刊行物は発禁処分を受けた。その一方で、学問的あるいは非政治的な刊行物の出版活動は隆盛を極めた。オスマン総合図書館（現在のバヤズィト国立図書館）や、帝国博物館（現在のイスタンブル考古学博物館）が開館し、後者の館長には、考古学者にして帝国最大の洋画家であるオスマン・ハムディが就任した。

タンズィマート時代には十分な拡大に至れなかった公教育も、この時代に大幅に拡充する。新式学校の数は大きく増加し、教科にはそれまでなかったイスラム史が導入され、イスラム的価値観とスルタンへの忠誠が教授された。いまのイスタンブル大学の前身である諸学の館《ダーリュル・フュヌーン》が正式に開校されたのもこの時代である。

アブデュルハミト二世によるイデオロギー支配は、イスラム主義によるものだけではなかった。ヨーロッパに範をとった勲章や称号の付与が人心掌握の手段として用いられ、スルタンの肖像写真や王家の紋章が各地に掲げられることで、その権威が各所で可視化された。モダンな時計塔（現在も随所でその姿を見ることができる）が帝国の各主要都市に設置され、時間すらアブデュルハミトによって支配されたかのようだった。

積極的な歴史の利用も、アブデュルハミトのイデオロギー政策を彩る。オスマン朝揺籃の地であるソユトでは、建国者オスマンの父エルトゥールルの墓廟が整備された。ソユトへのスルタンの巡幸は一大ページェントであり、オスマン王家の権威を高め周知させる手段として用いられた。

「歴史外交」も行われた。一八七一年にドイツの考古学者シュリーマンが、ダーダネルス海峡のアジア側に位置するトロイで遺跡を発掘して以降、ヨーロッパの考古学者たちによる発掘事業は白熱していた。なにしろローマの一部であったアナトリアは、古代遺跡に事欠かない。アブデュルハミト二世は、発掘の権利を考古学者に下賜することを、外交カードとして利用したのである。

彼が居城と定めたユルドゥズ宮殿の敷地内には、イタリア人の建築家による建物が建てられ、劇場では西洋風の演劇やオペラが上演されていた。また、宮廷画家としてイタリア人ファウスト・ゾナーロが招かれ、アブデュルハミトのために数多くの肖像画を描いた——クルアーンが偶像崇拝を戒めているにもかかわらず。これは、アブデュルハミトにとってのイスラムが何であったかを如実に示す例だといえよう。

アブデュルハミト二世の帝国は、近代的な専制国家として、物質的にも、精神的にも組織化されていたのである。

対外政策と民族主義運動

アブデュルハミト二世は、破局的な結果をもたらした一八七七〜七八年のロシアとの戦争以降は、列強のあいだで際どい均衡を保ちつつ戦争を回避していた。ただし帝国の遠隔地では、一八八一年フランスがチュニジアを占領し、翌年にはイギリスが、名目上はまだオスマン帝国支配下にあったエジプトを占領している。

国内においても、アブデュルハミト体制は相対的な安定を保っていた。しかし、帝国の東端と西端で徐々に現れてきた宗教・民族問題が、その体制を揺るがし始めていた。

まず帝国の東方、東アナトリアでは、アルメニア人をめぐる問題が顕在化した。古くからキリスト教を受容し、東アナトリアを中心に居住していたアルメニア人は、オスマン帝国内でひとつの宗教共同体を形成して商業や経済分野で活発に活動していた。改革勅令発布後は官僚となる者も増加し、オスマン支配体制にしっかりと組み込まれていた。しかし、この時期には改革の推進と待遇のさらなる改善を求める秘密結社が組織され、イスタンブルでは彼らによる暴動やテロも起こっていた。こうした過激な活動には、ロシア在住のアルメニア人による使嗾があったという。

先に触れた急速な宗派化の動きも相まって東アナトリア社会が不安定化するなか、一八九四年、不当な課税に対してアルメニア人が抗議行動を起こすと、アブデュルハミトの先兵として組織化されていたクルド部隊が彼らを襲撃する。多数のアルメニア人が犠牲となったこの事件は、欧米の強い関心と圧力を招いた。

一方、西方においてアブデュルハミト体制を揺るがせたのが、かろうじてオスマン領にとどまっていたマケドニアにおける危機だった。マケドニアは、トルコ人、アルバニア人、ギリシャ人あるいはブルガリア人などが居住する複雑な民族構成を持つがゆえに、ブルガリアをはじめとする周辺諸国の干渉の対象となっていたのである。一九〇〇年ごろには、キリスト教徒住民による暴力的な独立運動が勃発し、多数のムスリム難民が生じるという事態に至る。アブデュルハミトは対応に苦慮しつつも、かろうじて事態を鎮静化した。しかしこのマケドニア問題は、根本的な解決がなされないままに帝国のアキレス腱として残った。

青年トルコ人運動

アブデュルハミト体制にとってのもうひとつの不安定要素は、独裁に不満を持つ人々、とくに若手将校たちによる政治活動である。

アブデュルハミト体制下の帝国は、開発独裁ともいえる手法によって発展を遂げていたのは確かだが、その一方で、スルタンの恩恵から零れ落ちた人々の不満が徐々に蓄積していた。そのようななかで、まさにそのスルタン自身によって発展した新式教育の恩恵を受けた若者たちが、逆にスルタン専制への批判者として成長していたのである。こうした反体制運動を担った人々は、西欧人による呼び名をもとに「青年トルコ人」と総称された。ただしその名に反して、アルバニア人、クルド人あるいはチェルケス人など、彼らの民族的な出自はさまざまであった。

青年トルコ人運動をリードしたのは、「統一進歩委員会」と呼ばれるグループである。

彼らの源流は、一八八〇年代末より軍医学校の学生を中心に始まった、専制の打倒と立憲政の復活を求めた運動にある。彼らのうち、専制を嫌いパリに亡命した人々が再組織したのが、共和主義を信奉するフランスの社会学者オーギュスト・コントの「秩序と進歩」からその名を取った、統一進歩委員会であった。彼らの支持者はオスマン国内にも存在していたが、一八九六年に計画されたクーデタが露見して大規模な弾圧を被って以降は、国外における運動が中心となった。

青年トルコ人運動には、オスマン王家の人物も加わっていた。アブデュルメジト一世の娘（つまりアブデュルハミト二世の妹）を母に持つメフメト・サバハッティン、通称プレンス（王子）・サバハッティンである。一八九九年、自由主義者である父とともにパリに亡命した彼は、青年トルコ人運動の糾合に尽力した。ただし彼は、青年トルコ人の主流派とは対立し、後述する統一進歩委員会にも批判的であったため、第二次立憲政期には野党の立場に身をおいた。

4　第二次立憲政

青年トルコ人革命

局面が動いたのは、その一〇年後、サロニカである。サロニカは、ユダヤ教徒とキリスト教徒の比率が高く、オスマン帝国のなかで、もっともヨーロッパに開かれた都市のひとつであった。のちにトルコ共和国の建国者となるムスタファ・ケマルもここで育っている。西欧の文物や思想が流入し、自由の気風が横溢《おういつ》していたこのサロニカで、一九〇六年、郵便局員タラートを中心に、青年将校であるジェマルとエンヴェルも参加した反体制グループが組織される。エディルネに支部を持つなど急速に勢力を広げたこのグループは、翌年、パリの統一進歩委員会と接触してこれに合流した。

革命の導火線に火をつけたのは、一九〇八年に届いたふたつの知らせだった。

ひとつは、アブデュルハミト二世のスパイが彼らの組織の情報を摑み、壊滅させようとしているという情報。もうひとつは、イギリスとロシアが、マケドニアを含むバルカンの分割に合意した、という噂である。エンヴェルをふくむ青年将校たちは、組織そして祖国の危機を看取し、憲法の復活を求めて兵を挙げた。

知らせを受けたアブデュルハミトは鎮圧軍を派遣したが、鎮圧軍はスルタンに背いて逆に蜂起に加わった。次いでアブデュルハミトは、外国との秘密交渉によって事態の解決を試みた。ブルガリアとの戦争状況を作り上げることで、反乱軍の目を逸らそうとしたのである。しかしこれは、ブルガリア側に共謀を拒否されて失敗した。万策尽きたアブデュルハミトは、彼らの要求を聞き入れ、憲政の復活を宣言した。わずか二〇日間の革命劇であった。

「自由、平等、友愛、公正」を旗印に、専制の打倒と憲政の復活をもたらしたこの蜂起は、「青年トルコ人革命」と呼ばれる。ただしこの事件が、「革命」と呼ばれるにふさわしいものだったかについては、議論がある。彼らはアブデュルハミト二世を廃位したわけではなく、あくまで憲法と議会の再開を求めたに過ぎなかったからである。若輩の青年士官であった統一進歩委員会の指導者たちが、革命後に政権の中枢に入ることもなかった。

憲政の復活は、熱狂をもって迎えられた。

同年に行われた選挙では、統一派（統一進歩委員会を支持する人々を、以下こう総称する）の議員が多数の議席を獲得する。しかしこうした統一派の台頭に対し、一九〇九年、反統一派による蜂起である「三月三十一日事件」が起こる。蜂起の中心となったのは、士官学校出身者からなる統一派に地位を奪われた兵卒上がりの軍人たちと、アブデュルハミトから与えられた徴兵免除特権を奪われたイスラム学院の学生たちであった。

蜂起はいっときイスタンブルを席巻し、統一派はイスタンブルから逃れざるを得なかった。しかしこの反革命の動きに対し、将軍マフムト・シェヴケト・パシャが統一派に味方し、サロニカから「行動軍」と称する革命擁護の兵を挙げてイスタンブルに進軍、蜂起を鎮圧することに成功した。

レシャト（メフメト５世）
在位1909～18

アブデュルハミト二世の退位とレシャトの即位

この反動を使嗾したとして、アブデュルハミト二世は、歴代四番目に長い、三三年ものあいだ君臨した玉座を降りることとなった。

彼の退位劇は、オスマン帝国最後の専制君主にふさわしく、伝統と新しさで彩られていた。すなわち、これまで帝国においてスルタンが廃位されるさいに行われてきた「作法」を踏襲し、今回も廃位を正当化する法意見書《ファトワー》が準備されたが、立憲政の時代にあって、それはウラマー出身の議員によって起草された。法意見書が読み上げられたのは、議会であった。

代わって六四歳で即位したのは、アブデュルハミト二世の弟レシャトである。

レシャトは、一四五三年にイスタンブルを征服したメフメト二世に倣って、即位にあたり「メフメト」を名乗るよう要請された。行動軍は、自分たちをイスタンブルの二度目の征服者になぞらえていたからである。こうして、レシャトはメフメト五世として即位した。即位にあたって彼は、イスラム法と憲法、そして立憲政や国民の利益を守ることを誓約し、議員たちによる忠誠の誓《バイア》いも執り行われた。

法意見書、忠誠の誓い、そしてイスラム法という伝統的な道具立てによる正統性と、立憲政と議会という近代的な価値観にもとづく正統性の組み合わせからなる即位劇は、再出発した立憲君主制にふさわしいものだったといえよう。

レシャトは政治的野心を持たない一方で、学芸に深い理解を示した。歴史愛好家であった彼の主導で、一九〇九年にはオスマン歴史協会が設立され、近代的な意味での歴史研究が初めて行われるようになった。また彼は、バルカンを中心に帝国各地を巡幸し、帝国臣民の人心掌握に努めてもいる。

憲法改正と第二次立憲政期の権力構造

反革命たる三月三十一日事件の鎮圧と、アブデュルハミト二世の退位を受けて、帝国における君主の位置づけは大きく変化する。

それを象徴するのが、一九〇九年八月に行われたオスマン帝国憲法の改正である。議会権限の拡大と君主大権の制限を特徴とするこの憲法改正は、立憲君主制においてスルタンを象徴として位置づけ直したといえるだろう。とくに、君主に「憲法の規定の尊重並びに祖国および国民に対する忠誠」を求める文言が付け加えられたことは、藤波伸嘉の言を借りれば「ほとんど革命的な内容」といえるものであった。もちろん、アブデュルハミトの専制を許した悪名高い第一一三条も修正されている。

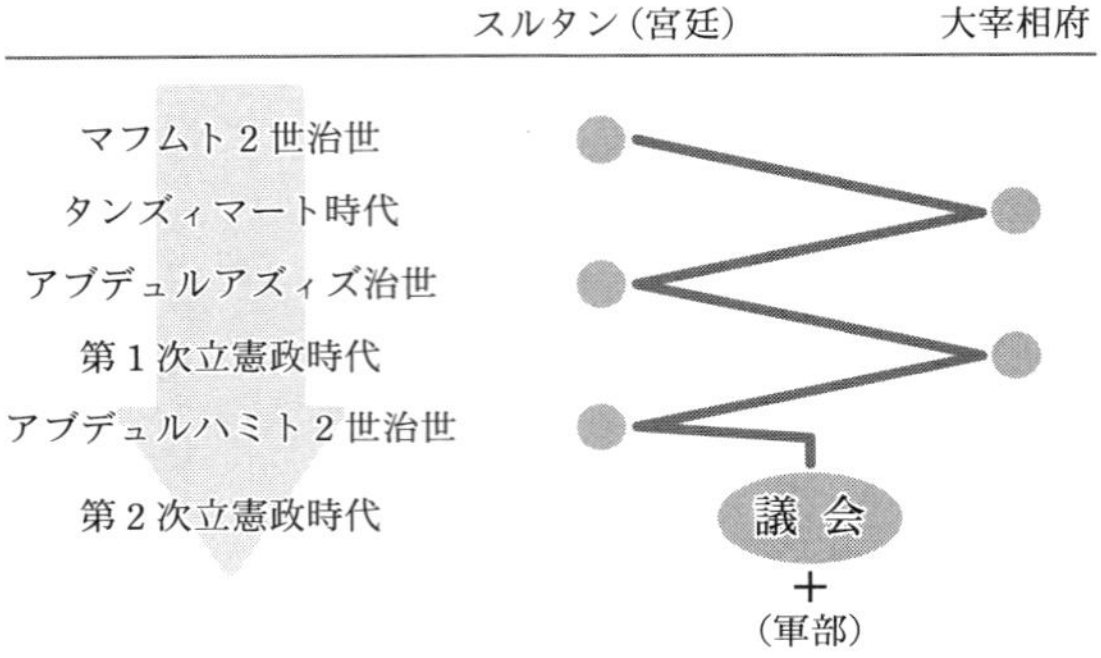

近代帝国の時代における権力移行の変遷（概念図）　マフムト２世の改革によって、アーヤーンやイェニチェリ、ウラマーは主要アクターより脱落。以降は、スルタン（宮廷）と大宰相府が主導権を交互に奪い合うようになった。第２次立憲政時代には、議会と軍部が新しいアクターとして台頭する

マフムト二世以降、タンズィマート期、アブデュルアズィズ治世、第一次立憲政期、そしてアブデュルハミト二世治世と、近代オスマン帝国における権力の中心は、君主（宮廷）と大宰相府のあいだを振り子のように揺れ動いていた。しかしこの憲法改正によって、スルタンの持つ権力の制限は決定的となった。また、一九〇九年に内閣不信任案によって大宰相が罷免されたことは、議会が大宰相に優越する力を持つことを象徴する出来事だった。すなわち、第二次立憲政において、君主と大宰相府の権力は低下し、それに代わって議会という新たなアクターが登場したのである。

しかしその陰で、イェニチェリ軍団の廃止以降、ながらく政治的主張をしてこなかった軍が再び影響力を増していたことも看過できない。若手将校を中心メンバーとして活動する統一進歩委員会や、マフムト・シェヴケト・パシャに代表される高級軍人は、陰に陽に影響力を発揮し、議会政治の運用とその健全な発展を不安定

にしていた。こうした政軍関係は、軍部によるクーデタをある種の政治文化とするトルコ共和国にも、受け継がれることになるだろう。

第二次立憲政期の思潮

第二次立憲政期には、トルコ民族主義、あるいは帝国の枠組みを超え中央アジアのトルコ系諸民族との連帯を目指すパン・トルコ主義が支配的な思潮となった、とする研究をときおり見かける。確かにオスマン帝国では、一九世紀後半より学問的・文化的な観点からトルコ民族が着目され始めていたし、第二次立憲政期においては、帝国を構成する諸民族のなかで指導的な地位を持つ民族としてトルコ人の役割が徐々に強調されるようになってはいた。

しかし、後述するバルカン戦争勃発（一九一二年）までのオスマン政府が掲げていたのは、オスマン帝国領域内に居住する多民族・多宗徒の平等と共存を目指した「諸民族の統一《イッティハード・アナースル》」というスローガンであり、いわゆるオスマン主義がその主たる政治方針であったことに疑いはない。この時代の思潮のなかに、トルコ人への同化を他民族に迫る、あるいはトルコ人に比して他民族を差別する政治思想は、基本的にはなかった。また、パン・トルコ主義を唱えるロシアからの亡命タタール人の活動が、帝国におけるトルコ主義の覚醒に大きな役割を演じたのは確かである。だがパン・トルコ主義が現実のオスマン政治に与えた影響はといえば、第一次世界大戦後に、エンヴェル・パシャが取った夢想的な軍事的冒険が見られる程度であった（本書274頁）。

一九世紀初頭にナショナリズムの萌芽が登場してから一〇〇年を経て、帝国領から徐々にかつての臣民たちが「民族独立」してゆくなかで、オスマン帝国においては、なおオスマン主義と諸民族の統一が追求されていたのであった。

宗教についていえば、統一派は基本的には世俗的な西洋主義者であったとイメージされるし、それは大筋としては間違いではない。その一方で、先に触れた憲法改正においても、イスラム法やイスラム的な文言が織り込まれるなど、イスラムの枠組みに配慮した形での変革が進められた。このことは、彼らの施策が、マフムト二世以来進められた近代化政策の潮流に棹さしていることを示している。

こうした政治、民族、そして宗教をめぐるあらゆる議論が、アブデュルハミト二世時代の厳しい検閲が取り除かれて以降、爆発的に増加した新聞・雑誌上で展開された。

内外の苦境

それでは、ふたたび政局の流れに戻ろう。

反動派は鎮圧されたものの、オスマン政界の秩序はいぜん流動的であり、統一派以外にも複数のグループが派閥を形成し、不安定な政治状況が続いた。一九一一年には、反統一派勢力が集まって自由連合党を結成している。統一進歩党を率いる三人――のちにそれぞれ陸相、海相、内相となるエンヴェル、ジェマル、タラート――は、いずれも若輩の若手士官にすぎなかったこともあり、統一派内部も主流派と反主流派に分裂し、それぞれ政治活動を行った。もちろんこれは、政党政治が機能していたことを示す一面ともいえる。

不安定なのは国内だけではなかった。

革命と立憲政の復活に、西欧世論は肯定的だったが、周辺諸国にはオスマン立憲政の成熟を待つ義務はなく、したがって革命を、自国の利益拡大に利する好機と見た。一九〇八年の革命直後の混乱を機として、名目上は自治国であったブルガリアがオスマン帝国からの完全独立を宣言した。また、オーストリアは軍事占領していたボスニア・ヘルツェゴビナを、ギリシャはクレタ島をそれぞれ併合した。一九一〇年には、ムスリム住人の多いアルバニアが反乱し、オスマン政府は衝撃を受けた。一九一一年にはイタリアがリビアに侵攻し、エンヴェルらオスマン士官が現地に乗り込んで抵抗運動を指揮したものの、その翌年に勃発したバルカン戦争によって撤退せざるをえず、オスマン帝国は最後のアフリカ領を失った。

バルカン戦争の衝撃と統一派の権力掌握

このように帝国をとりまく国際状況は困難を極めたが、決定的だったのがこのバルカン戦争である。一九一二年、セルビア、ブルガリア、モンテネグロそしてギリシャが同盟してオスマン帝国に宣戦を布告し、バルカン戦争が始まった。オスマン軍は敗北を重ね、統一派の本拠地であるサロニカ、ついで古都エディルネもつぎつぎと陥落する。ブルガリア軍はイスタンブル郊外のチャタルジャまで兵を進めるに至った。

しかし、さらなる拡大を望んだブルガリアが、同盟国であるギリシャやセルビアを攻撃する。バルカン諸国の内部抗争に助けられ、オスマン帝国はぎりぎりのところで破局を免れた。エディルネをかろうじて奪還したのちに結ばれた一九一三年のブカレスト条約によって、オスマン帝国は一時的に安定を取り戻すことができた。

こうした対外的危機のなか、統一派は権力を獲得すべく強硬手段に訴えた。徹底的な選挙工作――政敵の逮捕、集会の禁止、開票不正など――を駆使して勝利した「棍棒選挙」と呼ばれる総選挙（一九一二年一月）、陸相を殺害するクーデタ（一九一三年一月）、反対派三五〇名の追放および処刑（同年六月）を経て、統一派は政権を完全に掌握するに至る。これまで、基本的には閣外協力に終始していた統一派の指導者たちも、ここに至って入閣し、国政に直接かかわることになった。スルタンの姪と婚約していたエンヴェルが陸相、ジェマルが海相、そしてタラートが内相に任命され、大宰相には親統一派のサイト・ハリム・パシャが就任することで、「統一派内閣」が成立した。

トルコ民族主義の台頭

五〇〇年ものあいだオスマン帝国の中枢であったヨーロッパ側領土のほとんどを失い、四〇万人ものムスリム難民が残されたオスマン領内に流入するというバルカン戦争の結末は、オスマン帝国とトルコ共和国の人々に、災禍の記憶をもたらした。この戦争の敗戦を機に、ついに帝国は、オスマン主義の放棄へと決定的な舵を切った。

バルカン戦争終了当初は、同じムスリムであるアラブ人へ配慮する政策がとられたが、そのムスリム・アラブ人も、まもなく第一次世界大戦を迎えると、イギリスの使嗾によってオスマン帝国を離れてゆく。帝国最末期、残されたアナトリアにおいてトルコ人がマジョリティとなるに至って——もちろん、トルコ人以外にも、クルド人をはじめとして、チェルケス人、ザザ人などのムスリムがいたことには触れておかねばならないが——、ようやくトルコ民族主義が、当時世界的に流行していた人種主義と結合した政治思想として、強力に打ち出されてゆくようになるのである。このトルコ民族主義は、そのままトルコ共和国へと受け継がれることになる。

トルコ民族主義の台頭に伴い、この時期、民族経済も進展した。近代以降のオスマン帝国における経済政策は、保護主義を批判し、自由貿易経済を貴ぶというものであった。また、豊かな資本家の多くは、ギリシャ人やアルメニア人などの非ムスリムであった。これによって、ムスリムによる産業の発展は大きく阻害された。しかしバルカン戦争以降、非ムスリム資本家を狙い撃ちした課税や、彼らに対するボイコット運動などを通じて、ムスリム・トルコ人の手による民族経済の確立が追求されたのだった。大きな混乱と犠牲を生みつつも経済の民族化は進んでいった。トルコ共和国時代の一九四二年、非ムスリム富裕層に極端に不利な税率が課された富裕税の導入は、その到達点といえるだろう。

第一次世界大戦

大きな犠牲を払いながらもバルカン戦争を乗り切ったオスマン帝国は、息つく暇もなく次の戦いに参戦することとなった。第一次世界大戦である。

一九一四年六月二八日、サラエヴォで起こったオーストリアの皇位継承者暗殺事件を契機に、ドイツの支援を受けたオーストリアはセルビアに宣戦を布告した。これに対して、ロシアはセルビアを支持し、ドイツがフランスを攻撃するとイギリスは露仏の側に立って参戦した。こうしてまたたくまに、ロシア・フランス・イギリスの連合国と、ドイツそしてオーストリアを主とする同盟国とが争う世界大戦に拡大していった。

このころオスマン政府は、ロシアに英仏が接近するのを見て取り、ドイツとの関係を深めていた。しかし、友好国ドイツによる参戦要求に対しては、国内がバルカン戦争で疲弊しきっていたために、参戦回避の努力を続けていた。だがドイツの意向をくんだエンヴェルの独断により、オスマン艦隊が黒海のロシア要塞を砲撃すると、英仏露がオスマン帝国に宣戦する。一一月一一日、やむなくオスマン政府も宣戦を布告し、スルタン＝カリフによって「偉大な聖戦」が宣言され、全ムスリムの参戦が呼びかけられた。

ロシアと相対した東アナトリアでは、開戦間もない一二月、ロシアの攻撃を退けたエンヴェルが逆にカフカスへ進撃するも、壊滅的な被害を受けて撤退する。代わってロシア軍がエルズルムそしてエルズィンジャンまで侵攻、東アナトリア戦線は危機に陥った。状況が混迷するなか、東アナトリアに多く居住するアルメニア人のなかに対露協力者の存在を看取したオスマン政府は、アルメニア人を南方のシリアに「強制移住」させる決定を行った。混乱のなか荷物を持つことも許されずに追い立てられたアルメニア人に、飢餓、病気、あるいは暴力によって多くの死者がでた。犠牲者数には諸説あるが、約七〇万人にのぼるアルメニア人が犠牲になったと考えられている。

アラブ戦線では、イギリスが主たる敵となった。一九一五年初頭にはジェマルがスエズ運河を攻撃したが、失敗に終わる。イラク方面から侵攻したイギリス軍に対しては、フォン・デア・ゴルツをはじめドイツ士官たちが補佐するオスマン軍が、激しい抵抗をつづけた。とくに一九一六年のクート包囲戦において、オスマン軍は一万人以上のイギリス将兵を捕虜とする勝利を挙げている。これに手を焼いたイギリスは兵力を大幅に増員し、一九一七年にはバグダードを陥落させた。

また、情報将校ロレンスの「活躍」もあって、メッカの太守がオスマン帝国に対する反乱を起こしている。この「アラブの反乱」の軍事的な意味は喧伝されたほどではなかったが、同胞のはずのムスリムが反旗を翻したことは、スルタン＝カリフの持つ影響力の低下を如実に示した。

西方では、イギリス軍がダーダネルス海峡攻略作戦を計画、イギリス軍を突入させた。イスタンブルへの侵攻と、ロシアへの補給線の確保を企図したのである。一九一五年から一六年初頭にかけて行われたこの作戦は、しかし、海峡に面するゲリボル半島で強力な抵抗にあって失敗した（ゲリボルの戦い）。この抵抗の指揮を執ったのがムスタファ・ケマルであった。

ケマルは、ゲリボルの戦いの後も各地を転戦する。ロシア革命（一九一七年一一月——これにより、ロシア軍はアナトリア北東部の占領地を放棄した）の勃発が無ければ崩壊しかねなかった東アナトリア戦線で戦果を挙げたほか、終戦間際のパレスチナ戦線では、イギリス軍の猛攻によって潰走したオスマン軍にあって、組織的な撤退によって戦列を維持した。戦後ケマルは、帝国軍における数少ない勝利の担い手として、一躍、英雄として称賛されることになる。

敗戦と第二次立憲政の終わり

全体として、オスマン軍の抵抗は連合国の予想を上回っており、かなりの消耗を連合国に強いたと見てよい。第一次世界大戦の終盤まで抵抗を維持したことは、地方に展開した部隊の武装解除を遅らせ、結果として、続く国民闘争のための戦力を遺すという大きな意義を持った。

しかし一九一八年になると、同盟国の敗色は濃厚となった。一〇月四日、ドイツはアメリカに講和交渉を求め、一一月一一日には休戦協定が結ばれた。ドイツ第二帝政は崩壊し、代わってヴァイマル共和国が成立することとなる。

ドイツ帝国同様に、オスマン帝国の命運も尽きんとしていた。オスマン帝国政府は、一〇月三〇日、エーゲ海に浮かぶリムノス島に停泊中のイギリス艦アガメムノンの甲板にて、ムドロス休戦協定を締結する。

翌年二月、フランスの将軍デスペレーと連合軍はイスタンブル入りを果たした――メフメト二世のイスタンブル入城を描いた有名な絵（第二章扉絵）になぞらえ、白馬にまたがって入市したという巷説も流布している。メフメト二世以来、四世紀半のあいだ一度も外敵の侵入を許さなかったイスタンブルは、こうして二度目の征服を経験した。

アラブ地域はイギリスに占領され、残されたアナトリアでも、オスマン軍の武装解除と連合軍による軍事占領が徐々に進められていった。アナトリア東部におけるアルメニア人国家の建設も視野に入れられていた。

エンヴェル・パシャ

第二次立憲政と呼ばれる時代は、休戦協定の結ばれた一九一八年をもって終わりとするのが一般的である。この年の二月には、隠棲していたアブデュルハミト二世が亡くなり、国葬に付されていた。また、憲政の良き友であったメフメト五世ことレシャトは、糖尿病を患い、ムドロス休戦協定を待たずして七月三日に死去している。

大戦の敗北、憲政の終わり、そしてふたりのスルタンの死とともに、オスマン帝国は、終わりの始まりを迎える。

5　帝国の滅亡

最後のスルタン

第一次世界大戦の敗北に伴って、戦いを主導した統一派幹部の権威は失墜し、エンヴェル、タラート、ジェマルらはそれぞれオスマン帝国を脱出する。のちに、後二者はアルメニア人暗殺者によって殺害された。またエンヴェルは、パン・トルコ主義の夢を抱いて中央アジアに渡り、ボリシェヴィキの赤軍との戦いで客死することになる。

メフメト五世レシャトに代わり、メフメト六世として即位したのは、メフメト五世の異母弟ヴァヒデッティンだった。一般には、メフメト六世ではなくヴァヒデッティンと呼ばれることが多い。五七歳で即位した彼が、オスマン帝国第三六代目の、そして最後のスルタンとなる。

スルタンをないがしろにする統一派の「専横」に敵意を抱いていたヴァヒデッティンは、ムドロス休戦協定を奇貨として、スルタンのもとに権力を再び取り戻そうと考えていた。彼は、その手に二本の剣を持っているとうそぶいたという――すなわち、一本はカリフの位であり、もう一本はイギリスの援助である、と。ケマルとともに国民闘争に参加した女流作家ハリデ・エディプは、彼を「イギリスのカリフ」であると蔑んでいる。

ヴァヒデッティンは、君主大権を取り戻すため、その二本の剣を存分に振るった。一九一八年一二月に議会を解散させると、親英かつ反統一派で、姉の夫でもあるダーマト・フェリト・パシャを大宰相に据え、イギリスの助力を得て統一派の一斉逮捕に踏み切った。一九一九年五月には、ビザンツ帝国の再興という大理想《メガリ・イデア》をかかげるギリシャ王国が、イギリスの後押しを受けてアナトリアのエーゲ海岸に上陸、イズミルとその周辺を占領する。しかし、イギリスの助力を必要とするヴァヒデッティンとオスマン政府は、これを黙認した。

一方、アナトリアでは、いまだ各地で統一派の将校や地下組織が力を保っていた。イギリスの傀儡となったヴァヒデッティンとオスマン政府に首《こうべ》を垂れる気も、ギリシャ王国の侵攻を甘んじて受け入れるつもりもなく、武装解除を拒んでいた彼らであったが、相互の連携は十分ではなかった。東アナトリアではまとまった統一派の軍団が健在だったものの、ギリシャ軍が上陸した西アナトリアでは、エフェと呼ばれる地元の無頼集団が散発的に抵抗するにとどまっていた。このように個々に分裂していた抵抗運動をまとめ上げる指導者が、必要とされていた。残存した統一派の有力者たちが、次なる指導者にふさわしいと考えた人物が、ムスタファ・ケマルである。

ヴァヒデッティン
（メフメト６世）
在位1918～22

ムスタファ・ケマル

ムスタファは、一八八〇年もしくは八一年に、サロニカ近郊で生まれた。父アリ・ルザは下級役人を勤めながら材木取引に手を出し、いっとき財を成した。母ズベイデは信仰心厚い女性であったが、家庭環境は進歩的であり、少年ムスタファは近代的な教育を行うデンメ（本書190頁）の運営する学校で学んだ。

父が事業に失敗して死去すると、困窮した母はムスタファを連れて田舎の親戚のもとに身を寄せた。しかしムスタファは学問を続けることを望み、一三歳のとき母に秘密でサロニカの陸軍幼年学校に入学する。優秀な成績を収めたムスタファは、同名の数学教師ムスタファより、「完全な」という意味の「ケマル」という名を用いることを勧められた。愛国の新オスマン人ナームク・ケマルを思い起こさせるその名を彼は気に入り、以降彼はムスタファ・ケマルと名乗るようになる。

陸軍幼年学校に次いでマナストゥルの予科士官学校を卒業した彼は、一八九九年にイスタンブルの陸軍士官学校に入学、優秀な成績を収める。ときはアブデュルハミト二世の専制時代であった。ケマルは、在学中に学友たちと自由主義を学び、密かに反専制運動に加わったが、密告によって逮捕される。思想にかぶれた学生の一時のはしかと思われたのであろう、当局はケマルを厳しく罰することはせず、そのまま在学を許された。しかし彼は、一九〇五年に軍属となってからも独自に結社活動を行い、のちに統一進歩委員会に加わった。

第二次立憲政期においては、三月三一日事件を鎮圧した行動軍に参謀として参加したほか、イタリアのリビア侵攻に対する防衛戦やバルカン戦争に加わり、士官としての経験と実績を積んでいった。第一次世界大戦では、ゲリボルの戦いをはじめとする戦果によって、英雄として称えられた。敗戦の主犯であるエンヴェルら統一派主流と距離を置いていたことが、戦後の彼の名声を一層高めたといえる。

ムドロス休戦協定後、イスタンブル政府に対抗するアナトリアの統一派は、ケマルを次代の指導者と目して接触したものの、当初ケマルはイスタンブル政府の枠内での改革を志していたため、この誘いに対して言質《げんち》を与えることを避けていた。しかし、イギリスに追従するイスタンブル政府に徐々に不満を募らせたケマルは、監察官として東アナトリアへの派遣命令を受けたのを機に、アナトリアの統一派に加わる決意を固める。

ムスタファ・ケマルが、イスタンブルから出発した船に乗って、黒海南岸の町サムスンに上陸したのは、一九一九年五月一九日のことである。

ここに、「国民闘争」あるいは「独立戦争」と呼ばれる戦いが始まった。

国民闘争

アナトリアへ渡ったケマルは、連携が取れないまま抵抗活動を続けている統一派を糾合するために、会合を開くべきだと考えた。まずエルズルム、次いでスィヴァスで開かれた会議には、東方戦線の司令官キャーズム・カラベキルをはじめとする統一派の将軍たちや抵抗運動の有力者たちが集まり、ケマルを指導者とすることや、国民軍を結成することが宣言された。この宣言には、諸外国の侵略に対してオスマン帝国の一体性やスルタン＝カリフの地位を守護することも目的に掲げられていたが、当のヴァヒデッティンは、ケマルの不穏な動きを見て、彼を罷免するのみならず逮捕命令を出していた。

一九二〇年一月、イスタンブルで新たに招集された帝国議会では、エルズルムとスィヴァス会議で定められた方針に準じた、オスマン帝国の一体性の護持を主張する「国民誓約」が決議された。選挙によって選ばれる議員には、いまだ統一派を支持する者たちが多かったのである。これに危機感を覚えた連合国は、一九二〇年三月、イスタンブルを正式に占領下においた。イスタンブルの統一派は逮捕・殺害され、大きな打撃を受けた。ついで四月にヴァヒデッティンが帝国議会を解散すると、これに対抗してケマルは、アンカラにおいて大国民議会を招集する。こうしてオスマン帝国——と呼ぶべき実態は、すでに砂上の楼閣であったが——は、イスタンブル政府とアンカラ政府が争う場となった。

とはいえ、いまだオスマン帝国のスルタン＝カリフの権威は根強く、イスラム長老は、反乱者たちの殺害はカリフの命令にして宗教的義務であるとの法意見書を発した。この法意見書に呼応して、アンカラ政府を攻撃する者たちも少なくなかった。これに対しケマルらアンカラ政府は、アンカラの法学者より法意見書を得て、自分たちはイスラムの教えに反していないことを喧伝すると同時に、厳しい弾圧をもって臨んだ。

ギリシャ軍との戦いと勝利

一九二〇年六月一九日、エーゲ海岸を占領していたギリシャ王国軍が、イギリスの後ろ盾を得てアナトリア内陸へと軍を進めた。ギリシャ軍は国民軍の散発的な抵抗を退け、翌年初頭には、オスマン帝国揺籃の地のひとつであるビレジクまで進撃する。イギリスの支援を受けたギリシャ軍の軍備は、バルカン戦争と第一次世界大戦における相次ぐ敗戦の打撃から回復しきっていない国民軍を、はるかにしのいでいたのである。

ムスタファ・ケマル　1922年8月、ケマル率いる国民軍はギリシャ軍に勝利した

しかし、ケマルの腹心であった総司令官イスメト大佐は、粘り強い指揮によってギリシャ軍に勝利し、押し返すことに成功した。イノニュ川におけるこの戦いの功績で、イスメト大佐——一九三八年、ケマルの死後にトルコ共和国第二代大統領となる人物——は、のちにイノニュという姓を名乗るようになる。翌一九二一年八月には、乾坤一擲《けんこんいってき》の逆転を狙ってアンカラ近郊まで攻め込んだギリシャ軍に対し、やはり総力戦でもって迎えうった国民軍は、二二日間の激戦のすえ、かろうじて勝利を挙げた（サカリヤ川の戦い）。もはや戦局の帰趨は明らかであった。

このころ、すでにフランスはイスタンブル政府に見切りをつけ、アンカラ政府と独自に交渉を始めていた。ギリシャとそれを後援するイギリスは、それでも抵抗の意を示していたが、一九二二年八月、国民軍がエーゲ海岸にまで進軍すると、ギリシャ軍は完全に撤退した。同年一〇月一一日、アンカラ政府と連合国の間でムダンヤ休戦協定が結ばれた。
ケマルと国民軍は、国民闘争を生き残ったのだった。

スルタン制の廃止

つぎになされるべきは、連合国との条約の改正であった。ギリシャとの死闘が繰り広げられているさなかの一九二〇年八月一〇日、連合国とイスタンブル政府は、セーヴル条約を調印していた。この条約は、オスマン帝国にはアナトリア中部と黒海沿岸のみが与えられ、ほかの地域は列強と周辺民族が分割するという、きわめて過酷な内容であった（本書225頁）。セーヴル条約に代わる条約の締結は、トルコの再出発にとって不可欠であった。新しい条約のための会議にあたって連合国は、アンカラ政府のみならずイスタンブル政府の参加も要請したが、この要求はケマルにとっては認められるものではなかった。

一九二二年一一月一日、アンカラ政府は、オスマン帝国君主が体現する職責を、スルタンとカリフのふたつに分け、前者を廃止する決定をくだした。スルタン制を廃止することによって、イスタンブル政府の機能を停止させたのである。いまや有名無実となっていたイスタンブル政府の内閣は、この決定を受けて総辞職した。

カリフについては、オスマン王家のうちふさわしい人物を大国民議会が選出すると定められていたが、そのカリフ位に誰が就くかは触れられていなかった。

帝国の終焉

一九二二年一一月一七日、一隻のイギリス巡洋艦が、イスタンブルからマルタ島へ向けて出港した。「マラヤ」という名のこの船には、身の危険を感じ、イギリス政府に亡命を求めたヴァヒデッティンが、家族を連れて乗船していた。その前日に、大国民議会がヴァヒデッティンを「祖国の裏切者」として非難する決議を行っていたからである。

翌一八日、大国民議会は彼の廃位を決議した。ヴァヒデッティンからのカリフ位剝奪にあたっては、聖戦の敵の下に身を寄せる者はカリフにふさわしくない、という法意見書が出されている。スルタン位にもカリフ位にも未練を残すヴァヒデッティンは一九二三年一月、巡礼と称し、マルタ島からスエズ運河を経由してメッカ・メディナのあるヒジャーズ地方に渡った。しかし彼に対するムスリム世論は厳しく、期待していた歓迎を受けることはなかった。ヴァヒデッティンはヒジャーズを早々に退去して北イタリアのサンレモで短い余生を送り、一九二六年に没した。

オスマン帝国は、スルタン制を廃止した一一月一日、あるいはヴァヒデッティンが廃位された一一月一八日をもって滅亡したとされる。帝国の歴史は、ここで終焉を迎えた。しかし、オスマン王家の歴史は、もう少しだけ続く。

最後のカリフ

アブデュルメジト・エフェンディは、アブデュルアズィズの息子であり、廃王ヴァヒデッティンの従弟にあたる。開明的な性格で知られ、第二次立憲政時代には「民主制のプリンス」と呼ばれて人々に親しまれた。ほかの王子たち、あるいはエンヴェルら青年トルコ人との観劇を楽しんだほか、社会活動としてアルメニア女性連盟や赤新月協会（イスラム世界における赤十字）の名誉会長も務めている。芸術を嗜む彼は、自らも洋画家として知られた。洋画家オスマン・ハムディや、宮廷画家として招かれた西洋人の美術家たちに学んだ彼は、宮殿にアトリエを構え、数多くの油彩画やデッサンを今日に残している。国民闘争が始まったとき、アブデュルメジトはアンカラに赴き国民軍に加わろうとしたため、イスタンブルのイギリス進駐軍によって監視下におかれたというエピソードも伝えられている。

アブデュルメジト2世
（エフェンディ）
カリフ位1922～24

ヴァヒデッティン亡命の翌日、彼に代わるカリフを選出するために議会で投票が行われ、この「民主制のプリンス」アブデュルメジトが最多票を獲得した。議会によって民主的に選出された、最初で、かつ現在のところ最後のカリフである。即位したアブデュルメジトは、アブデュルメジト二世と呼ばれることもあるが、スルタンとしての即位ではなかったため「エフェンディ」の尊称を付けて言及されるのが通例である。

アブデュルメジトのカリフ就任にあたっては、スルタンの即位に慣例の帯剣式は行われなかった。権力の象徴たる「剣」はもはや必要としない、ということであろうか。その代わり、ムスリム王朝の伝統である忠誠の誓い《バイア》の儀式は、トプカプ宮殿内の「預言者の外套の間」においてつつがなく執り行われた。一九二二年一一月二四日のことである。アンカラ政府代表、数名の国会議員、そしてウラマーたちが彼に忠誠を誓った。

新カリフの名のもとに執り行われた金曜礼拝では、アラビア語ではなく、はじめてトルコ語でフトバが詠まれた。カリフが伝統的に用いていた「信徒たちの長《アミール・アル・ムウミニーン》」あるいは「預言者のカリフ《ハリーフェト・ラスールッラー》」という称号は許されず、「ムスリムたちのカリフ《ハリーフェイ・ムスリミーン》」という格式の劣る呼び方が用いられた。これは、本来の字義に従って考えれば「ムスリムたちの代理人」という意味に過ぎない。またカリフは、公式の行事ではターバンを被らず、洋装のフロックコートを着用するよう定められた。こうした変化を経て、人々は、カリフ制のもつ意味そのものが大きく変質せざるをえないことを、いやおうなしに感じていたはずである。

トルコ共和国の建国

セーヴル条約に代わる新たな講和条約の締結をめぐっては、長い話し合いが続いていたが、ついに一九二三年七月二四日、アンカラ政府の主張がほぼ認められる形で、ローザンヌ条約が締結された。これによって、連合国によるアナトリアの分割支配は放棄され、現在のトルコ共和国とほぼおなじ領土がトルコに残された。第一次世界大戦に勝利した連合国が描いた戦後の世界秩序に対して、唯一、自らの抵抗によって修正を迫り、それを成功させたのが、ムスタファ・ケマルとトルコ共和国なのであった。しかし一方で、アラブ地域にはセーヴル条約が修正されることなくそのまま適用された。セーヴル条約が、現在の分割された中東地域の直近の原因となっていることは、強調しておいてよいだろう。

そして一九二三年一〇月二九日、共和制が宣言され、ここにトルコ共和国が成立する。共和制への移行によって、カリフ制の廃止がささやかれるようになると、国内外でカリフ制廃止に反対する世論が起こった。国内では、ムスタファ・ケマルの独断に対抗する人々がカリフ制擁護の論陣を張り、国外では、イギリスの支配に対抗するインドのイスラム指導者がカリフ制の必要を訴えている。しかし、ケマルの決意は固かった。ケマルは、廃止反対派の主要言論人を投獄するなどの強硬手段をとる一方で、政府要人や軍部の支持を取り付けた。

一九二四年三月三日、トルコ大国民議会は圧倒的多数でカリフ制の廃止を決定した。預言者ムハンマドが六三二年に死去し、彼に代わるムスリム共同体の指導者としてアブー・バクルが初代カリフに就任して以来、イスラム世界ははじめてカリフのいない時代を迎えた。

王朝の終焉

同時に議会は、全てのオスマン王家の国外退去も定めていた。男性は七二時間、女性は一〇日の猶予を与えられた。このとき追放された王族のなかには、プレンス・サバハッティンの姿もあった。

ただし、アブデュルメジト自身には、即時の退去が命じられた。三月四日、アブデュルメジトとその家族は、自動車で、ドルマバフチェ宮殿からイスタンブル郊外のチャタルジャ駅へ向かった。中央駅であるシルケジ駅からの乗車は、混乱が予想されたからである。ドルマバフチェ宮殿を退去するさいにアブデュルメジトは、「私が死しても、我が骨はこの国民の繁栄を祈るであろう」と言い残している。

チャタルジャ駅からオリエント急行に乗車し、スイスへと向かったアブデュルメジトは、ハンガリーを通過したとき「我が父祖が勝利とともに通ったこの地を、私は、幸運に見放され通り過ぎている」と慨嘆したという。四〇〇年前、モハーチの戦いにおいてハンガリー軍を破ったスレイマン一世と、在りし日のオスマン帝国の栄光の時代が彼の脳裏をよぎったに違いない。

オスマン帝国に先立ち、長年にわたって鎬《しのぎ》を削っていた諸王家は、すでに歴史の表舞台から退場していた。ロシアのロマノフ朝は一九一七年のロシア革命によって滅亡し、ドイツ皇帝ヴィルヘルム二世は一九一八年に亡命、オーストリアのハプスブルク家は一九一九年に国外退去処分を受けていた。伝統的な王朝帝国の時代は、オスマン帝国とオスマン王家の終焉をもって幕を下ろした。

アブデュルメジトはスイスでしばらく過ごしたのち、フランスに渡る。

当初は亡命したカリフとして、諸外国のムスリムやメディアの注目を浴びたが、世間の関心も徐々に薄れ、芸術愛好家として静かな暮らしを送るようになった。どの土地もイスタンブルの代わりにはならない、と祖国への郷愁を語っていたアブデュルメジトは、しかし、二度とトルコの地を踏むことはなかった。

第二次世界大戦が始まり、フランスがドイツ占領下におかれたとき、老アブデュルメジトはパリにあった。あるレジスタンスの青年をかくまい、ドイツ当局と交渉して彼の安全を保障させたという逸話も伝わる。一九四四年八月二三日、パリ解放の戦いのさなか、アブデュルメジトは心臓発作を起こして死去した。七六歳であった。彼は生前、イスタンブルでの埋葬を望んでいたが、トルコ共和国政府はこれを拒絶した。遺体は一〇年の彷徨のあと、イスラム第二の聖地であるメディナに葬られることになる。

カリフならざるオスマン家の男子が、ふたたびトルコ共和国に入国を許されるようになるのは、一九七四年のことである。

終　章

帝国の遺産

こうして、オスマン帝国の歴史はその幕を閉じた。本書も、ここで史筆を置くべきかもしれない。

しかし、これまで通時的に追ってきたオスマン帝国史を、改めて共時的に評価し直すことも無益ではなかろう。それに加え、オスマン帝国の歴史的記憶が現在どのように受け継がれているのかについて触れることで、本書の結びに代えたい。

1 オスマン帝国史の構造

王権を支えたシステム

オスマン帝国は、なぜここまで長命を保ったのか。ここで改めてまとめておこう。

ひとつは、王族をコントロールするシステムである。兄弟の排除と奴隷の利用を軸とし、それにさまざまな慣習を付け加えることで、またその歴史の後半では鳥籠《カフェス》制度を導入することで、王位継承争いを一定の範囲内に収めた。カリスマ的な指導者を失うと、親族間の争いによって短期間で瓦解するトルコ・モンゴル系王朝の短命さを、オスマン帝国はこのように克服したのだった。

もちろん、王位継承だけでは国家は成り立たない。王権を支える権力構造もまた、時代とともに発展し変革を遂げてきた。

オスマン王家は、当初は封建諸侯のなかの第一人者に過ぎなかったが、一五世紀から一六世紀にかけて、スルタンを頂点とした中央集権体制を作り上げることに成功した。さらに一七世紀から一八世紀にかけては分権化が進み、弾力性のある、柔構造の権力体制へと変貌を遂げた。この権力体制にあっては、イスタンブルにおける複数のステークホルダーがお互いの利害調整をしつつ、場合によってはスルタンの廃位が体制の崩壊を防ぐ安全弁として機能するなど、ある種の「民主的な」制度が確立していたのだった。鈴木董はオスマン帝国の体制を「柔らかい専制」と評したが、一八世紀がその到達点だといえるかもしれない。

多層的なアイデンティティと世界観

そうした弾力性は、彼らの持つ正統意識や世界観にもいえることである。

オスマン帝国君主は、最初期よりイスラムの信仰戦士《ガーズィー》を称し、王朝の発展にともなって、世俗のイスラム君主たるスルタンとして、そしてイスラム世界を統べムスリムを導くカリフとして自任するようになった。一六世紀のスレイマン一世は、世界の王たる天運の主《サーヒブ・キラーン》にして救世主《マフディー》であるという自意識をも身にまとった。

さらに、トルコ系遊牧民をその起源とするオスマン王家は、ムラト一世のころからトルコ系の君主号である「ハン」を用い、オグズ族の貴種たるカユ氏族の裔《すえ》だと自らの系譜を位置づけた。この正統性は、モンゴル、ティムールと続くモンゴル系王朝の脅威に対抗するために、ムラト二世時代に強く主張された。また、アレクサンドロス大王やローマ帝国の後継者としての自意識も持っていたといわれる。こうしたアイデンティティの重層性・多様性は、おなじく重層的かつ多様であった帝国の領域内の統治に、正統性と柔軟性を与えていたといえよう。

ただし、その多様な自意識の層の厚みは、均一ではなかったことに注意したい。トルコの王たる意識は、一六世紀初頭までは重視されたが、以降はさほど強調されなくなる。ローマ帝国の後継者であるという意識は、さらに微弱なものであった。

もっとも長く、強力に、衆庶から貴顕にわたって共有されていた君主像は、やはりイスラムの王としての姿であった。

オスマン的イスラム

イスラムの王たるオスマン王家が君臨するオスマン帝国において、それではイスラムはどのように捉えられ、社会的役割を担っていたのだろうか。

初期オスマン朝の時代に充溢していた曖昧かつ融通無碍な習合主義的雰囲気は、一五世紀中葉より進展した宗派化のなかで失われてゆき、一六世紀後半ごろからは、スンナ派ハナフィー学派の学説に依拠したイスラム法が施行される「正しく」イスラム的な社会へと変容してゆく。

しかし、宗派化が進んだとはいえ、オスマン帝国におけるイスラムのあり方は、教条主義的なイスラムとは一線を画するものだった。たとえば、クライシュ族ではないオスマン王家は法理論上ではカリフになりえない存在であったが、実際には名実ともにカリフとして君臨した。また、兄弟殺しやデヴシルメ、現金ワクフ、そしてムスリムと非ムスリムの平等など、イスラム法を厳密に適用すれば容認しえない行為を、イスラムの名のもとに実践していたのがオスマン帝国であった。オスマン帝国がおかれた状況にふさわしく、カスタマイズされつつ適用されたイスラムは、いわば「オスマン的イスラム」といいうるものであった。

もちろん、こうしたイスラムの在地的変容は、オスマン帝国に限らず、歴史上、イスラム世界の各地で確認しうる現象である。しかし、オスマン帝国が他のムスリム諸王朝と一線を画する特異性は、そうした歴史性のなかでつくられた国家が、六〇〇年間の長きにわたり存続し、四〇〇年間スンナ派イスラム世界の盟主としてふるまい、一〇〇年間西洋近代といかに折り合いをつけるか苦闘しつつ一定の成果を挙げてきたという経験と実績にある。

イスラムに限らず、明確な教義を持つ宗教は、多くの場合、原理的に適用しようとすれば既存社会との軋轢を生む。しかし、時間をかけて社会のなかで運用してゆく必要に迫られたとき、理想と現実は接点を見出し、宗教は社会的役割を適切に担うよう変化し機能してゆく。であるからには、本質主義にとらわれることなく、歴史的に彫琢《ちょうたく》されてゆく過程とそこから立ち現れた姿に着目してイスラムの可能性を見出すことも、また意味のないことではないだろう。

帝国の近代――苦闘と崩壊

オスマン帝国の長きにわたる存続を可能ならしめたのは、卓越した王位継承のコントロール・システムと、王権を支える柔構造の権力体制であった。また、スルタンをはじめとする帝国の人々の持つ帰属意識は、濃淡の差こそあれさまざまであり、複数のアイデンティティを同時に持っていることもあった。こうした同床異夢のなかで、緩やかな統合が果たされていたのが前近代のオスマン社会であった。

そしてオスマン帝国にとっての近代とは、こうした前近代のオスマン帝国が持っていた弾力性や多層性が深刻な挑戦を受けることと同義であった。すなわち、近世までの帝国の特性である柔構造が、均一かつ同質な国民国家を形成するという潮流が世界的に加速するなかで機能不全を起こしたのである。イェニチェリに代表されるさまざまな特権を持つ団体が排除されていったこと、あるいはイスラムの庇護のもとに不平等ながらも共存していた非ムスリム臣民がナショナリズムに目覚めて帝国から独立していったことは、その表れである。

こうして帝国が解体し、崩壊してゆくプロセスを、鈴木董は「イスラムの家からバベルの塔へ」と呼んだ。

しかしその過程にあっても、民族と宗教の共存と調和を保つ努力は続けられた。神の言葉であるはずの聖典クルアーンの記述すら読み替えて、ムスリムと非ムスリムの平等を打ち出したオスマン帝国の試みは、西洋列強による圧力の産物に過ぎないと、辛辣な評価をすることも可能であろう。しかし、新井政美がいうように、オスマン帝国は長い時間をかけて、西洋文明とイスラムを調和させるべく工夫と努力を積み重ねてきた。イスラムの読み替えは、彼ら自身の主体的な取り組みの成果ともいえるのである。

研究者バーキー・テズジャンは、もしオスマン帝国がアメリカ大陸のような相対的に孤立した地域に位置し、列強の干渉がなければどうなっていたであろうか、と仮想する――ムスリムと非ムスリムの差別は、アメリカの公民権運動のような形で、徐々に是正されていったのではないか、と。歴史に「もし」は禁句だといわれるが、そのような可能性がありえたと想像することも、無駄ではないだろう。

しかし、現実のオスマン帝国は、列強による干渉という十字砲火のただなかにあって、そのような着実な発展と成長が許されるような地政学的位置にはなかった。

帝国は、崩壊し滅亡した。

2　オスマン帝国の残照

負の記憶

オスマン帝国は六〇〇年にわたる歴史を終えた。しかし、かつて帝国に生きた人々の歴史は続く。

オスマン帝国の継承国家は、トルコ共和国だけではない。オスマン帝国領にあった国家は、バルカン半島やアラブ地域を中心に、現在、二〇カ国以上におよぶ。オスマン帝国時代の広域支配が消滅し、細分化され人為的に引かれた国境線によって、かつて存在した経済圏や文化圏が切断されたことの打撃は少なくない。「バベルの塔」が倒壊したあとの旧オスマン帝国地域のうち、キプロス、ユーゴスラヴィアあるいはレバノンでは、猖獗《しょうけつ》を極めた民族紛争が起きることになった。

オスマン帝国治下にあった諸国の多くは、オスマン帝国時代を、抑圧された過去として想起し、帝国支配からの解放を、輝かしい民族独立として捉えているようだ。そしてオスマン帝国時代を、負の記憶として見なしたのは、トルコ共和国も同じであった。

アタテュルクのトルコ

「父なるトルコ人」、すなわちアタテュルクと呼ばれるようになるムスタファ・ケマルは、オスマンの遺産を否定した。新生トルコ共和国は、オスマン帝国とその君主たるスルタン＝カリフを滅ぼして成立した国家だったからである。また、帝国時代の国教であったイスラムを公的な場から排除し、あるいは管理下におくことによって世俗化を推し進めた。西洋近代的な国民国家を追い求めたトルコ共和国にとって、イスラムは無知蒙昧で遅れたオスマン帝国の象徴だったからである。

聖典クルアーンの文字であるアラビア文字を廃止し、ラテン文字を採用した文字革命。かつてマフムト二世によって近代化の、そしていまや旧体制の象徴とされたトルコ帽《フェス》の廃止。ウラマーを生み出したイスラム学院《マドラサ》や、人々のあいだに根付いたスーフィー教団の閉鎖。イスタンブル最大のモスクであったアヤ・ソフィアは博物館となった。

その一方で、トルコ民族主義が、イスラムの代わりとして強調された。とくにその先兵となったのは、歴史と言語である。トルコ民族が古代中央アジアで偉大な文明を築いていたとするトルコ史テーゼや、トルコ語は全ての言語の祖だとする太陽言語論は、その最たる例といえる。

アタテュルクの功績は明らかである。

第一次世界大戦後の帝国主義の嵐のなか、世界を分割領有する列強の計画を打ち破った唯一の英雄が、彼であった。拙速とも思われる民族主義と世俗化を推し進めたのも、社会ダーウィニズムにもとづく世界観が席巻していた時代にあって、トルコを近代的な国民国家として生まれ変わらせる、生き残りをかけた必死の方策だったはずである。戦間期にアタテュルクが掲げ堅守した「内に平和、外に平和」という外交方針は、戦間期と第二次世界大戦においてトルコの独立を堅持することに寄与した。アタテュルクなくしていまのトルコは存在しなかったとは、いい過ぎではなかろう。

そのトルコは、アタテュルクの手によって、世俗的で西洋的な近代的国民国家に生まれ変わったかに見えた。

オスマン帝国とトルコ共和国の連続性

しかし、オスマン帝国の遺産とイスラムは、トルコの人々のなかに――決してトルコ民族主義やアタテュルクへの崇敬と矛盾することなく――深く根を下ろしていた。

トルコ共和国の成立は、オスマン帝国からの切断と一般に見なされがちである。だが実際には、トルコ共和国初期の政権を支えたエリートたちは第二次立憲政期に育った人材であり、両時期の政策と改革には驚くほど共通点が多い。エリートだけではない。イスラムとオスマンへの共感は、トルコ国民のなかに通奏低音として響き続けており、それが一九五〇年代に噴出する。一九五〇年に与党となった民主党が極端な世俗化政策を緩和すると、メディアにおいてイスラムやオスマン帝国への憧憬が一斉に語られた。トルコの真のナショナリティの形成は、この時代になされたともいわれる。

その意味で、トルコ共和国は、まぎれもなくオスマン帝国の落とし仔である。ただし、宗教的習合がもたらした異端の活力に満ちた初期の時代の後継者でもなければ、イスラム的世界帝国として柔らかい専制のもと運営された壮麗なる時代の後継者でもない。ムスリム・トルコ人の割合が増加したアブデュルハミト二世期、さらにいえば、バルカン戦争後にトルコ民族主義が急激に高まった帝国最末期の、後継者である。

政治文化の継承

一九六〇年、アタテュルクの遺志を継ぐと自任する軍部はクーデタによって民主党政権を転覆させ、主要な政治家を処刑した。こののちも、一九七一年、一九八〇年とほぼ一〇年おきに繰り返されたクーデタの反復は、歴史をさかのぼれば、一九二六年のムスタファ・ケマルによる政敵の殲滅、一九〇八年の青年トルコ人革命、一八七六年のアブデュルアズィズ廃位といった、オスマン帝国末期からの歴史的経験と政治文化を受け継ぐものといえよう。

その軍部は、純粋な世俗主義ではアタテュルク以来の国のかたちを維持できないと考え、一九八〇年代より、イスラムの文化的な要素を、トルコ民族主義の分かちがたい一部として取り入れた「トルコ＝イスラム綜合」論を採用するようになった。これとても、思想的源流は、イスラムとトルコ主義の調和を求めた第二次立憲政時代にまで求められる。

トルコの行方

二〇〇二年に与党となった公正発展党は、親イスラム政権であり、政権成立当初は再び軍部によるクーデタの可能性も取りざたされた。しかし彼らは、自らを中道保守と規定し、またEUへの加盟を求める方針を堅持することで、軍部の圧力をかわした。その後トルコに大きな経済成長をもたらし、国民の支持を固めた同政権は、徐々に世俗派や軍部の勢力を削ぐことに成功する。そして二〇一七年に行われた大統領制移行の憲法改正を経て、エルドアン大統領は、国父アタテュルクをしのぐ権力を手中にすることとなった。近年の同政権では、イスラム的価値観やオスマン帝国の継承を強調するレトリックが頻繁に用いられている。

たとえば、二〇一六年五月二九日のイスタンブル征服記念日には、ユルドゥルム首相によって、エルドアン大統領をメフメト二世になぞらえる演説がなされた。二〇一七年のセリム一世を称える式典においては、共和国における親イスラム的な政治家たちの後継者として、自らを位置づけるエルドアン大統領の姿があった。

オスマン帝国の遺産の復権は、いまや動かしがたい。オスマン帝国を自らの祖先と見なす歴史意識は、トルコ国民のなかに完全に根付いたといえる。

では、トルコはこれから、どのオスマン帝国の影を追ってゆくのだろうか。

オスマン帝国は、その長い歴史においてさまざまな局面を経験した。宗教的厳格主義を主張したカドゥザーデ派が勢力を強めた時代。イスラムと近代を、緊張感をもってしかし融和させようと努めたタンズィマートの時代。エルドアン大統領自身は、自らをアブデュルハミト二世になぞらえているようだ。経済発展と専制政治、そしてイスラム主義に彩られるアブデュルハミト二世の時代が、反復されるのだろうか。

二〇一八年六月に行われた大統領選挙でエルドアン大統領は再選され、前年に定められた大統領権限の拡大とあわせて、トルコ共和国のかたちが大きく変わる可能性がささやかれている。トルコの行方は杳として知れないが、オスマン帝国の残照がその光を強くすることだけは、間違いないだろう。

あとがき

冒頭でも触れたように、オスマン帝国史研究はいま、急速な発展のさなかにある。

本書の執筆を打診されたとき、躊躇しなかったといえば嘘になる。研究の深化と専門の分化が進むなか、ひとりの執筆者が六〇〇年の歴史を書く困難は大きいからである。しかし、しばらく逡巡したのち、火中の栗を拾うつもりで依頼を引き受けた。日本語で簡便に読めるオスマン帝国の全史が存在しないなか、誰かが書かなくてはならないことだと考えたからである。

引き受けたからには、既存のオスマン帝国史の焼き直しではなく、これまでにない形の通史を書こうと考えた。長らくオスマン帝国の年代記に親しんできた身として、帝国の歴史家たちによって書き綴られた「オスマン王家の歴史」の伝統を意識した著述をしてみよう――とは、本書の隠れたねらいであった。歴代スルタンの全員になんらかの言及があるのは、ひとつにはそうした意図ゆえである。また、こうした通史では情報量の多い近代史の部分が増えがちであるが、本書ではすべての時代を均等に扱うよう心がけた。

とはいえ、六〇〇年という歴史は、私の手に余るものだったのは間違いない。そのため、本書が完成するまでには多くの人々の助力が必要だった。オスマン帝国近代史を専門とする上野雅由樹（大阪市立大学）、イラン史を専門とする大塚修（東京大学）の両氏からは、原稿の全体にわたって貴重な批判とコメントをいただいた。清水和裕氏（九州大学）よりアッバース朝について、中谷功治氏（関西学院大学）よりビザンツ帝国についてご教示を受けたことも、大きな助けとなった。中公新書編集部の藤吉亮平氏からは、一読者の視点からの的確な指摘にくわえ、図版や年表、地図の作成など、あらゆる面で助けていただいた。もちろん、本書の文責がすべて私にあることはいうまでもない。

本書終盤の問題意識の一部をなす、オスマン帝国の崩壊からトルコ共和国への移行、そしてトルコ共和国におけるオスマン帝国の遺産については、近刊の拙編『トルコ共和国 国民の創成とその変容――アタテュルクとエルドアンのはざまで』（九州大学出版会、二〇一九年二月刊行予定）において本格的に検討されている。現代トルコ政治を専門とする今井宏平氏（日本貿易振興機構アジア経済研究所）を始めとする気鋭の若手研究者たちの手によるこの論集は、オスマン帝国が崩壊したのち、トルコ共和国がどのような苦闘のなか新しい国を作り上げていったか、そしてそれがいかに現代につながっているかを主たるテーマとしている。興味のある方には、ぜひ手に取っていただければ幸いである。

最後に、個人的な感慨を申し述べるのを許していただきたい。

歴史好きが高じて史学科への進学を志してはいたものの、どの地域を学びたいかすらまったく定まっていなかった高校生の私が、オスマン帝国に本格的に興味を持ったのは、鈴木董著

『オスマン帝国――イスラム世界の「柔らかい専制」』（講談社現代新書、一九九二年刊）と出会ったためであった。オスマン帝国どころかイスラム史にかんする情報も、今と違って十分でないなか、ここに描かれるオスマン帝国の歴史像に鮮烈な印象を受けたことを覚えている。

鈴木先生がこの書籍を上梓されたのと、私が本書を擱筆したのは、奇しくも同じ年齢である。不思議な縁を感じざるを得ない一方で、歴史研究者がいちど焦点を絞った専門書を世に問い、しかるのちに一般の読者へと広く門戸を開いた作品のために史筆を執るのに、四十代なかばというのはちょうどふさわしい年齢なのかもしれない。

本書の執筆中、かつての自分に向かって書いているような奇妙な感覚を、幾度か味わった。本書を読んで、読者がオスマン帝国史に魅力を感じてくださるとすれば――僭越を承知で付け加えると、オスマン帝国史研究を志してくれる方がいるならば――望外の喜びである。

参考文献

以下は、本書で取り扱った内容について理解を深めたい方のためのブック・ガイドを兼ねている。近年刊行された日本語と英語の単行本を中心として挙げ、それに本書の内容に関連する日本語の学術論文を加えた。英語の学術論文やトルコ語文献については、これらの文献からたどられたい。

◎通史あるいは全体に関するもの

Barkey, Karen. *Empire of Difference: The Ottomans in Comparative Perspective.* Cambridge, 2008.

Findley, Carter V. *Turkey, Islam, Nationalism, and Modernity: A History, 1789-2007.* New Haven, 2010.

Finkel, Caroline. *Osman's Dream: The Story of the Ottoman Empire, 1300-1923.* New York, 2005.

Hanioğlu, M. Şükrü. *A Brief History of the Late Ottoman Empire.* Princeton, 2008.

Imber, Colin. *The Ottoman Empire, 1300-1650: The Structure of Power.* Basingstoke, 2002.

Zürcher, Erik J. *Turkey: A Modern History.* 4th ed. London, 2017.

新井政美『トルコ近現代史――イスラム国家から国民国家へ』みすず書房、二〇〇一年

――『オスマンvs.ヨーロッパ――〈トルコの脅威〉とは何だったのか』講談社、二〇〇二年

鈴木董（編）『オスマン帝国史の諸相』山川出版社、二〇一二年

永田雄三（編）『西アジア史II　イラン・トルコ』山川出版社、二〇〇二年

林佳世子『オスマン帝国　五〇〇年の平和』講談社、二〇〇八年

◎第1章

Imber, Colin. *The Ottoman Empire, 1300-1481.* Istanbul, 1990.

Kafadar, Cemal. *Between Two Worlds: The Construction of the Ottoman State.* Berkeley. 1996.

Kastritsis, Dimitris J. *The Sons of Bayezid: Empire Building and Representation in the Ottoman Civil War of 1402-1413.* Leiden, 2007.

Lowry, Heath W. *The Nature of the Early Ottoman State.* Albany, 2003.

Murphey, Rhoads. *Exploring Ottoman Sovereignty: Tradition, Image and Practice in the Ottoman Imperial Household, 1400-1800.* London, 2008.

Peacock, A. C. S. and Sara N. Yıldız（eds.）. *The Seljuks of Anatolia: Court and Society in the Medieval Middle East.* London, 2013.

今澤浩二「オスマン朝初期における宰相制の展開」『オリエント』五六／二（二〇一四年）六五―八二頁

大塚修『普遍史の変貌――ペルシア語文化圏における形成と展開』名古屋大学出版会、二〇一七年

小笠原弘幸『イスラーム世界における王朝起源論の生成と変容――古典期オスマン帝国の系譜伝承をめぐって』刀水書房、

二〇一四年
川口琢司『ティムール帝国』講談社、二〇一四年
ゲオルグ・オストロゴルスキー、和田廣（訳）『ビザンツ帝国史』恒文社、二〇〇一年
佐藤次高『イスラームの国家と王権』岩波書店、二〇〇四年
清水和裕『イスラーム史のなかの奴隷』山川出版社、二〇一五年
東長靖、今松泰『イスラーム神秘思想の輝き――愛と知の探求』山川出版社、二〇一六年
ジュディス・ヘリン、井上浩一（他訳）『ビザンツ――驚くべき中世帝国』白水社、二〇一〇年
中谷功治『テマ反乱とビザンツ帝国――コンスタンティノープル政府と地方軍団』大阪大学出版会、二〇一六年
三沢伸生「「ティマール制」研究の展開」『西南アジア研究』六四（二〇〇六年）七八―九三頁

◎第1章

Bang, Peter F. and Dariusz Kołodziejczyk (eds.). *Universal Empire: A Comparative Approach to Imperial Culture and Representation in Eurasian History.* Cambridge, 2015.
Casale, Giancarlo. *The Ottoman Age of Exploration.* New York. 2012.
Çıpa, H. Erdem. *The Making of Selim: Succession, Legitimacy, and Memory in the Early Modern Ottoman World.* Bloomington, 2017.
Imber, Colin. *Ebu's-Su'ud: The Islamic Legal Tradition.* Stanford, 1997.
Muslu, Cihan Y. *The Ottomans and the Mamluks: Imperial Diplomacy and Warfare in the Islamic World.* London, 2014.
Peirce, Leslie P. *The Imperial Harem: Women and Sovereignty in the Ottoman Empire.* New York, 1993.
———. *Empress of the East: How a European Slave Girl Became Queen of the Ottoman Empire.* New York, 2017.
Şahin, Kaya. *Empire and Power in the Reign of Süleyman: Narrating the Sixteenth-Century Ottoman World.* Cambridge, 2013.
Stauridēs, Theocharēs. *The Sultan of Vezirs: The Life and Times of the Ottoman Grand Vezir Mahmud Pasha Angelović (1453-1474).* Leiden, 2001.
Yılmaz, Hüseyin. *Caliphate Redefined: The Mystical Turn in Ottoman Political Thought.* Princeton, 2018.
岩崎周一『ハプスブルク帝国』講談社、二〇一七年
大河原知樹、堀井聡江『イスラーム法の「変容」――近代との邂逅』山川出版社、二〇一四年
小笠原弘幸「オスマン／トルコにおける「イスタンブル征服」の記憶――一四五三―二〇一六年」『歴史学研究』九五八（二〇一七年）四七―五八頁
川本智史『オスマン朝宮殿の建築史』東京大学出版会、二〇一六年
京谷啓徳『凱旋門と活人画の風俗史――儚きスペクタクルの力』講談社、二〇一七年
河野淳『ハプスブルクとオスマン帝国――歴史を変えた〈政治〉の発明』講談社、二〇一〇年
澤井一彰『オスマン朝の食糧危機と穀物供給――16世紀後半の東地中海世界』山川出版社、二〇一五年
ジョナサン・ハリス、井上浩一（訳）『ビザンツ帝国の最期』白

水社、二〇一三年
松尾有里子「オスマン朝中期におけるミュラーゼメット（教授・法官候補）制度——『ルメリ・カザスケリ登銀簿』（Rumeli Kazaskerliği Rûznâmesi）を手がかりに」『日本中東学会年報』一一（一九九六年）三九—六九頁
アル＝マーワルディー、湯川武（訳）『統治の諸規則』慶應義塾大学出版会、二〇〇六年
宮下遼『多元性の都市イスタンブル——近世オスマン帝都の都市空間と詩人、庶民、異邦人』大阪大学出版会、二〇一八年

◎第三章
Aksan, Virginia H. *Ottoman Wars, 1700-1870: An Empire Besieged.* London, 2007.
Baer, Marc D. *Honored by the Glory of Islam: Conversion and Conquest in Ottoman Europe. Oxford.* 2008.
Murphey, Rhoads. *Ottoman Warfare, 1500-1700.* London, 2003.
Piterberg, Gabriel. *An Ottoman Tragedy: History and Historiography at Play.* Berkeley, 2003.
El-Rouayheb, Khaled. *Islamic Intellectual History in the Seventeenth Century: Scholarly Currents in the Ottoman Empire and the Maghreb.* Cambridge, 2015.
Sajdi, Dana (ed.). *Ottoman Tulips, Ottoman Coffee: Leisure and Lifestyle in the Eighteenth Century.* London, 2007.
Tezcan, Baki. *The Second Ottoman Empire: Political and Social Transformation in the Early Modern World.* Cambridge, 2010.
Yaycıoğlu, Ali. *Partners of the Empire: The Crisis of the Ottoman Order in the Age of Revolutions.* Stanford, 2016.
上野雅由樹「ミッレト制研究とオスマン帝国下の非ムスリム共同体」『史学雑誌』一一九／一一（二〇一〇年）六四—八一頁
小笠原弘幸「オスマン帝国における官僚制と修史」小名康之（編）『近世・近代における文書行政——その比較史的研究』有志舎、二〇一二年、四二—六九頁
尾高晋己『オスマン外交のヨーロッパ化——片務主義外交から双務主義外交への転換』溪水社、二〇一〇年
小杉泰、林佳世子（編）『イスラーム　書物の歴史』名古屋大学出版会、二〇一四年
永田雄三『前近代トルコの地方名士——カラオスマンオウル家の研究』刀水書房、二〇〇九年
長谷部史彦『オスマン帝国治下のアラブ社会』山川出版社、二〇一七年
黛秋津『三つの世界の狭間で——西欧・ロシア・オスマンとワラキア・モルドヴァ問題』名古屋大学出版会、二〇一三年

◎第四章
Deringil, Selim. *The Well-Protected Domains: Ideology and the Legitimation of Power in the Ottoman Empire, 1876-1909.* New ed. London, 2011.
——. *Conversion and Apostasy in the Late Ottoman Empire.* Cambridge, 2012.
Shaw, Wendy M. K. *Possessors and Possessed: Museums, Archaeology, and the Visualization of History in the Late Ottoman Empire.* Berkeley, 2003.

秋葉淳、橋本伸也（編）『近代・イスラームの教育社会史——オスマン帝国からの展望』昭和堂、二〇一四年
新井政美『オスマン帝国はなぜ崩壊したのか』青土社、二〇〇九年
——『憲法誕生——明治日本とオスマン帝国　二つの近代』河出書房新社、二〇一五年
小笠原弘幸「王家の由緒から国民の由緒へ——近代オスマン帝国におけるナショナル・ヒストリー形成の一側面」歴史学研究会（編）『由緒の比較史』青木書店、二〇一〇年、一二五―一五八頁
粕谷元「オスマン帝国はいつ滅亡したのか」『研究紀要』九〇（二〇一五年）一一三―一二九頁
粕谷元（編）『トルコにおける議会制の展開——オスマン帝国からトルコ共和国へ』東洋文庫、二〇〇七年
小松香織『オスマン帝国の近代と海軍』山川出版社、二〇〇四年
佐原徹哉『近代バルカン都市社会史——多元主義空間における宗教とエスニシティ』刀水書房、二〇〇三年
——『中東民族問題の起源——オスマン帝国とアルメニア人』白水社、二〇一四年
佐々木紳『オスマン憲政への道』東京大学出版会、二〇一四年
鈴木董『ナショナリズムとイスラム的共存』千倉書房、二〇〇七年
——『オスマン帝国の解体——文化世界と国民国家』講談社、二〇一八年
田中英資『文化遺産はだれのものか——トルコ・アナトリア諸文明の遺物をめぐる所有と保護』春風社、二〇一七年
藤波伸嘉『オスマン帝国と立憲政——青年トルコ革命における政治、宗教、共同体』名古屋大学出版会、二〇一一年
——「オスマン帝国憲法修正条文——翻訳と解題」『国際関係学研究』四一（二〇一五年）一三―二六頁
ユージン・ローガン、白須英子（訳）『オスマン帝国の崩壊——中東における第一次世界大戦』白水社、二〇一七年

◎終章

Hanioğlu, M. Şükrü. *Atatürk: An Intellectual Biography*. Princeton, 2011.
Brockett, Gavin D. *How Happy to Call Oneself a Turk: Provincial Newspapers and the Negotiation of a Muslim National Identity*. Austin, 2011.
新井政美（編）『イスラムと近代化——共和国トルコの苦闘』講談社、二〇一三年
今井宏平『トルコ現代史——オスマン帝国崩壊からエルドアンの時代まで』中央公論新社、二〇一七年
小笠原弘幸（編）『トルコ共和国　国民の創成とその変容——アタテュルクとエルドアンのはざまで』九州大学出版会、二〇一九年（刊行予定）
柿﨑正樹「エルドアン大統領の歴史認識——ケマリズム史観への挑戦」『中東研究』二〇一七／二（二〇一七年）八―二一頁

年　表

西 暦	事 項
1877	第一次立憲政の開始。ロシア軍、オスマン領内に侵攻
1878	ロシアとサン・ステファノ条約締結。ロシアに過剰に有利であるため列強が介入し、ベルリン条約締結。アブデュルハミト二世、非常大権を行使して第一次立憲政終了
1908	青年トルコ人革命。アブデュルハミト二世、憲法復活を宣言。第二次立憲政の開始
1909	反統一派による「三月三十一日事件」勃発。反動を使嗾したとして、アブデュルハミト二世退位、レシャト（メフメト五世）即位。オスマン帝国憲法改正。オスマン歴史協会設立
1911	イタリアがリビアに侵攻
1912	バルカン戦争開戦（～1913年。ブカレスト条約で終結）。サロニカ、エディルネなど陥落（エディルネはのち奪還）
1914	第一次世界大戦勃発
1916	ゲリボルの戦いで勝利
1918	レシャト没。ヴァヒデッティン（メフメト六世）即位。ムドロス休戦協定締結。第二次立憲政の終わり
1919	ギリシャ軍がイズミルを占領。ムスタファ・ケマルがサムスンに上陸し、国民軍の結成を宣言
1920	帝国議会で「国民誓約」決議。ヴァヒデッティン、帝国議会を解散し、これに対してケマルがアンカラで大国民議会を招集。イスタンブル政府、連合国との間でセーヴル条約締結
1921	サカリヤ川の戦い。国民軍、ギリシャ軍を撃退
1922	ムダンヤ休戦協定締結。アンカラ政府、スルタン制を廃止。ヴァヒデッティンが亡命し、廃位される（オスマン帝国の滅亡）。アブデュルメジト・エフェンディ、カリフに即位
1923	ローザンヌ条約調印。共和制が宣言され、トルコ共和国成立
1924	トルコ大国民議会、カリフ制廃止決定

西暦	事項
1716	オーストリアとの戦い勃発（～1718年）
1718	パサロヴィッツ条約締結。オーストリアにセルビアの大部分を割譲。大宰相ネヴシェヒリル・イブラヒム・パシャ就任。都市文化爛熟の時代（通称「チューリップ時代」）
1724	サファヴィー朝の混乱に乗じてイランに遠征（～1746年）。ナーディル・シャーの登場によって苦戦に
1730	パトロナ・ハリルの乱。ネヴシェヒリル処刑、アフメト三世退位、マフムト一世即位
1754	マフムト一世没、オスマン三世即位
1757	オスマン三世死去、ムスタファ三世即位
1768	露土戦争開戦
1774	ムスタファ三世没、アブデュルハミト一世即位。ロシアとキュチュク・カイナルジャ条約締結、クリミア・ハン国が独立
1789	アブデュルハミト一世没、セリム三世即位
1792	ニザーム・ジェディード改革の開始
1807	カバクチュ・ムスタファの乱。ニザーム・ジェディード軍廃止が宣言され、セリム三世退位、ムスタファ四世即位
1808	アーヤーンのアレムダール、混乱中のイスタンブルに入市し、トプカプ宮殿を制圧。ムスタファ四世退位、マフムト二世即位。大宰相に就任したアレムダールは、ニザーム・ジェディード軍復活を宣言し、有力アーヤーンと「同盟の誓約」を結ぶも、イェニチェリ軍団に襲われ死亡
1812	ロシアとブカレスト条約締結
1815	セルビアの反乱、自治権を付与
1826	イェニチェリ軍団の反乱を殲滅、廃止
1829	ギリシャに独立を許す（エディルネ条約。国際承認は翌年）
1839	オスマン軍、エジプト軍に大敗。マフムト二世没、アブデュルメジト一世即位。薔薇園勅令発布、タンズィマート改革
1853	クリミア戦争開戦（～1856年）
1856	改革勅令発布
1861	アブデュルメジト一世没、アブデュルアズィズ即位
1876	アブデュルアズィズ退位、ムラト五世即位。93日で退位し、アブデュルハミト二世即位。オスマン帝国憲法発布

西暦	事項
1603	メフメト三世没、アフメト一世即位。「兄弟殺し」廃止
1617	アフメト一世没、弟のムスタファー世即位。前スルタンの弟の即位は帝国史上初
1618	ムスタファー世退位、オスマン二世即位
1622	イェニチェリ軍団の蜂起でオスマン二世が処刑され、ムスタファー世復位
1623	オスマン二世の復讐を口実とした地方反乱と首都での騒乱によって、ムスタファー世退位。ムラト四世即位
1639	サファヴィー朝とカスレ・シーリーン条約締結。トルコ・イラン国境の基礎が定まる
1640	ムラト四世没、イブラヒム即位
1648	イェニチェリ軍団蜂起。イブラヒム処刑、メフメト四世即位。祖母キョセム、メフメト四世の母トゥルハンの刺客によって絞殺される
1656	大宰相キョプリュリュ・メフメト・パシャ就任
1661	大宰相キョプリュリュ・メフメト死去、後任に息子ファーズル・アフメト・パシャ就任
1669	クレタの要衝カンディアを征服し、クレタ島攻略。このころ、帝国の最大版図達成
1676	ファーズル死去。大宰相の後任にメルズィフォンル・カラ・ムスタファ・パシャ就任
1683	メルズィフォンル指揮下でウィーンを包囲（第二次ウィーン包囲）、ポーランド王ヤン・ソビエスキの急襲により敗走。メルズィフォンル、敗戦の責を問われ処刑。神聖同盟と開戦（～1699）
1687	メフメト四世退位、スレイマン二世即位
1691	スレイマン二世没、アフメト二世即位
1695	アフメト二世没、ムスタファ二世即位
1697	ゼンタの戦いで大敗
1699	神聖同盟との戦い終結、カルロヴィッツ条約締結
1700	ロシアとイスタンブル条約締結。ロシアがアゾフ領有
1703	エディルネ事件。ムスタファ二世退位、アフメト三世即位
1711	プルートの戦い。ロシアに勝利し、アゾフ奪還

西　暦	事　項
1468	アルバニアのスケンデル・ベグが死去。その後、帝国がアルバニアを併合
1473	バシュケントの戦い。白羊朝のウズン・ハサンに勝利
1475	クリミア・ハン国を服属させる
1481	メフメト二世、陣中にて没。バヤズィト二世即位
1495	バヤズィト二世に対抗していた王弟ジェム、ナポリにて死去
1511	親サファヴィー朝であるシャー・クルの乱勃発。王子コルクトの敗退、大宰相の戦死を経て鎮圧
1512	バヤズィト二世退位、セリム一世即位
1514	サファヴィー朝軍に、チャルディランの戦いで勝利
1517	マムルーク朝を征服
1520	セリム一世、黒死病で没。スレイマン一世即位
1521	ベオグラード征服。翌年、ロードス島征服
1523	寵臣イブラヒム、大宰相に就任
1526	ハンガリーをモハーチの戦いで破る
1529	ウィーン包囲。三週間の包囲ののち撤退
1534	スレイマン一世、寵姫ヒュッレムと正式に結婚。イラン・イラク遠征。東アナトリア支配を確立し、バグダードも確保
1536	大宰相イブラヒム処刑
1538	オスマン帝国の援助する海賊ハイレッティン艦隊、神聖ローマ帝国のドーリア艦隊に勝利（「プレヴェザの海戦」）
1555	アマスィヤ条約でサファヴィー朝と和平
1559	王子セリムと王子バヤズィトの争い。セリムが勝利し、バヤズィトはサファヴィー朝に亡命するも処刑される
1566	スレイマン一世、陣中にて没。セリム二世即位
1569	フランスにカピチュレーションを与える
1570	キプロス島に遠征し、征服
1571	レパントの海戦。ヨーロッパの連合艦隊に敗北
1574	チュニス奪還後、セリム二世没。ムラト三世即位
1578	サファヴィー朝との戦いで、イラン西部の領土を獲得
1593	ハプスブルク帝国と開戦（～1606年。通称「長期戦争」）
1595	ムラト三世没、メフメト三世即位

年　表

西　暦	事　項
13世紀末頃	オスマン率いる集団がソユトを中心として活動開始
1302	オスマン軍、バフェウスでビザンツ軍と衝突し、勝利
1323頃	オスマン没、オルハン即位
1326	ブルサ征服。以降、ブルサがオスマン侯国の首都に
1346	オルハンに、ビザンツ皇女テオドラが降嫁。以後、バルカン遠征を繰り返し、ダーダネルス海峡付近を支配下に
1362	オルハン没。数年の内訌を経て、ムラト一世即位
1360年代	エディルネ征服。のちにブルサから遷都
1373	王子サヴジュの反乱。ほどなく鎮圧
1389	コソヴォの戦いで勝利するもムラト一世没。バヤズィト一世が即位し、西アナトリアの諸侯国を編入
1396	ニコポリスの戦いで十字軍に勝利
1397	カラマン侯国に遠征、君主アラエッティンを処刑し、併合。アナトリア統一
1402	アンカラの戦い。ティムール軍に敗れる。バヤズィトは捕虜となり、ほどなく没。空位時代（〜1413）。四人の王子による王位継承争い
1413	メフメトが兄弟の争いを制し、メフメト一世として即位
1416	偽ムスタファの乱（〜1422年）
1421	メフメト一世没、ムラト二世即位
1444	王子アラエッティンの死去を受けて、ムラト二世退位、メフメト二世即位。ヴァルナの戦いで、退位していたムラトが軍を率いてハンガリー軍を破る
1446	イェニチェリ軍団の騒擾を受けて、ムラト二世復位
1451	ムラト二世没、メフメト二世再び即位。弟アフメトを処刑（「兄弟殺し」の創始）
1453	コンスタンティノポリス征服。オスマン帝国の首都となる
1461	トレビゾンド帝国を併合
1462	ワラキア公ヴラド三世を追い、ワラキアを帝国の属国とする

リュトフィー・パシャ 150
ルーム・セルジューク朝 22-26,29,37,39,40,44,54,57,116
レシャト 262,263,273,274
レパントの海戦 143,193
ローザンヌ条約 284
露土戦争 193,207,208

●わ行
ワクフ財 38,96,108
ワクフ制度 38,96,148
ワラキア公 63,100,101
ワラキア公国 63,67,74,100,101,114,186,208,239

・**図版出典一覧**（名前の前の数字は、即位の代数）

Mustafa Cezar. *Sanatta Batı'ya Açılış ve Osman Hamdi.* Vol.2. Istanbul, 1995.
　エンヴェル・パシャ（オスマン・ハムディ作、アルズ・サドゥクオール・コレクション蔵）

Ömer F. Şerifoğlu（ed.）. *Hanedandan bir Ressam Abdülmecid Efendi.* Istanbul, 2004.
　09 セリム一世／32 アブデュルアズィズ／34 アブデュルハミト二世／37 アブデュルメジト・エフェンディ
　（いずれもアブデュルメジト・エフェンディ作、国民宮殿絵画コレクション蔵）

Osman Öndeş, Erol Makzume. *Osmanlı Saray Ressamı Fausto Zonaro.* Istanbul, 2003.
　28 セリム三世（ファウスト・ゾナーロ作、R・ポルタカル・アーカイヴ蔵）

Selmin Kangal（ed.）. *The Sultan's Portrait: Picturing the House of Osman.* Istanbul, 2000.
　01 オスマン一世（コンスタンティン・カプダール作、トプカプ宮殿博物館蔵）
　03 ムラト一世（ヴェネローゼ派作、バイエルン州立絵画コレクション蔵）
　10 スレイマン一世（作者不詳、ウィーン美術史美術館蔵）
　11 セリム二世（ナッカーシュ・オスマン作、トプカプ宮殿博物館蔵）
　12 ムラト三世（作者不詳、トプカプ宮殿博物館蔵）
　23 アフメト三世（レヴニー作、トプカプ宮殿博物館蔵）

Semra Germaner, Zeynep İnankur. *Oryantalistlerin İstanbulu.* Istanbul, 2002.
　35 メフメト五世レシャト（シモン・アゴプヤン作、軍事博物館蔵）

Zeynep Yasa-Yaman. *Ankara Resim ve Heykel Müzesi.* Ankara, 2012.
　31 アブデュルメジト一世（アブデュルメジト・エフェンディ作、アンカラ絵画・彫像博物館蔵）

マフムト（メフメト三世の王子）　164,165
マフムト一世　203,204,206
マフムト二世
12,207,219,221,222,226-237,239,242,243,250,264,266,295
マフムト・シェヴケト・パシャ　261,264
マムルーク朝
18,46,57-59,69,75,106,107,117-119,124,175
マラズギルトの戦い　21,22
マルコチュ家　34
マルジュ・ダービークの戦い　118
マーワルディー　49
ミドハト・パシャ　245,248,250
ミマール・スィナン　143-145,157
ミュテフェッリカ印刷所　201
ミュネッジムバシュ・アフメト　178
ムガール帝国　105
ムーサー（バヤズィト一世の王子）　62-64
ムスタファ（バヤズィト一世の王子）
60,62,65,66,73,81
ムスタファ（メフメト一世の王子）
65,66,67,73,81
ムスタファ（メフメト二世の王子）　104
ムスタファ（スレイマン一世の王子）
134,137,138,139
ムスタファ・ケマル
260,272,274-280,284,295-298
ムスタファ一世　164,165,168,172,174
ムスタファ二世
172,190,194,195,196,197,198,199,200
ムスタファ三世　208,211,212,215
ムスタファ四世
219,220,221,222,226,227,229
ムスタファ・レシト・パシャ　236,238
ムダンヤ休戦協定　280
ムドロス休戦協定　273,274,277
ムハンマド常勝軍　232
ムラト一世　41-45,47-53,55,58,72,290
ムラト二世
48,52,65-68,72-76,80-82,93,96,99,100,109,145,148,149,290
ムラト三世　12,156-159,161,164,167
ムラト四世　174-176,178-181
ムラト五世　244,245,249,250
メヴレヴィー教団　31,216
メッカ　19,117,119,172,252,271,281
目潰し　49-51,67,73,81
メディナ　19,117,119,281,286
メフメト（スレイマン一世の王子）　138
メフメト（アフメト一世の王子）　169
メフメト（アフメト三世の王子）　208
メフメト一世　61-66,68,72,105
メフメト二世
11,62,73-76,80-84,86-91,93,94,96-109,123,135,164,184,208,262,273,298
メフメト三世　82,158,163-165
メフメト四世　182,183,189-191,193,197
メフメト五世　→レシャト
メフメト六世　→ヴァヒデッティン
メフメト・アリ（ムハンマド・アリー）
210,230,235
メルズィフォンル・カラ・ムスタファ・パシャ　191,192
メンテシェ侯国　54
モハーチ　127,194,285
モルトケ　235

●や行

ヤークプ　50,51
ヤヤ　45
ヤン・ソビエスキ　191
ユースフ（バヤズィト一世の王子）　62,74
ユースフ（メフメト一世の王子）　65,67
ユースフ・イッゼッティン　250
ユルドゥズ宮殿　251,256
ヨハネ騎士団　106,115,124
ヨハネス八世　84

●ら行

ラシードゥッディーン　47
ラマザン侯国　24,54,117
ラヨシュ二世　127,128
ララ・ムスタファ・パシャ　143,157
リュステム　137,159

●な行
内廷 91,92,125,179,221
ナクシディル・スルタン 226
ナクシュバンディー教団 31,231,234
ナーディル・シャー 203-205
ナポレオン 12,203,215-217,220,226
ナームク・ケマル 243,245,276
ニコポリス 57,58,193
ニザーム・ジェディード 210,214,216-220,228
偽ムスタファ 65,66,73
ニルフェル 41
ヌールバーヌー 158
ネヴシェヒルリ・イブラヒム・パシャ 199-204

●は行
ハイレッティン 129
白羊朝 101-104,111,116,117,132
ハザーラスプ朝 58
パサロヴィッツ条約 200
ハジ・ベクターシュ 31
バシュケントの戦い 102
ハディース 27,37,83,234
パトロナ・ハリルの乱 199,204,220
ハナフィー学派 147,238,291
ハフサ 55,122
ハプスブルク帝国 128,131,133,160,164,167,179
ハミト侯国 44,54
バヤズィト（スレイマン一世の王子） 138,139
バヤズィト（アフメト一世の王子） 179
バヤズィト一世 44,45,50,51,53-62,65,68,72,74,84,102,103
バヤズィト二世 31,104-110,112-114,120,124,126,138,158
薔薇園勅令 236-238,240
ハリル 41,42,49,51,74,95,96,199,203,204,220
ハルヴェティー教団 31,112
バルカン戦争 265,267-270,277,279,297
ハレム 46,91,92,108,136,158,161,174,182,183,197,206,221,226
パン・イスラム主義 252,253
パン・トルコ主義 265,274
庇護民 97,240
ビトリスィー 109
ビヘトゥッラー 212
ヒュッレム 123,134-139,182
ビルギヴィー・メフメト・エフェンディ 175,216
ファウスト・ゾナーロ 256
ファーズル・アフメト・パシャ 187-191,194
フアト・キョプリュリュ 188
フアト・パシャ 238,243
フェイズッラー・エフェンディ 194,197,198,200
フェルディナント 127-130,140
ブカレスト条約（1812年。対ロシア） 234
ブカレスト条約（1913年。対バルカン諸国） 268
フトバ 26,39,105,283
フニャディ・ヤーノシュ 99
フラグ 47
フランソワ一世 128
プルートの戦い 199
プレヴェザの海戦 129
ベオグラード条約 205
ベクターシー教団 31,231
ベルリン条約 247,253
法意見書 118,145,169,173,218,227,231,262,263,278,281
母后 9,158,159,174,180,182,183,185,186
ホラズム・シャー朝 23,39

●ま行
マクシミリアン二世 140
マニサ 74-76,122,139,156,163
マヒデヴラン 134,135,137
マフムト（メフメト一世の王子） 65,67

134,135,142,145,148,150,151,158,161,170,
181,182,191,192,194,212,214,234,285,289
スレイマン二世 193
スレイマン・シャー 25,26
聖戦
18,19,26,29,33,34,88,118,123,127,145,
176,192,194,200,216,270,281
青年トルコ人 259,282
青年トルコ人革命 261,297
征服王モスク 89,90
セーヴル条約 280,284
セリミエ・モスク 144,145
セリム一世
11,52,98,112-115,117-126,129,130,138,
234,298
セリム二世
138-143,145,150,151,156,157,161,170
セリム三世 211-221,226,227,230,232
セリム・ギライ・ハン 194
ゼンタの戦い 195
総督
69,72,91,104,125,132,141,160,174,185,
186,210,235
ソコッル・メフメト・パシャ
139-143,145,156,157,159,160,198

●た行
第一次世界大戦
90,265,269,270,272,274,277,279,284,295
第一次立憲政 247,248,264
「大王」 227
大国民議会 278,281,284
大宰相府 92,186,187,221,232,251,264
太守
72,75,104,113,122,132,136,139,156,165,
250,271
大セルジューク朝 6,21-23,39,49
第二次立憲政
259,264,265,273,277,282,296,297
ダーダネルス海峡
40,63,182,186,218,256,271
タフマースブ一世 133,134
タフマースブ二世 203
ダーマト・フェリト・パシャ 275
タラート 260,266,268,274
タンズィマート
12,237-239,242,243,245,249,251,254,255,
264,299
チャガタイ・ハン国 59
チャルディランの戦い 117
チャンダルル 37,38,62,74,75,83,84,95,96
忠誠の誓い 157,182,219,262,263,283
チューリップ時代 202,203,205,206,208
長期戦争 160,164,167
徴税請負制 161-163,209,210
徴税請負人 162,209
チンギス・ハン
9,22,23,47,48,67,103,130,180
ティスィニクリ・イスマイル 210,220
ティマール騎兵 71,161,162,163
ティマール制 70,71,72,162,170,232
ティマール地 70,72,157,162,214,216
ティムール
59,60-63,65,92,102,116,130,290
ティムール朝 59,65,67,80,101
デヴシルメ
45,68-70,92,100,141,144,170,185,291
テオドラ 40,41,55
デュンダール 36
天運の主 94,130,212,289
統一進歩委員会 259-261,264,276
トゥグリル・ベグ 21
同盟の誓約 228
トゥラハン家 34
ドゥルカドゥル侯国 24,54,75,113,117
トゥルハン 183-186
トプカプ宮殿
91-93,125,136,156,179,181,183,186,189,
193,197,206,218,221,235,236,283
鳥籠 166,181,206,212,219,222,229,242,288
ドルマバフチェ宮殿 92,285
トレビゾンド帝国 101

主要項目索引

キュチュク・カイナルジャ条約 208,209,211
兄弟殺し 8,50,80-82,157,163,165,166,168,179,291
キョセ・ミハル 33,34,66
キョセム 174,180,181,183
キョプリュリュ・ムスタファ・パシャ 194
キョプリュリュ・メフメト・パシャ 100,184-187,190,191
空位時代 43,50,62,64,105
クズルバシュ 111,112,115
クライシュ族 149,150,291
クリミア・ハン国 9,103,114,122,180,191,194,198,208,209,211
クリミア戦争 239,242,243
クルアーン 37,85,86,148,175,237,240,256,293,295
ゲディク・アフメト・パシャ 106
ゲリボルの戦い 272,277
ゲルミヤン侯国 24,44,54,55,61,102
現金ワクフ 147,148,176,291
国璽尚書 91
黒人宦官長 158,172,206
国土回復運動 110
国民誓約 278
国民闘争 272,274,277,280,282
黒羊朝 101
コサック 169
御前会議 91,125
コソヴォの戦い 53
コルクト（バヤズィト二世の王子） 112,113,114
コンスタンティノポリス 11,20,23,28,36,43,56-58,62,64,67,82-89,95,98

●さ行

サヴァタイ・ツヴィ 189,190
サヴジュ 49,50
サカリヤ川の戦い 279
サーサーン朝 19
サチャクリザーデ・メフメト 178
サーデッティン 156
サバハッティン 259,285
サファヴィー朝 103,111-115,117,118,120,132-134,139,142,157,160,167,178,179,203,205
サルハン侯国 54
サロニカ（テッサロニキ） 44,65,189,260,261,267,276
サン・ステファノ条約 247
三月三十一日事件 261,263
ジェマル 260,266,268,271,274
ジェム 104,105,106,107,109,110
ジェラーリー反乱 162,163,167,186
ジェンティーレ・ベッリーニ 98
ジトヴァトロク条約 167
ジハンギル 138
シャイバーン朝 133
シャー・クル 112
ジェラーレッティン・ルーミー 31
ジャンダル侯国 24,80,81,102
習合主義 30,34,97,135,176,253,290
修史官 202,249
終身徴税請負制 210
十二イマーム派 111
諸学の館 255
女婿 104,108,111,120,143,191,194,198,200
信仰戦士 29,31,34,88,127,145,195,289
神聖同盟 192,194,196
人頭税 97,241
スカンデル・ベグ 99,100
スーフィー 30-32,175,295
スルタン・アフメト・モスク 167
スレイマニエ・モスク 144
スレイマン（オルハンの王子） 40-42
スレイマン（バヤズィト一世の王子） 60-64
スレイマン（アフメト一世の王子） 179,183,184
スレイマン一世 11,64,98,107,113,120-123,125,126,130,

イブラヒム（大宰相）　98,123-127,131,133-135
イブラヒム・ハン家　198
イブン・タイミーヤ　175
イブン・バットゥータ　41
イブン・ハルドゥーン　201
イルミセキズ・チェレビ　200,201
ヴァスヴァル条約　188
ヴァーニー・メフメト・エフェンディ　183,186,190-192,194,198
ヴァヒデッティン　274,275,278,281,282
ウィーン包囲（第一次）　11,121,128
ウィーン包囲（第二次）　191,192,194
ウストュヴァーニー　183,186
ウズン・ハサン　102,116,117
ヴラド三世　100,101
ウラマー　9,37,49,56,91,95,96,102,104,145-149,159,165,168,169,172,175,176,183,188,190,197,239,245,262,283,295
エヴレノス家　34,62
エスマー・スルタン　227,228,235
エディルネ　43,44,66,74-76,87,88,108,122,141,144,145,189,196-200,204,217,234,260,267,268
エディルネ事件　196,199,200,204,217
エディルネ条約　234
エデ・バリ　32,33,37
エビュッスウード　141,145,147,148,150,156,177
エルトゥールル　25,26,256
エンヴェル　260,265-268,270,274,277,282
オグズ族　21,67,68,149,290
オグズ・ハン　21,48,67,94,95
オスマン一世　3,24-29,32,33,35-37,256
オスマン二世　159,168,169,171-174,199
オスマン三世　206-208
オスマン主義　241,254,265,266,269
オスマン帝国憲法（ミドハト憲法）　4,245-248,251,260-264,266,298
『オスマン民法典』　239
オリヴェラ・デスピナ　55,56,61
オルジェイト・ハン　47
オルハン（スルタン）　29,33,35,36,37,38,39,40,41,42,43,44,45,47,51,52,53,55,57
オルハン（スレイマンの息子）　64
オルハン（ユースフの息子）　62,74,75,85,87

●か行

改革勅令　240,241,246,257
外廷　91
カエサル　95
カーザルーニー教団　31
ガザン・ハン　47
カースム（アフメト一世の王子）　179
カスレ・シーリーン条約　179
カドゥザーデ・メフメト・エフェンディ　175
カドゥザーデ派　175-178,183,185,190,191,194,198,206,216,298
カーヌーン　147
カバクチュ・ムスタファの乱　218
カピチュレーション　132,208
カプクル　46,70,74,83,96,108,109,159,237
カユ氏族　67,68,149,290
カラ・ハン朝　48
カラマーニー・メフメト・パシャ　96,104
カラマン侯国　24,44,53,54,61,65,67,74,82,103,104
カリフ　6,13,19-21,39,42,49,57,58,111,117,119,130,148-150,194,209,246,252,270,271,274,278,280-286,289,291,295
カール五世　128-131,140,143
カルロヴィッツ条約　196,199,200,208
カレスィ侯国　24,44
キャーズム・カラベキル　278
キャーティプ・チェレビ　176
救世主　130,189,289
旧宮殿　91,136

主要項目索引

●あ行
アイドゥン侯国 24,44,54,55
アクシェムセッティン 82,83,85,89
アクリタイ 33
アクンジュ 9,34,62
アーシュクパシャザーデ 109
アッバース一世 117,167
アッバース三世 205
アッバース朝
6,20,21,38,42,46,47,57,58,95,117,119
アブー・サイード 47
アフガーニー 253
アフシャール朝 203,205
アブデュルアズィズ
166,238,242,244,249,250,264,282,297
アブデュルハミト一世
208,209,211,212,215
アブデュルハミト二世
238,244-246,248-264,266,273,276,297,299
アブデュルメジト一世
236,242,244,249,259
アブデュルメジト二世 →アブデュルメジト・エフェンディ
アブデュルメジト・エフェンディ
282,283,285,286
アフメト（ムラト二世の王子） 80,81
アフメト（バヤズィト二世の王子）
112,113,114
アフメト（セリム三世の王子） 218
アフメト一世
8,161,164,165,167,168,174,181
アフメト二世 182,193
アフメト三世 198,200,202,203,208
アマスィヤ
61,63,73,104,115,134,139,167,185
アムジャザーデ・ヒュセイン・パシャ
195
アヤ・ソフィア・モスク
89,145,167,175,295
アーヤーン
9,210,211,216,217,219,220,228-230
アラエッティン（オスマン一世の王子） 35
アラエッティン（ムラト二世の王子）
72,73
アラエッティン・アリ 44,54
アリ・スアーヴィー 244
アーリー・パシャ 238,242,243
アルヴィゼ・グリッティ 126
アルプ・アルスラン 21
アレムダール・ムスタファ・パシャ
220,221,227-229
アンカラの戦い
43,56,59,62,64,65,67,72,102,116,196
アンドレア・ドーリア 129
イェニチェリ
9,11,31,45,46,60-62,68-70,75,84,91,105,107,113-115,117,138,144,161,162,164,169-174,182,185,189,192,197,213,217-220,229-232,264,292
イーサー（バヤズィト一世の王子） 61-63
イスタンブル条約 195
イスマーイール一世 111,114-116,133
イスメト・イノニュ 279
イスラム学院
37,38,90,144,146,178,188,190,239,243,261,295
イスラム神秘主義
30-34,50,73,112,149,216,231
イスラム長老
141,145,146,150,156,159,164,165,168,169,171,173,174,182,184,194,197,198,217,218,227,231,232,278
イスラム法
30,31,37,38,40,42,45,52,69-71,82,90,91,96-98,121,145-148,165,176,177,219,237,239-241,244,262,263,266,291
イスラム法官 37,71,90,91,146,239
イブラヒム（スルタン） 173,180,181,182

図版作成　市川真樹子